ES CARRÉS
DCG 6

23

Finance d'entreprise

Pascale Recroix

Gualino
un savoir-faire de Lextenso

Pascale Recroix est Professeur en classes préparatoires au DCG et au DSCG. Elle enseigne le droit fiscal (UE 4), la finance d'entreprise (UE 6), la comptabilité (UE 9) et la comptabilité approfondie (UE 10).

Dans la même collection :

- DCG 1 Fondamentaux du droit, 2022-2023 (L. Simonet).
- DCG 2 Droit des sociétés et des groupements d'affaires, 2022-2023 (L. Simonet).
- DCG 3 Droit social, 2022-2023 (L. Morel-Pouliquen).
- DCG 4 Droit fiscal, 2022-2023 (P. Recroix).
- DCG 5 Économie contemporaine, 2022-2023 (A. Reichart).
- DCG 6 Finance d'entreprise, 2022-2023 (P. Recroix).
- DCG 6 Sujets d'examen corrigés de Finance d'entreprise, 2022-2023 (P. Recroix).
- DCG 7 Management, 2020-2021 (M. Leroy et J.-J. Jault).
- DCG 8 Systèmes d'information de gestion, 2022-2023 (L. Monaco).
- DCG 9 Comptabilité, 2022-2023 (P. Recroix).
- DCG 9 Exercices corrigés de Comptabilité, 2022-2023 (P. Recroix).
- DCG 10 Comptabilité approfondie, 2022-2023 (P. Recroix).
- DCG 10 Exercices corrigés de Comptabilité approfondie, 2022-2023 (P. Recroix).
- DCG 11 Contrôle de gestion, 2022-2023 (C. Baratay et L. Monaco).
- DCG 11 Exercices corrigés de Contrôle de gestion, 2022-2023 (C. Baratay).

1, Parvis de La Défense
92044 Paris La Défense Cedex
ISBN 978 - 2 - 297 - 17705 - 4
ISSN 2269-2304

Suivez-nous sur www.gualino.fr

Contactez-nous sur **gualino@lextenso.fr**

Le concept

La collection « ***Les Carrés DCG*** » vous propose :

– des livres **conformes au programme** de chaque unité d'enseignement (UE) du **Diplôme de comptabilité et de gestion** (DCG), qui donne lieu à **une épreuve** ;

– une pédagogie qui tient compte des notions introduites dans les programmes : **compétences attendues, savoirs associés, guides pédagogiques** ;

– de **véritables manuels d'acquisition des connaissances** ; leur contenu est :

- **développé** : les étudiants peuvent apprendre leur cours et acquérir les compétences ainsi que les savoirs associés,
- **complet** : le cours est enrichi d'applications corrigées pour mettre en pratique les compétences acquises. Un cas final conforme à l'examen est présenté à la fin de l'ouvrage pour que l'étudiant soit prêt le jour de l'épreuve,
- **à jour de l'actualité la plus récente**.

Le présent ouvrage est tout entier consacré à l'**UE 6 « Finance d'entreprise »** et à l'épreuve correspondante : épreuve écrite portant sur l'étude d'une ou de plusieurs situations pratiques avec, le cas échéant, une ou plusieurs questions.

Vous trouverez dans les pages suivantes (4 à 20) **le programme officiel de l'UE 6** ainsi que **le sommaire** de ce manuel. Vous pourrez ainsi facilement naviguer dans ce livre et trouver, à tout instant, les connaissances recherchées.

Rappelons que l'UE 6 « Finance d'entreprise » ainsi que les UE 9 « Comptabilité », UE 10 « Comptabilité approfondie », UE 11 « Contrôle de gestion » constituent l'**axe 2 « Gestion comptable et financière »** et ont pour objet de permettre au titulaire du DCG de disposer d'une démarche et des outils nécessaires pour enregistrer l'information comptable et financière, pour réaliser une analyse de la situation d'une organisation et disposer d'éléments d'aide à la prise de décision.

Programme officiel de l'UE 6 - Finance d'entreprise

Niveau L : 150 heures - 14 ECTS

1 - LE DIAGNOSTIC FINANCIER DES COMPTES SOCIAUX (40 heures)

Sens et portée de l'étude : Le diagnostic financier doit permettre de porter un jugement sur les forces et les faiblesses de l'entreprise à partir de données pluriannuelles sur ses états financiers et des informations sectorielles, en vue d'émettre des préconisations.

1.1 - La démarche de diagnostic

Sens et portée de l'étude : Mettre en œuvre des méthodes d'analyse des états financiers qui varient en fonction de l'information disponible et du contexte du diagnostic.

Compétences attendues	Savoirs associés
– Expliciter le caractère multidimensionnel du diagnostic d'entreprise. – Interpréter les documents de synthèse. – Identifier les destinataires du diagnostic financier d'entreprise. – Identifier les limites de l'information comptable. – Discuter de l'intérêt et des limites de l'information sectorielle.	– Définition du diagnostic financier d'une entreprise. – Diversité des méthodes de diagnostic. – Définition et articulation des documents de synthèse : bilan, compte de résultat et annexe. – Comparaison dans le temps. – Comparaison des données de l'entreprise à celles de son secteur. – Intérêts et limites des informations sectorielles.

1.2 - L'analyse de l'activité

Sens et portée de l'étude : Analyser l'activité de l'entreprise pour apprécier sa croissance et mesurer son aptitude à dégager des profits.

Compétences attendues	Savoirs associés
– Analyser le compte de résultat. – Déterminer les différents soldes intermédiaires de gestion. – Justifier les retraitements du tableau des soldes intermédiaires de gestion. – Commenter et interpréter les différents soldes intermédiaires de gestion. – Déterminer la capacité d'autofinancement selon les méthodes additive et soustractive. – Commenter et interpréter la capacité d'autofinancement.	– Les soldes intermédiaires de gestion : présentation et retraitements. – La valeur ajoutée : signification et répartition. – La capacité d'autofinancement.

1.3 - L'analyse de la structure financière

Sens et portée de l'étude: Analyser la structure des ressources et des emplois mise en œuvre pour que l'entreprise puisse assurer sa pérennité et développer son activité.

Compétences attendues	Savoirs associés
– Expliquer la logique fonctionnelle « emplois ressources ». – Différencier les différents cycles d'opérations (investissement, financement, exploitation). – Construire un bilan fonctionnel. – Calculer le fonds de roulement net global, le besoin en fonds de roulement et la trésorerie nette. – Caractériser l'évolution dans le temps de la structure financière d'une entreprise.	– L'équilibre fonctionnel du bilan. – Le fonds de roulement net global. – Le besoin en fonds de roulement (exploitation et hors exploitation). – La trésorerie nette. – Les retraitements du bilan fonctionnel.

1.4 - L'analyse de la rentabilité

Sens et portée de l'étude: Mesurer la rentabilité au strict plan économique ou en introduisant l'impact de l'endettement sur la rentabilité des fonds propres.

Compétences attendues	Savoirs associés
– Différencier charges variables et charges fixes. – Calculer et distinguer la rentabilité économique de la rentabilité financière. – Mettre en évidence l'effet de levier. – Caractériser la problématique rentabilité-risque liée à l'endettement. – Analyser la rentabilité d'une activité ou d'une entreprise, dans une situation donnée.	– Les charges variables, les charges fixes. – La rentabilité économique. – Le levier opérationnel (ou d'exploitation). – La rentabilité financière. – L'effet de levier financier.

1.5 - L'analyse par les ratios

Sens et portée de l'étude: Déterminer les valeurs relatives pour situer l'entreprise dans l'espace et dans le temps.

Compétences attendues	Savoirs associés
– Distinguer les ratios relatifs à l'activité générale et ceux relatifs à la structure financière. – Distinguer les ratios de stock et de flux, en niveau ou en taux de croissance. – Analyser les ratios de l'entreprise et les mettre en relation avec ceux du secteur. – Réaliser un diagnostic à partir d'un ensemble de ratios pertinents. – Identifier les limites d'une analyse basée uniquement sur les ratios.	– Les ratios d'activité. – Les ratios de profitabilité. – Les ratios de rotation. – Les ratios d'investissement. – Les ratios d'endettement. – Les ratios de structure.

1.6 - L'analyse par les tableaux de flux

Sens et portée de l'étude : Analyser en dynamique les flux de fonds et de trésorerie pour juger de l'aptitude de l'entreprise à honorer ses engagements ainsi qu'à prévenir les éventuelles défaillances.

Compétences attendues	Savoirs associés
– Distinguer tableau de financement et tableau de flux de trésorerie. – Identifier le rôle de la trésorerie dans le risque de défaillance. – Construire le tableau de financement du Plan comptable général. – Construire un tableau de flux de trésorerie selon la méthode directe ou indirecte. – Justifier les retraitements des tableaux de flux. – Conduire un diagnostic à partir des tableaux de flux.	– Le tableau de financement (tableau de flux de fonds) et les tableaux de flux de trésorerie. – Les retraitements pour l'élaboration des tableaux de flux. – Les flux de trésorerie d'exploitation, d'investissement, de financement. – La capacité à supporter le coût de la dette, solvabilité. – La capacité à financer les investissements.

1.7 - Le diagnostic financier

Sens et portée de l'étude : Il s'agit de synthétiser l'ensemble des analyses pour produire une vision globale du diagnostic financier.

Compétences attendues	Savoirs associés
– Conduire un diagnostic financier à partir de données financières. – Proposer une conclusion générale à un diagnostic financier	– Diagnostic financier : démarche, outils.

2 - LA POLITIQUE D'INVESTISSEMENT (40 heures)

Sens et portée de l'étude : Apprécier la pertinence d'un investissement à partir des flux financiers prévisionnels qu'il engendre sur plusieurs périodes.

2.1 - La valeur et le temps

Sens et portée de l'étude : Mettre en évidence la relation entre temps et valeur, mesurée pour un actif ou un passif financier.

Compétences attendues	Savoirs associés
– Distinguer valeur d'usage, valeur historique et valeur de marché. – Analyser l'influence du temps sur la valeur et appréhender le lien entre valeur et taux d'actualisation. – Calculer et interpréter un taux actuariel.	– La valeur présente et la valeur future. – La capitalisation et l'actualisation en temps discret. – Les annuités : définition et détermination. – Taux d'intérêt nominal et taux d'intérêt réel. – L'évaluation d'un actif par actualisation des flux futurs. – Le taux de rendement actuariel.

2.2 - La gestion du besoin en fonds de roulement d'exploitation

Sens et portée de l'étude : Évaluer le besoin de financement généré par l'exploitation en se référant aux normes (ou conditions normales) de fonctionnement du cycle d'exploitation. Mesurer l'impact des variations de niveau d'activité et justifier éventuellement la réduction des emplois.

Compétences attendues	Savoirs associés
– Déterminer le besoin en fonds de roulement d'exploitation normatif. – Analyser le besoin en fonds de roulement au vu des éléments variables (postes de stocks, de créances clients, de dettes fournisseurs et de TVA). – Proposer des recommandations en matière de gestion du besoin en fonds de roulement, dans une situation donnée ou prévisionnelle simple.	– L'approche normative du besoin en fonds de roulement (d'exploitation). – Le niveau moyen du besoin en fonds de roulement d'exploitation. – Les actions sur les postes clients, fournisseurs et stocks.

2.3 - Les projets d'investissement

Sens et portée de l'étude : Caractériser et estimer le bien fondé d'un projet d'investissement en univers certain.

Compétences attendues	Savoirs associés
– Identifier et distinguer les différents types d'investissements. – Calculer les flux prévisionnels caractérisant un projet à partir des capacités d'autofinancement d'exploitation et des flux patrimoniaux. – Déterminer les différents critères financiers de sélection de projets d'investissement. – Argumenter un choix entre plusieurs projets qui respectent le niveau d'acceptation fixé a priori. – Analyser une décision d'investissement au-delà du simple calcul financier à l'aide de critères de sélection non financiers.	– La typologie des investissements. – Les paramètres financiers et comptables caractérisant un investissement. – Le choix d'un taux d'actualisation en fonction du coût du capital pour un projet (hors fiscalité). – Les critères financiers de sélection (valeur actuelle nette y compris VAN globale, taux de rentabilité interne y compris TIR global, délai de récupération du capital investi, indice de profitabilité). – Les critères non financiers de sélection.

3 - LA POLITIQUE DE FINANCEMENT (50 heures)

Sens et portée de l'étude Exploiter les opportunités des différents modes de financement en respectant l'équilibre financier de l'entreprise et en tenant compte des informations délivrées par les marchés financiers.

Faire des prévisions sur l'équilibre de la trésorerie à moyen terme et apprécier la cohérence entre investissements et choix de financement.

3.1 - Les modes de financement

Sens et portée de l'étude: Différencier les modes de financement selon leur coût, leur origine et le risque supporté par les bailleurs de fonds.

Compétences attendues	Savoirs associés
– Distinguer les modes de financement et évaluer leur coût respectif. – Déterminer et valoriser le montant des engagements financiers de l'entreprise. – Calculer et comparer les coûts des différents moyens de financement en intégrant l'impôt sur les bénéfices. – Identifier une ou plusieurs solutions de financement.	– L'autofinancement: source, intérêts et limites. – Le financement par emprunt avec construction d'un tableau d'amortissement. – Le financement par augmentation de capital. – Le financement par crédit-bail. – Le financement participatif.

3.2 - Les marchés financiers

Sens et portée de l'étude: Après avoir resitué le marché financier comme un mode de financement direct au sein de l'économie, déterminer l'apport des marchés financiers en matière de politique de financement et d'information financière de qualité.

Compétences attendues	Savoirs associés
– Mettre en évidence les grands principes d'organisation. – Identifier les produits du marché financier. – Identifier les principales sources de notation financière et de cotation des titres. – Expliquer la cote des actions et des obligations. – Justifier la variation des prix des titres en fonction des taux d'intérêt de marché et de l'information.	– Le marché financier: définition, organisation et présentation des différentes catégories de titres, indices boursiers. – Les composantes du marché financier. – Les relations entre qualité de l'information, prix de marché et coût d'un financement extérieur. – Les relations entre taux actuariel de marché, taux nominal et valeur de marché des titres. – La cote des actions et des obligations.

3.3 - Les contraintes de financement

Sens et portée de l'étude: Intégrer les contraintes des financements existants en fonction du niveau de développement de l'entreprise.

Compétences attendues	Savoirs associés
– Construire un bilan financier. – Estimer les différents équilibres financiers. – Évaluer le niveau de risque et la soutenabilité de la dette. – Analyser les garanties des prêteurs et leur incidence sur le coût des dettes.	– La liquidité de l'actif et l'exigibilité du passif du bilan financier. – L'équilibre financier (fonds de roulement financier). – Les ratios de liquidité. – La relation entre risque financier et garanties. – Les principales garanties (personnelles et réelles) prises par les bailleurs à l'exclusion de l'aspect juridique.

3.4 - La structure de financement

Sens et portée de l'étude : Caractériser la structure de financement de l'entreprise en prenant en compte la fiscalité, l'endettement financier et le risque de faillite.

Compétences attendues	Savoirs associés
– Calculer le coût moyen pondéré du capital. – Justifier la relation entre structure du financement et valeur de l'entreprise. – Analyser la structure de financement d'une organisation.	– Le coût du capital pour l'entreprise et sa relation avec le taux requis par les actionnaires. – L'incidence du niveau d'endettement et du risque de faillite sur le coût du capital. – La notion d'endettement optimal par arbitrage entre rentabilité des fonds propres et risque de faillite.

3.5 - Le plan de financement

Sens et portée de l'étude : Apprécier la pertinence de la politique de financement retenue et sa cohérence avec la politique d'investissement afin d'assurer l'équilibre de la trésorerie sur le moyen terme.

Compétences attendues	Savoirs associés
– Identifier les étapes de la construction d'un plan de financement. – Élaborer un plan de financement. – Identifier des modalités d'équilibrage du plan de financement, dans une situation donnée.	– Les objectifs du plan de financement. – Le plan de financement présenté sur une durée de trois à cinq ans, selon un modèle adapté à l'analyse fonctionnelle. – Les différentes modalités d'équilibrage de la trésorerie à moyen terme.

4 - LA TRÉSORERIE (20 heures)

Sens et portée de l'étude

Anticiper les mouvements de trésorerie de court terme, connaître le principe d'équilibrage pour optimiser les modalités de financement des déficits et de placement des excédents sur les marchés financiers.

4.1 - La gestion de trésorerie

Sens et portée de l'étude : Anticiper les mouvements de trésorerie de court terme et les reporter dans le budget de trésorerie.

Compétences attendues	Savoirs associés
– Caractériser la notion de prévision de trésorerie. – Construire un budget de trésorerie. – Commenter le principe de l'équilibrage de la trésorerie.	– L'établissement des prévisions de trésorerie. – L'élaboration d'un budget de trésorerie à un horizon de quelques mois avec prise en compte de la taxe sur la valeur ajoutée.

4.2 - Le financement des déficits de trésorerie de court terme

Sens et portée de l'étude : Minimiser le coût de financement des déficits de trésorerie de court terme.

Compétences attendues	Savoirs associés
– Distinguer et qualifier les principales modalités de financement des déficits de trésorerie. – Arbitrer entre les différentes modalités de financement à la disposition de l'entreprise.	– Les principales modalités de financement à court terme des soldes déficitaires de trésorerie : escompte, crédits de trésorerie, découvert. – La négociation des conditions de mouvements de trésorerie. – Les coûts des différentes modalités de financement.

4.3 - Le placement des excédents de trésorerie en produits bancaires et financiers

Sens et portée de l'étude : Identifier les avantages et les risques des placements des excédents de trésorerie sur les marchés financiers.

Compétences attendues	Savoirs associés
– Identifier la relation entre incertitude et rentabilité exigée par le marché. – Calculer la rentabilité espérée ou la valeur théorique sur une période d'un titre financier. – Déterminer différents placements sur les marchés financiers. – Incorporer les gains des placements dans la trésorerie.	– La relation rentabilité-risque : interprétation par type d'actif. – La représentation espérance / écart-type. – Les produits bancaires. – La rentabilité et le risque à partir d'une série de données boursières. – L'introduction à la diversification avec deux actifs.

L'épreuve 6 Finance d'entreprise est une épreuve portant sur l'étude d'une ou de plusieurs situations pratiques avec, le cas échéant, une ou plusieurs questions.

Durée : 3 heures – Coefficient : 1

Sommaire

PARTIE 1

LE DIAGNOSTIC FINANCIER DES COMPTES SOCIAUX

Le diagnostic financier doit permettre de porter un jugement sur les forces et les faiblesses de l'entreprise à partir de données pluriannuelles sur ses états financiers et des informations sectorielles, en vue d'émettre des préconisations.

Chapitre 1

LA DÉMARCHE DE DIAGNOSTIC

Selon le programme officiel de l'examen, ce chapitre va vous permettre de mettre en œuvre des méthodes d'analyse des états financiers qui varient en fonction de l'information disponible et du contexte du diagnostic.

Vous développerez ainsi les compétences suivantes :
- *Expliciter le caractère multidimensionnel du diagnostic d'entreprise ;*
- *Interpréter les documents de synthèse ;*
- *Identifier les destinataires du diagnostic financier d'entreprise ;*
- *Identifier les limites de l'information comptable ;*
- *Discuter de l'intérêt et des limites de l'information sectorielle.*

I La définition et les objectifs du diagnostic financier

A La définition

Le diagnostic financier repose sur l'***étude des données comptables passées et consiste à émettre un jugement sur les points forts et les faiblesses d'une entreprise***. Il permet de faire le point sur les performances d'une entreprise, sa croissance, sa rentabilité, sa profitabilité, sa solvabilité, son équilibre financier, son niveau d'endettement et les risques qu'elle encourt, afin d'envisager les mesures à prendre pour assurer sa survie ou optimiser son développement. À partir de cette analyse, le diagnostic permet de suggérer les décisions opérationnelles et stratégiques à prendre, afin d'adapter la structure financière de façon à ce qu'elle réponde au mieux aux besoins de l'activité.

B Les objectifs du diagnostic financier

L'objectif est de maximiser la valeur de l'entreprise et nécessite d'apprécier les points suivants :
- comprendre l'évolution passée de l'entreprise ;
- juger ses possibilités d'évolution future ;

- apprécier les perspectives de progression de l'activité et des résultats;
- évaluer la performance de l'entreprise;
- évaluer la situation financière de l'entreprise;
- prendre des décisions d'investissement et de financement;
- analyser le risque économique et financier;
- apporter les informations nécessaires à la prise de décisions;
- proposer des mesures pour corriger ou améliorer une situation.

D'autres domaines peuvent être abordés dans le diagnostic comme l'évaluation de la rentabilité économique et de la rentabilité financière, la mise en évidence d'un effet de levier, l'analyse du risque de défaillance et du risque de faillite, l'évaluation du taux d'obsolescence des immobilisations, etc.

Les questions clés d'un bon diagnostic financier reposent sur les points suivants:

- ***l'analyse du contexte***: évolution du marché sur les trois dernières années, degré d'innovation du secteur d'activité, principaux concurrents;
- ***la connaissance de l'entreprise***: politique commerciale, canaux de distribution, qualité de l'outil de production, taux de rentabilité, état de la structure financière et de la trésorerie;
- ***les points forts et les points faibles*** de l'entreprise.

II Les destinataires du diagnostic financier d'entreprise

L'utilité d'un diagnostic financier diffère selon les personnes susceptibles d'utiliser le diagnostic:

Utilisateurs	Préoccupations
Les dirigeants	Analyser les performances, le développement, la solvabilité et l'autonomie financière de l'entreprise Porter un jugement sur la situation financière de leur entreprise Connaître la situation de l'entreprise vis-à-vis des concurrents Évaluer les risques financiers Répondre aux exigences légales
Les actionnaires	Évaluer la rentabilité de leurs apports (rentabilité financière) Connaître les bénéfices attendus et la qualité de la gestion dont dépend leur rémunération (dividendes)
Les prêteurs	Évaluer les risques d'insolvabilité et d'illiquidité S'assurer du remboursement de leurs créances et des intérêts afférents Octroyer des crédits tout en minimisant les risques

Les salariés	S'assurer de la pérennité de l'entreprise Connaître les bénéfices attendus dont dépend leur rémunération (intéressement, participation) Connaître et négocier la répartition de la valeur ajoutée
Les fournisseurs	Vérifier la rentabilité et la solvabilité de l'entreprise avant de signer un contrat
Les pouvoirs publics	Vérifier la rentabilité et la solvabilité de l'entreprise avant d'octroyer des subventions
Les agences de notation	Apprécier la capacité de l'entreprise à rembourser ses dettes

III Les documents de synthèse

Le diagnostic financier s'appuie sur des documents de synthèse périodiques (comptes annuels) fournis par la comptabilité financière (bilan, compte de résultat, annexe).

A Le bilan

Le bilan est l'état des éléments actifs, des éléments passifs du patrimoine de l'entreprise et de leur différence qui correspond aux capitaux propres.

L'***actif du bilan*** représente les emplois qui ont été réalisés au moyen des capitaux investis dans l'entreprise à titre durable (actif immobilisé) ou temporaire (actif circulant).

Le ***passif du bilan*** regroupe :
- *les capitaux propres* : ils représentent les fonds apportés et bénéfices laissés à disposition de l'entreprise ;
- *les capitaux étrangers* : ils représentent les fonds mis à la disposition de l'entreprise par les tiers (emprunts, crédits fournisseurs, etc.).

B Le compte de résultat

Le compte de résultat ***décrit l'activité de l'entreprise pour une période donnée, récapitulant les charges et les produits de l'exercice***. Il fait apparaître par différence le résultat de l'entreprise.

C L'annexe

L'annexe est un ***état comptable fournissant des informations nécessaires à la compréhension du bilan et du compte de résultat***. Elle renseigne sur les acquisitions et les cessions d'immobilisations, les amortissements, les dépréciations et les provisions, les frais d'émission d'emprunt à étaler et les primes de remboursement des obligations.

Le tableau d'affectation du résultat renseigne sur les dividendes distribués.

L'état des échéances des créances et des dettes renseigne sur les emprunts et prêts nouveaux ou remboursés ainsi que sur le montant des dettes et des créances à moins d'un an.

IV L'intérêt et les limites de l'information sectorielle

A Intérêt

L'information sectorielle permet de ***mesurer les performances d'une entreprise par rapport à celles de ses concurrents***. Les informations sectorielles sont des outils précieux d'analyse qu'il faut compléter par une évolution sur plusieurs exercices et sont une aide à la prise de décision (augmenter les parts de marché, améliorer la profitabilité, maîtriser les charges…).

B Limites

Les normes du secteur d'activité sont des données statistiques et ne sont que des moyennes qui ne permettent pas toujours de situer l'entreprise cible par rapport à ses concurrents directs ; de plus, de nouveaux concurrents (jeunes entreprises entrantes) peuvent fausser les données sectorielles (faible chiffre d'affaires, faible rentabilité, etc.).

Les comparaisons doivent être appréciées avec prudence, compte tenu du caractère saisonnier de certaines activités et des modalités d'exploitation (recours à la sous-traitance, recours au personnel extérieur, etc.).

Chapitre 2

L'ANALYSE DE L'ACTIVITÉ

Selon le programme officiel de l'examen, ce chapitre va vous permettre d'analyser l'activité de l'entreprise pour apprécier sa croissance et mesurer son aptitude à dégager des profits.

Vous développerez ainsi les compétences suivantes :

- *Analyser le compte de résultat ;*
- *Déterminer les différents soldes intermédiaires de gestion ;*
- *Justifier les retraitements du tableau des soldes intermédiaires de gestion ;*
- *Commenter et interpréter les différents soldes intermédiaires de gestion ;*
- *Déterminer la capacité d'autofinancement selon les méthodes additive et soustractive ;*
- *Commenter et interpréter la capacité d'autofinancement.*

I Les soldes intermédiaires de gestion

L'analyse de l'activité constitue le point de départ de tout diagnostic. Elle permet d'apprécier la croissance de l'entreprise et de mesurer son aptitude à dégager des profits. Elle est réalisée au travers du compte de résultat, établi de façon à déterminer des résultats partiels. Les opérations sont classées en charges et en produits d'exploitation, financiers et exceptionnels. La présentation du compte de résultat peut être en « liste » ou en « compte ». La classification retenue par le PCG aboutit à la mise en évidence des soldes intermédiaires de gestion. Les SIG permettent ainsi d'analyser l'activité de l'entreprise par l'étude de résultats partiels à partir du compte de résultat.

A L'interprétation des indicateurs d'activité et de profitabilité

1 La marge commerciale

La marge commerciale est un indicateur fondamental pour les entreprises commerciales (activité de négoce). Elle représente ***l'excédent des ventes de marchandises sur le coût d'achat des marchandises vendues***.

Coût d'achat = Achats de marchandises + Variation des stocks de marchandises

> **REMARQUE**
> Variation des stocks = Stock initial – Stock final
> La variation des stocks peut être positive ou négative.

2 La production de l'exercice

La production de l'exercice est un indicateur fondamental pour les entreprises industrielles. Elle est réservée aux entreprises ayant une activité de fabrication ou de transformation des biens et services. Elle est ***composée de la production vendue, de la production stockée*** (variation des stocks de produits) ***et de la production immobilisée***.

> **REMARQUE**
> Variation des stocks = Stock final – Stock initial
> La production stockée peut être positive ou négative (déstockage de production).

3 La valeur ajoutée (VA)

La valeur ajoutée est la ***richesse créée par l'entreprise lors de ses opérations d'exploitation***. Elle est en relation directe avec la nature de l'activité, les modalités d'exploitation, la qualité de l'organisation commerciale et industrielle, l'importance du recours à la main-d'œuvre et son degré de qualification.

La VA permet de :
- rémunérer l'État, le personnel, les prêteurs, l'entreprise ;
- mesurer le poids économique de l'entreprise ; elle constitue un critère de taille pertinent pour le classement des entreprises ; son évolution sur plusieurs exercices permet de cerner le développement ou la régression de l'activité ;
- rendre compte de l'évolution de l'activité liée à l'efficacité des moyens en personnel et en équipement mis en œuvre.

4 L'excédent brut d'exploitation (EBE)

L'excédent brut d'exploitation représente la part de la valeur ajoutée qui revient à l'entreprise et aux apporteurs de capitaux, après le paiement des impôts, taxes et versements assimilés et des charges de personnel. ***Il mesure la capacité de l'entreprise à générer des ressources par ses seules activités d'exploitation***.

L'EBE est un indicateur pertinent pour évaluer les performances commerciales et industrielles d'une entreprise, dans la mesure où il est indépendant de toute politique d'investissement, financière et fiscale et des facteurs exceptionnels.

Un EBE positif signifie que l'activité d'exploitation est créatrice de valeur. C'est un indicateur pertinent pour comparer plusieurs entreprises car il ne tient pas compte des différences liées aux traitements comptables (amortissements et provisions).

Il doit être d'autant plus important que l'entreprise se situe dans un secteur hautement capitalistique qui exige des renouvellements d'équipements réguliers et onéreux.

5 Le résultat d'exploitation (RE)

Le résultat d'exploitation ***représente le résultat généré par l'exploitation***; il correspond à l'excédent brut d'exploitation corrigé de la politique d'investissement menée par l'entreprise (amortissements) et des risques liés à l'exploitation (dépréciations, provisions).

Le RE est un indicateur performant pour mesurer les performances commerciales et industrielles d'une entreprise, car il est indépendant de toute politique financière, fiscale et des facteurs exceptionnels.

Un RE positif est le signe d'une activité d'exploitation profitable; un RE négatif est la conséquence de charges d'exploitation trop importantes par rapport à l'activité, c'est le cas notamment des entreprises disposant d'actifs importants (dotations élevées).

6 Le résultat courant avant impôt (RCAI)

Le résultat courant avant impôt ***résulte des opérations d'exploitation et de financement***; il représente le résultat d'exploitation corrigé des éléments financiers mais excluant les éléments exceptionnels, la participation et l'impôt sur les bénéfices.

Le RCAI permet d'analyser le résultat d'une entreprise sans que le jugement ne soit remis en cause en raison des éléments à caractère exceptionnel ou fiscal.

7 Le résultat exceptionnel

Le résultat exceptionnel ***représente la différence entre les produits et les charges exceptionnels***. C'est un résultat partiel. Sa connaissance est essentielle pour l'analyse du résultat global dans la mesure où il intègre des opérations comme notamment les plus ou moins-values sur cessions d'immobilisations.

8 Le résultat net de l'exercice (RNC)

Le résultat net de l'exercice est le ***résultat final***. Il doit être interprété avec prudence dans la mesure où il est altéré par des éléments exceptionnels.

Le RNC est un résultat comptable qui sera retraité de façon extra-comptable pour obtenir le résultat fiscal, base de calcul de l'impôt.

B Le modèle du tableau des soldes intermédiaires de gestion (SIG)

Le Plan comptable général (PCG) a prévu une présentation normalisée du tableau des soldes intermédiaires de gestion (SIG). Le tableau ci-dessous en est la représentation :

Produits (1)	Total	Charges (2)	Total	SIG (1) – (2)	N
Ventes de marchandises	....	Coût d'achat des marchandises vendues (1)	....	Marge commerciale	....
Production vendue Production stockée Production immobilisée **Total**	.... **....**	ou Déstockage de production (2)	....	Production de l'exercice	....
Production de l'exercice Marge commerciale **Total**	.... **....**	Consommation de l'exercice en provenance de tiers (3)	....	Valeur ajoutée	....
Valeur ajoutée Subventions d'exploitation **Total**	.... **....**	Impôts, taxes et versements assimilés Charges de personnel (4) **Total**	....	Excédent brut d'exploitation (ou Insuffisance brute d'exploitation)	....
Excédent brut d'exploitation Reprises sur charges et transferts de charges Autres produits **Total**	.... **....**	ou Insuffisance brute d'exploitation Dotations aux amortissements, dépréciations et provisions Autres charges **Total**	.... **....**	Résultat d'exploitation (bénéfice ou perte)	....
Résultat d'exploitation Quotes-parts de résultat sur opérations faites en commun Produits financiers **Total**	.... **....**	ou Résultat d'exploitation Quotes-parts de résultat sur opérations faites en commun Charges financières **Total**	.... **....**	Résultat courant avant impôts (bénéfice ou perte)	....
Produits exceptionnels	....	Charges exceptionnelles	....	Résultat exceptionnel (bénéfice ou perte)	....
Résultat courant avant impôts Résultat exceptionnel **Total**	.... **....**	ou Résultat courant avant impôts ou Résultat exceptionnel Participation des salariés Impôts sur les bénéfices **Total**	.... **....**	Résultat de l'exercice (bénéfice ou perte)	....
Produits des cessions d'éléments d'actif cédés (5)	....	Valeur comptable des éléments cédés (5)	....	Plus ou moins-values sur cessions d'actif	....

(1) Coût d'achat des marchandises vendues = Achats de marchandises + Variation des stocks de marchandises
(2) Déstockage de production : cas où la production stockée est négative

(3) Consommation de l'exercice = Achats de matières premières et autres approvisionnements + Variation des stocks des matières premières et autres approvisionnements + Autres achats et charges externes
(4) Charges de personnel = Salaires et traitements + Charges sociales
(5) Les produits de cessions se trouvent dans les produits exceptionnels (ligne « Opérations en capital ») et la valeur nette comptable se trouve en charges exceptionnelles (ligne « Opérations en capital »).

APPLICATION CORRIGÉE

À partir du compte de résultat au 31/12/N de la société JEREM, calculer les SIG pour l'exercice N.

	Éléments		**N**
Produits d'exploitation	Ventes de marchandises		
	Production vendue (biens et services)		478 000
	Chiffre d'affaires net		**478 000**
	Production stockée		145 000
	Production immobilisée		22 000
	Subventions d'exploitation		17 000
	Reprises sur dépréciations et provisions		22 000
	Transferts de charges		13 000
	Autres produits		7 000
	Total des produits d'exploitation (1)		**704 000**
Charges d'exploitation	Achats de marchandises		
	Variation de stocks de marchandises		
	Achats de matières premières et autres approvisionnements		220 000
	Variation de stocks des approvisionnements		– 17 000
	Autres achats et charges externes		118 000
	Impôts, taxes et versements assimilés		14 000
	Salaires et traitements		164 000
	Charges sociales		82 000
	Dotations d'exploitation	Sur immobilisations : dotations aux amortissements	75 000
		Sur immobilisations : dotations aux dépréciations	
		Sur actif circulant : dotations aux dépréciations	10 000
		Pour risques et charges : dotations aux provisions	7 000
	Autres charges		4 000
	Total des charges d'exploitation (2)		**677 000**
Résultat d'exploitation (1) – (2)			**27 000**

Opérations en commun	**Bénéfice attribué ou perte transférée (3)**	**0**
	Perte supportée ou bénéfice transféré (4)	**0**
Produits financiers	Produits financiers de participation	
	Produits des autres valeurs mobilières et créances de l'actif immobilisé	7 000
	Autres intérêts et produits assimilés	89 000
	Reprises sur provisions et transferts de charges	28 000
	Différences positives de change	36 000
	Produits nets sur cessions de valeurs mobilières de placement	
	Total des produits financiers (5)	**160 000**
Charges financières	Dotations aux amortissements, dépréciations et provisions	3 000
	Intérêts et charges assimilées	79 000
	Différences négatives de change	5 000
	Charges nettes sur cessions de valeurs mobilières de placement	5 000
	Total des charges financières (6)	**92 000**
Résultat financier (5) – (6)		**68 000**
Résultat courant avant impôts (1) – (2) + (3) – (4) + (5) – (6)		**95 000**
wProduits exceptionnels	Produits exceptionnels sur opérations de gestion	3 000
	Produits exceptionnels sur opérations en capital	10 000
	Produits de cession d'éléments d'actif	5 000
	Quote-part de subvention virée au résultat	5 000
	Reprises sur dépréciations et provisions et transferts de charges exceptionnelles	7 000
	Total des produits exceptionnels (7)	**20 000**
Charges exceptionnelles	Charges exceptionnelles sur opérations de gestion	
	Charges exceptionnelles sur opérations en capital	17 000
	Valeurs nettes comptables des éléments d'actif cédés	17 000
	Dotations aux amortissements, dépréciations et provisions	6 000
	Total des charges exceptionnelles (8)	**23 000**
Résultat exceptionnel (7) – (8)		– 3 000
Participation des salariés aux résultats (9)		4 000
Impôts sur les bénéfices (10)		22 000
	Total des produits (1) + (3) + (5) + (7)	**884 000**
	Total des charges (2) + (4) + (6) + (8) + (9) + (10)	**818 000**
	Bénéfice ou perte	**66 000**

Correction

Tableau des SIG en liste

	Éléments	Exercice N
 –	Ventes de marchandises Coût d'achat des marchandises	
	Marge commerciale	**0**
 + +	Production vendue Production stockée Production immobilisée	478 000 + 145 000 + 22 000
	Production de l'exercice	**645 000**
 + –	Marge commerciale Production de l'exercice Consommation de l'exercice (220 000 – 17 000 + 118 000)	0 + 645 000 – 321 000
	Valeur ajoutée	**324 000**
 + – –	Valeur ajoutée Subventions d'exploitation Impôts, taxes et versements assimilés Charges de personnel (164 000 + 82 000)	324 000 + 17 000 – 14 000 – 246 000
	Excédent brut d'exploitation	**81 000**
 + + – –	Excédent brut d'exploitation Reprises d'exploitation et transferts de charges (22 000 + 13 000) Autres produits Dotations d'exploitation (75 000 + 10 000 + 7 000) Autres charges	81 000 + 35 000 + 7 000 – 92 000 – 4 000
	Résultat d'exploitation	**27 000**
 ± + –	Résultat d'exploitation Quotes-parts de résultat sur opérations faites en commun Produits financiers Charges financières	27 000 0 + 160 000 – 92 000
	Résultat courant avant impôts	**95 000**
 –	Produits exceptionnels Charges exceptionnelles	20 000 – 23 000
	Résultat exceptionnel	**– 3 000**
 + – –	Résultat courant avant impôts Résultat exceptionnel Participation des salariés Impôts sur les bénéfices	95 000 – 3 000 – 4 000 – 22 000
	Résultat de l'exercice	**66 000**
 –	Produits des cessions des éléments d'actif Valeurs comptables des éléments d'actif cédés	5 000 – 17 000
	Plus ou moins-values de cessions	**– 12 000**

II Les retraitements économiques des soldes intermédiaires de gestion

Le référentiel préconise essentiellement de retraiter le crédit-bail, le personnel extérieur et la sous-traitance de fabrication, voire la participation.

A La finalité des retraitements

Pour une certaine homogénéité et afin d'avoir une perception plus juste de l'activité de l'entreprise, les retraitements suivants sont préconisés :
- le crédit-bail ;
- le personnel extérieur ;
- les subventions d'exploitation en complément de prix de vente ;
- la sous-traitance de fabrication.

À partir de la ***base de données FIBEN*** (fichier bancaire des entreprises), alimentée par les liasses fiscales des entreprises, la Banque de France (BDF) préconise ces retraitements et retraite également les ***escomptes de règlement*** au niveau des opérations d'exploitation.

L'objectif est de :
- réaliser une ***approche économique*** des SIG en déterminant les ***soldes au coût des facteurs de production*** (travail et capital) ;
- permettre d'effectuer des ***comparaisons interentreprises***.

La valeur ajoutée, qui est la somme des valeurs créées par les facteurs travail et capital, doit être retraitée du crédit-bail et du personnel extérieur (voir SIG retraités ci-après), et ce afin de pouvoir comparer des entreprises de même secteur d'activité n'ayant pas fait les mêmes choix comptables (ex. : être propriétaire ou locataire d'un bien, embaucher du personnel ou avoir recours à l'intérim).

B Le fondement des retraitements et leur incidence

1 Le crédit-bail

Table des abréviations :
n = Durée d'utilisation de l'immobilisation
Vo = Valeur de l'immobilisation
VR = Valeur résiduelle de rachat

Lorsqu'une entreprise a recours au crédit-bail pour financer son investissement, les redevances sont prises en compte dans les achats et autres charges externes au niveau de la consommation de l'exercice. Le retraitement consiste à considérer le bien comme une acquisition financée par emprunt car il correspond au coût du capital.

Les redevances sont retranchées de la consommation de l'exercice et ventilées en deux parties, l'une correspondant à une dotation aux amortissements (DAP crédit-bail), l'autre correspondant aux charges d'intérêts (Intérêts crédit-bail) :

$$\text{DAP crédit-bail} = \frac{Vo - VR}{n}$$

$$\text{Intérêts crédit-bail} = \text{Redevance} - \text{DAP crédit-bail}$$

Si le contrat de crédit-bail a été conclu en cours d'exercice, un *prorata temporis* doit être appliqué.

Si le bien est financé par un emprunt au taux d'endettement (i) :

$$\text{Intérêts crédit-bail} = Vo \times i$$

$$\text{DAP crédit-bail} = \text{Redevance} - \text{Intérêts crédit-bail}$$

Il en résulte :
- une baisse de la consommation ;
- une hausse des dotations aux amortissements ;
- une hausse des charges financières.

2 Le personnel intérimaire

Le personnel intérimaire est pris en compte dans les achats et autres charges externes au niveau de la consommation de l'exercice. Le retraitement consiste à assimiler le personnel intérimaire comme une charge de personnel car il correspond au ***coût du facteur travail***.

Le personnel intérimaire est retiré de la consommation et intégré au niveau des charges de personnel.

Il en résulte :
- une baisse de la consommation ;
- une hausse des charges de personnel.

3 La sous-traitance de fabrication

Les charges de sous-traitance sont prises en compte dans les achats et autres charges externes au niveau de la consommation de l'exercice. Le retraitement consiste à considérer que, lorsque tout ou partie de la production est réalisé par des sous-traitants, la hausse de la production n'entraîne pas de croissance économique au niveau de l'entreprise mais au niveau du sous-traitant.

Les charges de sous-traitance sont retirées des achats et autres charges externes au niveau de la consommation et enlevées de la production vendue.

Il en résulte :
- une baisse de la production vendue ;
- une baisse de la consommation.

4 Les subventions d'exploitation

Les subventions d'exploitation sont souvent accordées aux entreprises pour éviter toute majoration de leurs prix de vente, destinée à couvrir la hausse des coûts. Le retraitement consiste à intégrer les subventions en complément de prix de vente à la production vendue.

Il en résulte :
- une hausse de la production vendue ;
- une baisse des subventions d'exploitation.

C L'incidence des retraitements sur le tableau des soldes intermédiaires de gestion

La présentation normalisée *en liste* du tableau des SIG retraités est la suivante :

Nature	Exercice N
Production vendue + ***Subventions d'exploitation en complément de prix de vente*** + Production stockée + Production immobilisée – ***Sous-traitance de fabrication***	
= **Production de l'exercice**	
Marge commerciale + Production de l'exercice – Consommation de l'exercice : Achat de matières premières et autres approvisionnements + Variation des stocks de matières et autres approvisionnements + Autres achats et charges externes ***– Redevance crédit-bail*** ***– Personnel intérimaire*** ***– Sous-traitance de fabrication***	
= **Valeur ajoutée**	
Valeur ajoutée + Subventions d'exploitation – **Subventions d'exploitation** – Impôts, taxes et versements assimilés – (Charges de personnel **+ *Personnel intérimaire***)	
= **Excédent brut d'exploitation**	

Excédent brut d'exploitation + Reprises sur charges et transferts de charges + Autres produits − (Dotations aux amortissements, dépréciations et provisions **+ *DAP crédit-bail***) − Autres charges	
= **Résultat d'exploitation**	
Résultat d'exploitation ± Quotes-parts de résultat sur opérations faites en commun + Produits financiers − (Charges financières **+ *Frais financiers crédit-bail***)	
= **Résultat courant avant impôts**	

La suite du tableau est inchangée.

D Le tableau de passage des SIG du PCG aux SIG au coût des facteurs

Un modèle de tableau de passage des SIG du PCG aux SIG retraités peut être établi comme ci-dessous :

SIG du PCG (1)	Retraitements (2)	SIG au coût des facteurs (1) ± (2)
Production vendue	+ Subvention d'exploitation − Sous-traitance de fabrication	
Consommation	− Sous-traitance de fabrication − Redevance Crédit-bail − Personnel extérieur	
Valeur ajoutée	+ Subvention d'exploitation + Redevance Crédit-bail + Personnel extérieur	
Subventions d'exploitation	− Subvention d'exploitation	
Charges de personnel	+ Personnel extérieur	
Excédent brut d'exploitation	+ Redevance Crédit-bail	
Dotations d'exploitation	+ DAP Crédit-bail	
Résultat d'exploitation	+ FF Crédit-bail	
Charges financières	+ FF Crédit-bail	
Résultat courant avant impôt	± 0	
Résultat exceptionnel	± 0	
Résultat de l'exercice	± 0	

E Le calcul indirect des soldes intermédiaires de gestion retraités

Production de l'exercice retraitée =
Production de l'exercice
+ Subventions d'exploitation en complément de prix de vente
– Sous-traitance de fabrication

Valeur ajoutée retraitée =
Valeur ajoutée
+ Subventions d'exploitation en complément de prix de vente
+ Redevance crédit-bail
+ Personnel intérimaire

Excédent brut d'exploitation retraité = EBE + Redevance crédit-bail

Résultat d'exploitation retraité = RE + Frais financiers crédit-bail

L'EBE retraité peut aussi être calculé à partir de la VA retraitée :

VA retraitée
– Impôts et taxes
– Charges de personnel
– Personnel extérieur

Le RE retraité peut aussi être calculé à partir de l'EBE retraité :

EBE retraité
+ Reprises sur charges et transferts de charges d'exploitation
+ Autres produits
– Dotations aux amortissements, dépréciations et provisions d'exploitation
– DAP crédit-bail
– Autres charges

F Les autres retraitements possibles

1 Les impôts et taxes

Ils pourraient être retraités au niveau de la consommation pour les impôts et taxes directement liés à l'activité (contribution économique territoriale, taxe foncière) ou au niveau des charges de personnel pour les impôts sur rémunérations (taxe sur les salaires, contribution à l'apprentissage et à la formation professionnelle continue).

2 La participation

La participation pourrait être considérée comme une charge de personnel car elle correspond au coût du *facteur travail*.

3 Les transferts de charges d'exploitation

Les transferts de charges d'exploitation pourraient être annulés au niveau du résultat d'exploitation et être affectés à chaque charge concernée (par exemple, au niveau de la consommation pour les frais de port, etc.).

APPLICATION CORRIGÉE

La société CASTOR a financé l'acquisition d'un matériel d'une valeur de 300 000 € HT par un contrat de crédit-bail au début de l'année N–1. Ce matériel serait normalement amortissable sur 5 ans selon le mode linéaire. Les loyers annuels s'élèvent à 74 000 € HT. La durée du crédit-bail est de 5 ans. La valeur de rachat à l'issue du contrat est nulle. Le personnel extérieur s'élève à 14 000 € en N.

1. À partir du tableau des SIG du PCG, calculer les SIG en retraitant le crédit-bail et le personnel extérieur.

2. Commenter les résultats obtenus.

Correction

1. Retraitement du crédit-bail et du personnel extérieur

DAP crédit-bail = 300 000 / 5 = 60 000

FF Crédit-bail = 74 000 – 60 000 = 14 000

Tableau de passage des SIG du PCG aux SIG retraités :

Poste	SIG du PCG	Retraitements	SIG au coût des facteurs
Production vendue	478 000	+ Subvention d'exploitation : + 17 000 – Sous-traitance de fabrication : 0	495 000
Production stockée	145 000	± 0	145 000
Production immobilisée	22 000	± 0	22 000

Production de l'exercice	645 000	+ Subvention d'exploitation : + 17 000 – Sous-traitance de fabrication : 0	662 000
Consommation	321 000	– Sous-traitance de fabrication : 0 – Redevance Crédit-bail : – 74 000 – Personnel extérieur : – 14 000	233 000
Valeur ajoutée	324 000	+ Subvention d'exploitation : + 17 000 + Redevance Crédit-bail : + 74 000 + Personnel extérieur : + 14 000	429 000
Subventions d'exploitation	17 000	– Subvention d'exploitation : – 17 000	0
Impôts et taxes	14 000	± 0	14 000
Charges de personnel	246 000	+ Personnel extérieur : + 14 000	260 000
Excédent brut d'exploitation	81 000	+ Redevance crédit-bail : + 74 000	155 000
Reprises et transferts de charges d'exploitation	35 000	± 0	35 000
Autres produits	7 000	± 0	7 000
Dotations d'exploitation	92 000	+ DAP Crédit-bail : + 60 000	152 000
Autres charges	4 000	± 0	4 000
Résultat d'exploitation	27 000	+ FF Crédit-bail : + 14 000	41 000
Produits financiers	160 000	± 0	160 000
Charges financières	92 000	+ FF Crédit-bail : + 14 000	106 000
Résultat courant avant impôts	95 000	± 0	95 000
Résultat exceptionnel	– 3 000	± 0	– 3 000
Résultat de l'exercice	60 000	± 0	60 000

Vérification des SIG retraités :

VA retraitée = Marge commerciale + Production de l'exercice retraitée – Consommation retraitée = 0 + 662 000 – 233 000 = 429 000 €

EBE retraité = VA retraitée – Impôts et taxes – Charges de personnel retraitées = 429 000 – 14 000 – 260 000 = 155 000 €

RE retraité = EBE retraité + RAP et transferts de charges d'exploitation + Autres produits – Dotations d'exploitation retraitées – Autres charges = 155 000 + 35 000 + 7 000 – 152 000 – 4 000 = 41 000 €

2. Commentaire

Éléments	SIG du PCG	SIG retraités	Variation des SIG retraités par rapport aux SIG du PCG
Production de l'exercice	645 000	662 000	+ 2,63 %
VA	324 000	429 000	+ 32,41 %
EBE	81 000	155 000	+ 91,35 %
RE	27 000	41 000	+ 51,85 %

Les soldes retraités sont d'un niveau plus élevé que ceux du PCG :
- la production de l'exercice est de 662 000 € contre 645 000 € (hausse de 2,63 %) ;
- la VA est de 429 000 € contre 324 000 € (hausse de 32,41 %) ;
- l'EBE est de 155 000 € contre 81 000 € (hausse de 91,35 %) ;
- le RE est de 41 000 € contre 27 000 € (hausse de 51,85 %).

Les retraitements ont donc pour effet d'améliorer la présentation de ces résultats.

III La répartition de la valeur ajoutée

A La répartition de la valeur ajoutée du PCG

La valeur ajoutée est répartie entre les différents agents économiques :

Éléments	Postes concernés	Montant	%
Valeur ajoutée	**VA du tableau des SIG**		**100 %**
Personnel	Salaires et traitements + Cotisations sociales + Participation		
Prêteurs	Charges d'intérêts		
État	Impôts, taxes et versements assimilés + Impôts sur les bénéfices		
Reste			

APPLICATION CORRIGÉE

À partir du tableau des SIG de la société CALOR, procéder à la répartition de la valeur ajoutée.

Produits	Total	Charges	Total	Soldes	N
Ventes de marchandises	0	Coût d'achat des marchandises	0	Marge commerciale	0
Production vendue Production stockée Production immobilisée	369 458 1 162 0	ou Déstockage de production	0	Production de l'exercice	370 620
Production de l'exercice Marge commerciale	370 620 0	Consommation de l'exercice en provenance de tiers	149 448	Valeur ajoutée	221 172
Valeur ajoutée Subventions d'exploitation	221 172 0	Impôts et taxes Charges de personnel	29 491 163 356	Excédent brut d'exploitation	28 325
Excédent brut d'exploitation Reprises et transferts de charges Autres produits	28 325 5 481 720	Dotations d'exploitation Autres charges	400 320	Résultat d'exploitation	33 806
Résultat d'exploitation Quotes-parts en commun Produits financiers	33 806 0 1 200	Quotes-parts en commun Charges financières (dont intérêts : 15 200)	0 40 176	Résultat courant avant impôts	– 5 170
Produits exceptionnels	48 818	Charges exceptionnelles	32 073	Résultat exceptionnel	16 745
Résultat exceptionnel	16 745	Résultat courant avant impôts Participation des salariés Impôts sur les bénéfices	5 170 0 2 894	Résultat de l'exercice	8 681

Correction

Répartition de la VA entre les différents agents

Agents	Postes concernés	Exercice N	%
Valeur ajoutée		221 172	100 %
Personnel	Charges de personnel + Participation	163 356 + 0 = 163 356	74 %
Prêteurs	Intérêts	15 200	7 %
État	Impôts et taxes assimilés + IS	29 491 + 2 894 = 27 385	12 %
Reste		15 231	7 %

B La répartition de la valeur ajoutée retraitée et des autres revenus

Le retraitement des SIG a une incidence sur la répartition de la valeur ajoutée entre les différents agents économiques.

Éléments	Postes concernés	Total	%
VA retraitée	VA **+ Subvention d'exploitation + Redevances Crédit-bail + Personnel extérieur**		
Produits d'exploitation encaissables et charges d'exploitation décaissables	+ Autres produits – Autres charges		
Produits hors exploitation encaissables et charges hors exploitation décaissables	± Quotes-parts en commun + (Produits financiers – RAP) – (Charges financières – DAP – Charges d'intérêt) + (Produits exceptionnels – RAP – Prix de vente – Quote-part de subvention) – (Charges exceptionnelles – DAP – VNC)		
Transferts de charges d'exploitation	+ Transferts de charges d'exploitation		
VA et autres revenus à répartir			**100 %**
Personnel	Salaires et traitements + Cotisations sociales + Participation + **Personnel extérieur**		
Prêteurs	Charges d'intérêts + **FF Crédit-bail**		
État	Impôts, taxes et versements assimilés + Impôts sur les bénéfices		
Reste	**CAF retraitée**		

IV La capacité d'autofinancement

A La définition de la capacité d'autofinancement (CAF)

La ***capacité d'autofinancement*** exprime un flux net potentiel de trésorerie sécrété à partir de l'ensemble des opérations de gestion et des opérations exceptionnelles de l'entreprise, dans le cadre de son activité courante.

La CAF est définie comme la ***différence entre les produits encaissables et les charges décaissables***. Les charges non décaissables, qualifiées de « *charges calculées* » représentent d'une part, les dotations aux amortissements, aux dépréciations et aux provisions et d'autre part, la valeur comptable des éléments d'actif cédés (VNC). Les produits non encaissables qualifiés de « *produits calculés* » représentent d'une part, les reprises sur dépréciations et provisions, et d'autre part, les produits des cessions d'éléments d'actif et la quote-part des subventions d'investissement virée au résultat de l'exercice.

Les charges calculées ne sont jamais décaissées et les produits calculés ne sont jamais encaissés ; seuls les produits des cessions d'éléments d'actifs constituent un produit encaissé mais il doit être annulé car il ne relève pas de l'activité courante.

B La détermination de la capacité d'autofinancement

Il existe deux méthodes de calcul de la capacité d'autofinancement. Ces méthodes aboutissent au même résultat.

1 Le calcul de la CAF à partir du résultat de l'exercice (méthode additive)

CAF =
Résultat de l'exercice
+ Dotations d'exploitation
+ Dotations financières
+ Dotations exceptionnelles
– Reprises d'exploitation
– Reprises financières
– Reprises exceptionnelles
– Plus ou moins-value (Prix de vente – Valeur nette comptable)
– Quote-part des subventions d'investissement virée au résultat

2 Le calcul de la CAF à partir de l'EBE (méthode soustractive préconisée par le PCG)

CAF =
Excédent brut d'exploitation
+ Transferts de charges d'exploitation
+ Autres produits
– Autres charges
± Quotes-parts de résultat sur opérations faites en commun
+ Produits financiers (sauf reprises)
– Charges financières (sauf dotations)
+ Produits exceptionnels (sauf prix de vente, quote-part des subventions d'investissement et reprises)
– Charges exceptionnelles (sauf valeur nette comptable et dotations)
– Participation des salariés
– Impôts sur les bénéfices

REMARQUE

En l'absence du compte de résultat, on peut retrouver les dotations et les reprises dans les tableaux de l'annexe.

3 Le calcul de la CAF retraitée

Le retraitement de la CAF est limité au retraitement du crédit-bail.

CAF retraitée = CAF + DAP Crédit-bail

C Les finalités et les limites de la capacité d'autofinancement

La CAF exprime la capacité de l'entreprise à :
- rémunérer les associés ;
- financer les investissements (investissements d'expansion) ;
- renouveler l'outil de production (investissements de renouvellement) ;
- rembourser les dettes financières ;
- mesurer l'indépendance financière de l'entreprise.

Cependant, la mesure de la CAF est très sujette à des fluctuations liées aux pratiques comptables et fiscales (dépréciations, provisions, étalement des plus-values, etc.) et ne permet pas d'effectuer des comparaisons interentreprises significatives.

APPLICATION CORRIGÉE

À partir du tableau des soldes intermédiaires de gestion de la société LIVE, déterminer la CAF selon les méthodes additive et soustractive.

Éléments	Exercice N
Ventes de marchandises – Coût d'achat des marchandises	285 689 – 180 545
Marge commerciale	**105 144**
Production vendue + Production stockée + Production immobilisée	2 055 872 + 8 750
Production de l'exercice	**2 064 622**

Marge commerciale + Production de l'exercice – Consommation de l'exercice	105 144 2 064 622 – 705 113
– Valeur ajoutée	**1 464 653**
Valeur ajoutée + Subventions d'exploitation – Impôts, taxes et versements assimilés – Charges de personnel	1 464 653 – 32 023 – 839 778
Excédent brut d'exploitation	**592 852**
Excédent brut d'exploitation + Reprises sur dépréciations et provisions et transferts de charges (1) + Autres produits – Dotations aux amortissements, dépréciations et provisions – Autres charges	592 852 + 5 100 + 1 656 – 68 668 – 7 850
Résultat d'exploitation	**523 090**
Résultat d'exploitation ± Quotes-parts de résultat sur opérations faites en commun + Produits financiers **(dont 800 de RAP)** – Charges financières **(dont 3 000 de DAP)**	523 090 0 + 37 315 – 20 403
Résultat courant avant impôts	**540 002**
Produits exceptionnels **(dont 21 250 de QP de subvention)** – Charges exceptionnelles **(dont 5 000 de DAP)**	45 920 – 19 448
Résultat exceptionnel	**26 472**
Résultat courant avant impôts + Résultat exceptionnel – Participation des salariés – Impôts sur les bénéfices	540 002 + 26 472 – 141 619
Résultat de l'exercice	**424 855**
Produits des cessions des éléments d'actif – Valeurs comptables des éléments d'actif cédés	17 780 – 8 663
Plus ou moins-values de cessions (17 780 – 8 663)	**9 117**

(1) Il n'y a pas de transferts de charges.

Correction

Calcul de la CAF selon la méthode additive (à partir du résultat de l'exercice)

RNC N : 391 605
+ DAP : + (68 668 + 3 000 + 5 000) = 76 668
– RAP : – (5 100 + 800) = – 5 900
– Quote-part des subventions d'investissement virée au résultat : – 21 250
– Plus ou moins-values : – 9 117
= CAF : 432 006

Calcul de la CAF selon la méthode soustractive (à partir de l'EBE)

EBE : 592 852
+ Transferts de charges d'exploitation : 0
+ Autres Produits : + 1 656
– Autres charges : – 7 850
± Opérations en commun : 0
+ Produits financiers : + (37 315 – 800) = 36 515
– Charges financières : – (20 403 – 3 000) = – 17 403
+ Produits exceptionnels : + (45 920 – 17 780 – 21 250) = 6 890
– Charges exceptionnelles : – (19 448 – 5 000 – 8 663) = – 5 785
– Participation : – 0
– IS : – 174 869
= CAF : 432 006

V L'autofinancement

Pour assurer le financement de ses investissements d'expansion ou de renouvellement et la hausse du besoin en fonds de roulement d'exploitation, une entreprise dispose de ressources externes (augmentation de capital, subventions d'investissement, emprunts) et internes (autofinancement).

L'autofinancement est la part de la CAF non affectée à la rémunération des actionnaires.

Autofinancement = Capacité d'autofinancement – Dividendes distribués

Chapitre 3

L'ANALYSE DE LA STRUCTURE FINANCIÈRE

Selon le programme officiel de l'examen, ce chapitre va vous permettre d'analyser la structure des ressources et des emplois mise en œuvre pour que l'entreprise puisse assurer sa pérennité et développer son activité.

Vous développerez ainsi les compétences suivantes :
- *Expliquer la logique fonctionnelle « emplois ressources » ;*
- *Différencier les différents cycles d'opérations (investissement, financement, exploitation) ;*
- *Construire un bilan fonctionnel ;*
- *Calculer le fonds de roulement net global, le besoin en fonds de roulement et la trésorerie nette ;*
- *Caractériser l'évolution dans le temps de la structure financière d'une entreprise.*

I Le bilan fonctionnel

A La définition du bilan fonctionnel

Le bilan fonctionnel, préconisé par le PCG, présente le ***cumul des flux de ressources et d'emplois échangés depuis la création de l'entreprise***. Il permet une lecture directe de l'équilibre financier du bilan.

La présentation du bilan préconisée par le PCG est fonctionnelle car les éléments y sont classés suivant leur fonction dans l'entreprise, c'est-à-dire selon le critère du cycle auquel ils se rattachent :
- ***cycle d'investissement*** : il concerne les opérations liées aux immobilisations incorporelles, corporelles et financières *(cycle long)* ;
- ***cycle de financement*** : il recouvre les capitaux propres et les dettes financières l'entreprise *(cycle long)* ;
- ***cycle d'exploitation*** : il concerne les autres opérations *(cycle court)*.

Le bilan fonctionnel est établi à une date donnée et fournit donc une analyse statique des agrégats financiers.

B La construction du bilan fonctionnel

1 La présentation du bilan fonctionnel

Le bilan fonctionnel peut être schématisé de la façon suivante :

Actif	Passif
Emplois stables	Ressources stables
Actif circulant d'exploitation	Passif circulant d'exploitation
Actif circulant hors exploitation	Passif circulant hors exploitation
Trésorerie active	Trésorerie passive

2 Les travaux préparatoires à l'établissement du bilan fonctionnel

Table des abréviations :

ECA : Écarts de conversion actif
ECP : Écarts de conversion passif
EENE : Effets escomptés non échus
CCA : Charges constatées d'avance
CAR : Charges à répartir sur plusieurs exercices
ICNE : Intérêts courus non échus
PCA : Produits constatés d'avance
VMP : Valeurs mobilières de placement

La construction du bilan fonctionnel nécessite le reclassement de certains postes du bilan comptable.

Actif	Passif
Cycle investissement **Emplois stables :** Actif immobilisé **brut** + CAR (frais d'émission d'emprunt à étaler) – ICNE sur immobilisations financières + ECA sur immobilisations financières (1) – ECP sur immobilisations financières (1)	**Cycle financement** **Ressources stables :** **Ressources propres :** Capitaux propres – Capital souscrit-non appelé + Provisions pour risques et charges + Amortissements et dépréciations sur actif + Avances conditionnées et prêts participatifs assimilés à des capitaux propres + Comptes courants d'associés bloqués assimilés à des capitaux propres **Dettes financières :** Emprunts obligataires + Emprunts auprès des établissements de crédit + Emprunts et dettes financières divers + Avances conditionnées et prêts participatifs assimilés à des dettes + Comptes courants d'associés bloqués assimilés à des dettes – Prime de remboursement des obligations – ICNE sur emprunts – Découverts bancaires – ECA sur emprunts (1) + ECP sur emprunts (1)

Cycle exploitation **Actif circulant d'exploitation :** Stocks **bruts** + Avances et acomptes versés + Créances clients **bruts** + Autres créances d'exploitation + ECA sur créances clients (1) – ECP sur créances clients (1) + CCA d'exploitation ***+ EENE (2)***	**Cycle exploitation** **Passif circulant d'exploitation :** Avances et acomptes reçus + Dettes fournisseurs + Dettes fiscales et sociales + Autres dettes d'exploitation – ECA sur dettes fournisseurs (1) + ECP sur dettes fournisseurs (1) + PCA d'exploitation
Cycle hors exploitation **Actif circulant hors exploitation :** Autres créances hors exploitation + Créances sur immobilisations + Créances IS + Capital souscrit-appelé, non versé + VMP **brutes** (3) + CCA hors exploitation + ICNE sur immobilisations financières + ECA sur créances hors exploitation (1) – ECP sur créances hors exploitation (1)	**Cycle hors exploitation** **Passif circulant hors exploitation :** Dettes sur immobilisations + Autres dettes hors exploitation + Dette IS + PCA hors exploitation + ICNE sur emprunts – ECA sur dettes hors exploitation (1) + ECP sur dettes hors exploitation (1)
Trésorerie active : Disponibilités + VMP brutes facilement négociables (3)	**Trésorerie passive :** *Découverts bancaires* *+ EENE (2)*

(1) Les ECA et les ECP sont retraités dans les postes concernés conformément aux renseignements dont nous disposons en informations complémentaires.

(2) Les EENE sont des engagements hors bilan donnés en renseignements complémentaires, pouvant faire l'objet d'un retraitement au niveau du bilan fonctionnel (voir retraitements ci-après).

(3) Selon le PCG, les disponibilités sont les liquidités immédiates, en sont donc exclues les VMP ; cependant, tout ou partie des VMP peut être affecté dans la trésorerie, conformément aux renseignements dont nous disposons en informations complémentaires.

ATTENTION : Les éléments de l'actif sont inscrits pour leur valeur brute.

REMARQUE : Si les sommes figurant au bilan N–1 ne sont pas données en valeur brute, les valeurs brutes sont retrouvées grâce aux tableaux fournis en annexe.

Les tableaux de l'annexe renseignent sur les mouvements des immobilisations, des amortissements, des dépréciations, des provisions, des frais d'emprunts à étaler et des primes de remboursement des emprunts obligataires.

a Tableau des immobilisations

Début N (1)	Augmentations (2)	Diminutions (3)	Fin N (4)
VB fin N–1	Acquisitions	Vo des biens cédés	VB fin N

b Tableau des amortissements

Début N (1)	Augmentations (2)	Diminutions (3)	Fin N (4)
Cumul des amortissements fin N–1	Dotations	Cumul des amortissements des biens cédés	Cumul des amortissements fin N

c Tableau des dépréciations et provisions

Début N (1)	Augmentations (2)	Diminutions (3)	Fin N (4)
Cumul des dépréciations et provisions fin N–1	Dotations	Reprises	Cumul des dépréciations et provisions fin N

d Frais d'emprunts à étaler et primes de remboursement des obligations

Début N (1)	Augmentations (2)	Diminutions (3)	Fin N (4)
Frais d'emprunts à étaler fin N–1 (CAR)	Augmentation	Dotation aux amortissements N	Frais d'emprunts à étaler fin N (CAR)
Primes de remboursement des obligations Fin N–1	Augmentation	Dotation aux amortissements N	Primes de remboursement des obligations fin N

e Calcul des valeurs utiles pour la détermination des valeurs brutes du bilan fonctionnel de N–1

Immobilisations brutes	Colonne 1 du tableau des immobilisations
	Immobilisations nettes + Colonne 1 du tableau des amortissements + Colonne 1 du tableau des dépréciations, ligne « Immobilisations »
Stocks bruts	Stocks nets + Colonne 1 du tableau des dépréciations, ligne « Stocks »
Clients bruts	Clients nets + Colonne 1 du tableau des dépréciations, ligne « Clients »
VMP brutes	VMP nettes + Colonne 1 du tableau des dépréciations, ligne « VMP »
Σ Amortissements et Dépréciations	Colonne 1 du tableau des amortissements + Colonne 1 du tableau des dépréciations

APPLICATION CORRIGÉE

À partir du bilan au 31/12/N et des informations complémentaires de la société LOUNE, présenter le bilan fonctionnel.

Bilan actif au 31/12/N – Société LOUNE

Actif				31/12/N		
				Brut	**Amort. et dépréciations**	**Net**
Capital souscrit non appelé			**Total (I)**	**85 000**		**85 000**
Actif immobilisé	Immob. incorp.	Frais d'établissement				
		Autres immobilisations incorporelles		57 375	42 500	14 875
	Immob. corp.	Terrains		79 900		79 900
		Constructions		336 600	163 200	173 400
		Installations techniques, matériel et outillage industriels		280 500	134 300	146 200
		Autres immobilisations corporelles		366 350	237 575	128 775
		Immobilisations en-cours		17 000		17 000
		Avances et acomptes		4 250		4 250
	Immob. fin.	Autres participations		36 550	10 200	26 350
		Prêts		17 000		17 000
		Autres immobilisations financières				
			Total (II)	**1 195 525**	**587 775**	**607 750**
Actif circulant	Stocks	Matières premières, approvisionnements		121 550	3 400	118 150
		Encours de production (biens et services)				
		Marchandises		263 500	3 825	259 675
		Avances et acomptes versés				
	Créances	Clients et comptes rattachés		258 400	12 750	245 650
		Autres créances		51 000		51 000
		Capital souscrit et appelé, non versé				
	Divers	Valeurs mobilières de placement		14 450	2 125	12 325
		Disponibilités		20 400		20 400
Comptes de régularisation	Charges constatées d'avance			5 355		5 355
			Total (III)	**734 655**	**22 100**	**712 555**
	Frais d'émission d'emprunt à étaler **(IV)**					
	Primes de remboursement des obligations **(V)**			7 735		7 735
	Écarts de conversion Actif **(VI)**			2 550		2 550
			Total général (I à VI)	**2 025 465**	**609 875**	**1 415 590**

Bilan passif au 31/12/N – Société LOUNE

Passif		31/12/N
Capitaux propres	Capital social (dont versé…)	682 000
	Primes d'émission, de fusion, d'apport, …	19 250
	Réserve légale	38 250
	Autres réserves	151 725
	Report à nouveau	425
	Résultat de l'exercice (bénéfice ou perte)	73 950
	Subventions d'investissement	11 900
	Provisions réglementées	
	Total (I)	**977 500**
Provisions pour risques et charges	Provisions pour risques	5 950
	Provisions pour charges	
	Total (II)	**5 950**
Dettes	Emprunts obligataires	185 300
	Emprunts et dettes auprès des établissements de crédit (1)	3 825
	Emprunts et dettes financières divers	
	Avances et acomptes reçus	
	Dettes fournisseurs et comptes rattachés	200 940
	Dettes fiscales et sociales	20 655
	Dettes sur immobilisations et comptes rattachés	
	Autres dettes **(dette IS)**	12 325
Compte de régularisation	Produits constatés d'avance	5 100
	Total (III)	**428 145**
	Écart de conversion Passif **(IV)**	3 995
	Total général (I à IV)	**1 415 590**
(1) dont concours bancaires courants et soldes créditeurs de banques		3 825

Informations complémentaires :
- les charges et produits constatés d'avance concernent l'exploitation ;
- les autres créances concernent l'exploitation à hauteur de 17 000 € ;
- les ECA concernent les créances clients pour 850 € et les dettes fournisseurs pour 1 700 € ;
- les ECP concernent les créances clients pour 425 € et les dettes fournisseurs pour 3 570 € ;
- les ICNE sur emprunts s'élèvent à 11 050 €.

Correction

Bilan fonctionnel

Actif	Montants N	Passif	Montants N
Emplois stables :	**1 195 525**	**Ressources stables :**	**1 674 840**
Actif immobilisé **brut**	1 195 525	***Ressources propres :***	**1 508 325**
		Capitaux propres	977 500
		– Capital souscrit-non appelé	– 85 000
		+ Provisions pour risques et charges	5 950
		+ Amortissements et dépréciations sur actif	609 875
		Dettes financières :	**166 515**
		Emprunts obligataires	185 300
		+ Emprunts auprès des établissements de crédit	3 825
		– Prime de remboursement des obligations	– 7 735
		– Découverts bancaires	– 3 825
		– ICNE sur emprunts	– 11 050
Actif circulant d'exploitation :	**666 230**	**Passif circulant d'exploitation :**	**228 565**
Stocks ***bruts***	385 050	Dettes fournisseurs	200 940
+ Créances clients **bruts**	258 400	+ Dettes fiscales et sociales	20 655
+ Autres créances d'exploitation	17 000	+ PCA d'exploitation	5 100
+ CCA d'exploitation	5 355	– ECA sur dettes fournisseurs	– 1 700
+ ECA sur créances clients	850	+ ECP sur dettes fournisseurs	3 570
– ECP sur créances clients	– 425		
Actif circulant hors exploitation :	**48 450**	**Passif circulant hors exploitation :**	**23 375**
Autres créances hors exploitation (1)	34 000	Dette IS	12 325
+ VMP **brutes**	14 450	+ ICNE sur emprunts	11 050
Trésorerie active :	**20 400**	**Trésorerie passive :**	**3 825**
Disponibilités	20 400	Découverts bancaires	3 825
Total	**1 930 605**	**Total**	**1 930 605**

(1) 51 000 – 17 000 = 34 000

II Le calcul des agrégats du bilan fonctionnel

Le fonds de roulement net global et le besoin en fonds de roulement sont indispensables pour appréhender la structure financière d'une entreprise. Ils reposent sur la règle de l'équilibre financier : ***les ressources stables doivent financer les emplois stables.***

A Le fonds de roulement net global (FRNG)

Le fonds de roulement net global est l'excédent de financement stable disponible pour les besoins liés au cycle d'exploitation. Il existe deux méthodes de calcul du FRNG :

FRNG = Ressources stables – Emplois stables

FRNG = Actif circulant – Passif circulant

B Le besoin en fonds de roulement (BFR)

Le besoin en fonds de roulement représente le décalage de trésorerie provenant de l'activité courante de l'entreprise. Le BFR est décomposé en besoin en fonds de roulement d'exploitation et en besoin en fonds de roulement hors exploitation.

1 Le besoin en fonds de roulement d'exploitation (BFRE)

Le besoin en fonds de roulement d'exploitation est la composante principale du BFR.

BFRE = Actif circulant d'exploitation – Passif circulant d'exploitation = ACE – PCE

2 Le besoin en fonds de roulement hors exploitation (BFRHE)

Le besoin en fonds de roulement hors exploitation est généré par les activités non courantes de l'entreprise.

BFRHE = Actif circulant hors exploitation – Passif circulant hors exploitation = ACHE – PCHE

3 Le besoin en fonds de roulement (BFR)

Le besoin en fonds de roulement correspond à la somme du besoin en fonds de roulement d'exploitation et du besoin en fonds de roulement hors exploitation.

BFR = BFRE + BFRHE

REMARQUE

Le BFR peut être positif ou négatif. Un BFR négatif est un ***dégagement de fonds de roulement***, cas rencontré lorsque le passif circulant est supérieur à l'actif circulant, situation fréquente dans les entreprises de distribution (créances négligeables, rotation rapide des stocks, dettes fournisseurs largement suffisantes pour couvrir les stocks).

C La trésorerie nette

L'équilibre du bilan fonctionnel se caractérise par la relation « FRNG – BFR ».

Trésorerie nette = Trésorerie active – Trésorerie passive

Trésorerie nette = FRNG – BFR

Si le FRNG est supérieur au BFR, la trésorerie est positive ; l'entreprise dispose donc de liquidités.

Si le FRNG est inférieur au BFR, la trésorerie est négative, l'entreprise fait appel aux découverts bancaires.

D Le niveau et l'évolution dans le temps du fonds de roulement net global

Il existe pour chaque entreprise un niveau souhaitable de FRNG. Le critère essentiel pour atteindre ce niveau est celui d'une trésorerie équilibrée.

1 Le cas d'un FRNG positif

L'existence d'un FRNG positif est une nécessité. Le FRNG permet à l'entreprise de disposer d'une marge de sécurité pour faire face à certains aléas auxquels l'entreprise peut se trouver confrontée (baisse du chiffre d'affaires, décalage dans les rythmes d'encaissements et de décaissements). L'existence d'un FRNG permet d'absorber de telles pertes sans que la solvabilité de l'entreprise vis-à-vis des créanciers soit remise en cause.

Le FRNG reflète un certain équilibre de financement. Lorsqu'une entreprise désire contracter un emprunt auprès de sa banque, cette dernière exige fréquemment l'existence d'un FRNG minimum.

2 Le cas d'un FRNG négatif

Un FRNG négatif traduit l'inexistence de FRNG. Le financement d'une partie des emplois stables et de la totalité de l'actif circulant est donc assuré par des dettes à court terme. On peut trouver ce cas dans les ***entreprises de distribution*** où les délais de paiement obtenus des fournisseurs sont de plusieurs mois alors que les paiements effectués par les clients sont au comptant. Ces entreprises ont par ailleurs un stock qui tourne relativement vite. Une telle situation ne représente pas réellement pas un déséquilibre mais présente l'inconvénient de rendre l'entreprise vulnérable à tout ralentissement de l'activité.

Le montant du FRNG dépend des décisions à long terme concernant les politiques d'investissement et de financement de l'entreprise.

Les principales causes d'évolution du FRNG sont résumées ci-dessous:

Postes du bilan	Causes d'augmentation du FDRNG	Causes de diminution du FDRNG
Emplois stables	Cessions d'immobilisations	Politique d'investissement
Ressources stables	Augmentation du capital Emprunts nouveaux Hausse de la rentabilité tant que le bénéfice n'est pas distribué	Réduction ou remboursement de capital Remboursement d'emprunts Baisse de rentabilité Distribution de dividendes généreuse

APPLICATION CORRIGÉE

À partir du bilan fonctionnel de la société JAKO, calculer le FRNG, le BFRE, le BFRHE et la trésorerie pour les exercices N et N–1. Vérifier la trésorerie nette.

Bilan fonctionnel de la société JAKO

Actif	Exercice N	Exercice N–1	Passif	Exercice N	Exercice N–1
Emplois stables	1 101 640	824 604	Ressources stables	2 749 099	2 455 170
Actif circulant d'exploitation	2 897 200	2 411 012	Passif circulant d'exploitation	1 984 160	2 114 923
Actif circulant hors exploitation	321 026	313 650	Passif circulant hors exploitation	27 065	11 306
Trésorerie active	533 846	1 032 133	Trésorerie passive	93 388	0

Correction

Calcul des agrégats du bilan fonctionnel

	Calculs N	N	N–1	Variation
FRNG	2 749 099 – 1 101 640	1 647 459	1 630 566	+ 16 893
BFRE	2 897 200 – 1 984 160	913 040	296 089	+ 616 951
BFRHE	321 026 – 27 065	293 961	302 344	– 8 383
BFR	913 040 + 293 961	1 207 001	598 433	+ 608 568
Trésorerie nette	533 846 – 93 388 1 647 459 – 1 207 001	440 458	1 032 133	– 591 675

Le FRNG est positif et suffisant pour couvrir le BFR; la trésorerie est donc positive. Le FRNG a progressé mais sa progression n'a pas été apte à financer la hausse importante du BFRE; la trésorerie s'est donc dégradée.

E Les retraitements des engagements hors bilan

Quel que soit le retraitement opéré, l'équilibre du bilan n'est pas remis en cause puisque le montant retraité à l'actif correspond au montant retraité au passif du bilan.

F Le retraitement du crédit-bail

Le bilan fonctionnel montre ***la réalité économique*** en intégrant les biens financés par crédit-bail, comme s'il s'agissait d'immobilisations acquises et financées par emprunt.

Les biens utilisés par l'entreprise et financés par crédit-bail ne figurent pas au bilan car l'entreprise n'en est pas propriétaire pendant la durée du contrat de crédit-bail ; cependant, ces biens peuvent être retraités dans le bilan fonctionnel car ils sont nécessaires au fonctionnement de l'entreprise.

Le retraitement du crédit-bail consiste à :
- intégrer la valeur d'origine du bien (Vo) dans les immobilisations brutes, au niveau des emplois stables ;
- affecter le cumul des amortissements en ressources propres ;
- placer la valeur nette (VNC) dans les dettes financières (Vo – Cumul des amortissements).

Le FRNG est donc inchangé.

G Le retraitement des effets escomptés non échus

Lorsqu'une entreprise a un besoin de trésorerie, elle a la possibilité d'escompter les effets qu'elle détient de ses clients ou de céder ses créances (loi *Dailly*, crédit de mobilisation des créances commerciales). Ces procédés ont pour conséquence de faire disparaître de l'actif la créance et d'augmenter les disponibilités ou de diminuer les soldes créditeurs de banque. Or, en cas de défaillance du client, l'entreprise devra rembourser sa banque. Il est donc conseillé de retraiter ces effets escomptés non échus (EENE) dans le bilan fonctionnel.

Le retraitement des effets escomptés non échus consiste à :
- les réintégrer à l'actif circulant au niveau des ***créances d'exploitation*** ;
- les ajouter, en contrepartie, aux dettes circulantes dans les soldes créditeurs de banque, au niveau de la ***trésorerie passive***.

Il en résulte une hausse du BFRE et une baisse de la trésorerie nette.

H La présentation du bilan fonctionnel après retraitement des engagements hors bilan

Actif	Passif
Emplois stables **+ Valeur d'origine du bien financé par crédit-bail**	Ressources stables **+ Valeur d'origine du bien financé par crédit-bail** (1)
Actif circulant d'exploitation **+ EENE**	Passif circulant d'exploitation
Actif circulant hors exploitation	Passif circulant hors exploitation
Trésorerie active	Trésorerie passive **+ EENE**

(1) Cumul des amortissements crédit-bail + VNC crédit-bail

III Le calcul de l'excédent de trésorerie d'exploitation

L'excédent de trésorerie d'exploitation (ETE) est le flux de trésorerie secrété par le cycle d'exploitation de l'entreprise au cours de l'exercice. L'ETE peut être calculé à partir de deux méthodes : méthode directe ou méthode indirecte.

A Le calcul direct de l'excédent de trésorerie d'exploitation

L'ETE est déterminé à partir des flux encaissables d'exploitation et des flux décaissables d'exploitation, compte tenu des décalages dus aux délais d'encaissement des créances d'exploitation (variation de l'ACE) et des délais de décaissement des dettes d'exploitation (variation du PCE).

Ventes de marchandises + Production vendue + Production immobilisée + Production stockée + Subventions d'exploitation **– Variation ACE**
= Recettes générées par les produits d'exploitation (1)
Achats de marchandises + Variation des stocks de marchandises + Achats de matières premières + Variation des stocks de matières premières et autres approvisionnements + Autres achats et charges externes + Impôts, taxes et versements assimilés + Charges de personnel **– Variation PCE**
= Dépenses générées par les charges d'exploitation (2)
ETE = (1) – (2)

B Le calcul indirect de l'excédent de trésorerie d'exploitation

L'ETE peut être déterminé à partir de l'EBE. La différence entre l'EBE et l'ETE s'explique par la variation du BFRE.

Ventes de marchandises + Production vendue + Production immobilisée + Production stockée + Subventions d'exploitation – Achats de marchandises – Variation des stocks de marchandises – Achats de matières premières – Variation des stocks de matières premières – Autres achats et charges externes – Impôts, taxes et versements assimilés – Charges de personnel
= EBE
– Variation du BFRE
= ETE

REMARQUE

Si l'EBE est calculé sans tenir compte de la production stockée, ni des variations de stocks de marchandises ou de matières premières, la différence entre « l'EBE hors stocks » et l'ETE s'explique par la variation de l'encours commercial.

L'encours commercial peut être retrouvé par le calcul suivant :

Éléments	Postes	N	N–1	Variation
ACE hors stocks (1)	Avances et acomptes versés + Créances clients brutes + Autres créances d'exploitation + Charges constatées d'avance + ECA sur créances clients – ECP sur créances clients + EENE			
PCE (2)	Avances et acomptes reçus commandes + Dettes fournisseurs + Dettes fiscales sociales + Autres dettes exploitation + Produits d'avance d'exploitation + ECP sur dettes fournisseurs – ECA sur dettes fournisseurs			
Encours commercial (1) – (2)				

C L'utilité de l'excédent de trésorerie d'exploitation

L'ETE est un concept fondamental pour une entreprise car il permet de voir si son activité principale lui permet de dégager de la trésorerie. L'entreprise génère de la trésorerie du seul fait de ses opérations d'exploitation lorsque l'ETE est positif. L'ETE doit permettre à l'entreprise d'investir, d'assurer sa croissance et de couvrir ses prélèvements obligatoires (intérêts, IS, remboursement d'emprunts, dividendes). À long terme, il est utilisé pour financer la politique de croissance de l'entreprise.

La situation est dangereuse si l'ETE est négatif car l'entreprise doit s'endetter pour faire face à ses dépenses obligatoires. Cette situation peut être la conséquence d'une baisse de l'activité, d'une hausse des charges d'exploitation, d'une augmentation du stockage, d'un allongement des délais clients ou d'une baisse des délais fournisseurs. Il faut donc agir sur le niveau du BFRE en le diminuant (réduire les délais de paiement accordés aux clients, négocier avec les fournisseurs pour obtenir des délais de règlement plus longs, revoir la gestion des stocks) ; le cas échéant, l'entreprise devra trouver des ressources à long terme (emprunts, augmentation de capital) dans l'attente d'une amélioration des conditions d'exploitation.

L'ETE est un outil important pour le diagnostic et pour l'analyse prévisionnelle. C'est un indicateur important du risque de faillite et de défaillance d'une entreprise plus sensible que l'EBE, celui-ci ne représentant qu'une trésorerie potentielle issue des opérations d'exploitation et ne prenant pas en compte les décalages de paiement des clients et des fournisseurs. De plus, si la production vendue diminue, elle laisse la place pour un certain temps au stockage de la production et la production stockée se substitue à la production vendue (sur-stockage suite à la mévente), faisant ainsi « illusion » et n'alertant pas suffisamment tôt sur les difficultés de trésorerie de l'entreprise.

Une entreprise peut disposer d'un EBE suffisant et connaître des difficultés de trésorerie car une hausse du chiffre d'affaires conduit à augmenter l'EBE mais, corrélativement, elle induit une hausse du BFRE. Si la hausse du BFRE est plus importante que celle de l'EBE, il y a un ***effet de ciseaux*** (seuil à partir duquel la hausse du chiffre d'affaires tend à diminuer la trésorerie d'exploitation). Si cet effet se vérifie, la croissance de l'entreprise générera des difficultés de trésorerie à terme.

APPLICATION CORRIGÉE : Analyse des SIG – Bilan fonctionnel – Diagnostic financier

À partir du compte de résultat et du bilan au 31/12/N de la société CASTOR :

1. Calculer la capacité d'autofinancement.

2. Présenter le bilan fonctionnel et calculer les agrégats du bilan fonctionnel.

3. Établir un diagnostic financier de la société CASTOR.

Bilan Actif au 31/12/N

Actif			31/12/N		
			Brut	**Amort. et dépréciations**	**Net**
Capital souscrit non appelé		**Total (I)**	**50 000**		**50 000**
Actif immobilisé	Immob. incorp.	Frais d'établissement			
		Autres immobilisations incorporelles	140 000	38 000	102 000
	Immob. corp.	Terrains	270 000		270 000
		Constructions	440 000	260 000	180 000
		Installations techniques, matériel et outillage industriels	108 000	61 000	47 000
		Autres immobilisations corporelles	32 000	21 000	11 000
		Immobilisations en cours			
		Avances et acomptes			
	Immob. fin.	Autres participations	8 000	1 000	7 000
		Prêts			
		Autres immobilisations financières	4 000		4 000
		Total (II)	**1 002 000**	**381 000**	**621 000**
Actif circulant	Stocks	Matières premières, approvisionnements	25 000	2 000	23 000
		Encours de production (biens et services)			
		Marchandises	181 000	37 000	144 000
		Avances et acomptes versés			
	Créances	Clients et comptes rattachés	170 000	14 000	156 000
		Autres créances	74 000	4 000	70 000
		Capital souscrit et appelé, non versé			
	Divers	Valeurs mobilières de placement	7 000		7 000
		Disponibilités	9 000		9 000

Comptes de régularisation	Charges constatées d'avance	5000		5000
	Total (III)	**471000**	**57000**	**414000**
	Frais d'émission d'emprunt à étaler **(IV)**	11000		11000
	Primes de remboursement des obligations **(V)**			
	Écarts de conversion Actif **(VI)**	12000		12000
	Total général (I à VI)	**1546000**	**438000**	**1108000**

Bilan passif au 31/12/N

Passif		**31/12/N**
Capitaux propres	Capital social (dont versé…)	400000
	Primes d'émission, de fusion, d'apport, …	28000
	Réserve légale	30000
	Autres réserves	76000
	Report à nouveau	14000
	Résultat de l'exercice (bénéfice ou perte)	66000
	Subventions d'investissement	10000
	Provisions réglementées	7000
	Total (I)	**631000**
Provisions pour risques et charges	Provisions pour risques	25000
	Provisions pour charges	13000
	Total (II)	**38000**
Dettes	Emprunts et dettes auprès des établissements de crédit (1)	189000
	Emprunts et dettes financières divers	31000
	Avances et acomptes reçus	7000
	Dettes fournisseurs et comptes rattachés	48000
	Dettes fiscales et sociales	40000
	Dettes sur immobilisations et comptes rattachés	88000
	Autres dettes **(dette IS)**	3000
Compte de régularisation	Produits constatés d'avance	24000
	Total (III)	**430000**
	Écart de conversion Passif **(IV)**	9000
	Total général (I à IV)	**1108000**
(1) dont concours bancaires courants et soldes créditeurs de banques		50000

Compte de résultat au 31/12/N

Éléments			N
Produits d'exploitation	Ventes de marchandises		
	Production vendue (biens et services)		478 000
	Chiffre d'affaires net		**478 000**
	Production stockée		145 000
	Production immobilisée		22 000
	Subventions d'exploitation		17 000
	Reprises sur dépréciations et provisions		22 000
	Transferts de charges		13 000
	Autres produits		7 000
	Total des produits d'exploitation (1)		**704 000**
Charges d'exploitation	Achats de marchandises		
	Variation de stocks de marchandises		
	Achats de matières premières et autres approvisionnements		220 000
	Variation de stocks des approvisionnements		– 17 000
	Autres achats et charges externes		118 000
	Impôts, taxes et versements assimilés		14 000
	Salaires et traitements		164 000
	Charges sociales		82 000
	Dotations d'exploitation	Sur immobilisations : dotations aux amortissements	75 000
		Sur immobilisations : dotations aux dépréciations	
		Sur actif circulant : dotations aux dépréciations	10 000
		Pour risques et charges : dotations aux provisions	7 000
	Autres charges		4 000
	Total des charges d'exploitation (2)		**677 000**
Résultat d'exploitation (1) – (2)			**27 000**
Opérations en commun	**Bénéfice attribué ou perte transférée (3)**		**0**
	Perte supportée ou bénéfice transféré (4)		**0**

Produits financiers	Produits financiers de participation	
	Produits des autres valeurs mobilières et créances de l'actif immobilisé	7 000
	Autres intérêts et produits assimilés	89 000
	Reprises sur provisions et transferts de charges	28 000
	Différences positives de change	36 000
	Produits nets sur cessions de valeurs mobilières de placement	
	Total des produits financiers (5)	**160 000**
Charges financières	Dotations aux amortissements, dépréciations et provisions	3 000
	Intérêts et charges assimilées	79 000
	Différences négatives de change	5 000
	Charges nettes sur cessions de valeurs mobilières de placement	5 000
	Total des charges financières (6)	**92 000**
Résultat financier (5) – (6)		**68 000**
Résultat courant avant impôts (1) – (2) + (3) – (4) + (5) – (6)		**95 000**
Produits exceptionnels	Produits exceptionnels sur opérations de gestion	3 000
	Produits exceptionnels sur opérations en capital	10 000
	Produits de cession d'éléments d'actif	5 000
	Quote-part de subvention virée au résultat	5 000
	Reprises sur dépréciations et provisions et transferts de charges exceptionnelles	7 000
	Total des produits exceptionnels (7)	**20 000**
Charges exceptionnelles	Charges exceptionnelles sur opérations de gestion	
	Charges exceptionnelles sur opérations en capital	17 000
	Valeurs nettes comptables des éléments d'actif cédés	17 000
	Dotations aux amortissements, dépréciations et provisions	6 000
	Total des charges exceptionnelles (8)	**23 000**
Résultat exceptionnel (7) – (8)		**– 3 000**
Participation des salariés aux résultats (9)		4 000
Impôts sur les bénéfices (10)		22 000
	Total des produits (1) + (3) + (5) + (7)	**884 000**
	Total des charges (2) + (4) + (6) + (8) + (9) + (10)	**818 000**
	Bénéfice ou perte	**66 000**

Informations complémentaires :

- le taux de VA du secteur d'activité (VA / Production de l'exercice) est de 54 %, le taux de marge brute d'exploitation (EBE / Production de l'exercice) de 12 % et la couverture des intérêts par l'EBE (Charges d'intérêt / EBE) est de 80 % ;
- les charges et produits constatés d'avance concernent l'exploitation ;
- les autres créances concernent l'exploitation à hauteur de 28 000 € ;
- les VMP sont facilement négociables ;
- les ECA concernent les dettes fournisseurs pour 4 000 € et les emprunts pour 8 000 € ;
- les ECP concernent les créances clients pour 6 000 € et les fournisseurs d'immobilisations pour 3 000 € ;
- les ICNE sur emprunts s'élèvent à 14 000 € ;
- les EENE s'élèvent à 15 000 €.

Correction

1. Calcul de la CAF

Calcul de la VA et de l'EBE

VA = (478 000 + 145 000 + 22 000) – (220 000 – 17 000 + 118 000) = 324 000

EBE = (324 000 + 17 000) – (14 000 + 164 000 + 82 000) = 81 000

À partir du résultat de l'exercice (méthode additive) :

RNC N : 66 000
\+ DAP : + (92 000 + 3 000 + 6 000) = 101 000
– RAP : – (22 000 + 28 000 + 7 000) = – 57 000
– Quote-part des subventions d'investissement virée au résultat : – 5 000
– Plus ou moins-values : – (5 000 – 17 000) = + 12 000
= CAF : 117 000

À partir de l'EBE (méthode soustractive) :

EBE : 81 000
\+ Transferts de charges d'exploitation : 13 000
\+ Autres Produits : + 7 000
– Autres charges : – 4 000
± Opérations en commun : 0
\+ Produits financiers : 160 000 – 28 000 = 132 000
– Charges financières : – (92 000 – 3 000) = – 89 000
\+ Produits exceptionnels : + (20 000 – 5 000 – 5 000 – 7 000) = 3 000
– Charges exceptionnelles : – (23 000 – 17 000 – 6 000) = 0
– Participation : – 4 000
– IS : – 22 000
= CAF : 117 000

Répartition de la VA et des autres revenus à répartir

VA	324000	324000	
Produits encaissables et charges décaissables d'exploitation	17000 + 7000 – 4000	20000	
Produits encaissables et charges d'exploitation décaissables hors exploitation	132000 – (89000 – 79000) + 3000 – 0	125000	
Transferts de charges d'exploitation	13000	13000	
VA et autres revenus à répartir	**482000**	**482000**	**100 %**
Personnel	164000 + 82000 + 4000	250000	52 %
État	14000 + 22000	36000	8 %
Prêteurs	79000	79000	16 %
CAF	**117000**	**117000**	**24 %**

2. Présentation du bilan fonctionnel et calcul des agrégats

Bilan fonctionnel

Actif	N	Passif	N
Emplois stables :	**1013000**	**Ressources stables :**	**1205000**
Actif immobilisé **brut**	1002000	***Ressources propres :***	**1057000**
+ CAR	+ 11000	Capitaux propres	631000
		– Capital souscrit-non appelé	– 50000
		+ Provisions pour risques et charges	38000
		+ Amortissements et dépréciations sur actif	438000
		Dettes financières :	**148000**
		+ Emprunts auprès des établissements de crédit	189000
		+ Emprunts et dettes financières divers	31000
		– ICNE sur emprunts	– 14000
		– Découverts bancaires	– 50000
		– Écarts de conversion-Actif sur emprunts	– 8000
Actif circulant d'exploitation :	**418000**	**Passif circulant d'exploitation :**	**115000**
Stocks bruts	206000	Avances et acomptes reçus	7000
+ Créances clients brutes	170000	+ Dettes fournisseurs	48000
+ Autres créances d'exploitation	28000	+ Dettes fiscales et sociales	40000
+ CCA d'exploitation	5000	– ECA sur dettes fournisseurs	– 4000
– ECP sur créances clients	– 6000	+ Produits constatés d'avance d'exploitation	24000
+ EENE	15000		

Actif circulant hors exploitation : Autres créances hors exploitation (74 000 – 28 000)	**46 000** 46 000	**Passif circulant hors exploitation :** Dettes sur immobilisations + Autres dettes hors exploitation (dette IS) + ICNE sur emprunts + ECP sur dettes hors exploitation	**108 000** 88 000 3 000 14 000 3 000
Trésorerie active : Disponibilités + VMP brutes facilement négociables	**16 000** 9 000 7 000	**Trésorerie passive :** Découverts bancaires **+ Effets escomptés non échus**	**65 000** 50 000 15 000
TOTAL	**1 493 000**	**TOTAL**	**1 493 000**

Agrégats du bilan fonctionnel

Éléments	Calculs	Montants N
FRNG	1 205 000 – 1 013 000	192 000
BFRE	418 000 – 115 000	303 000
BFRHE	46 000 – 108 000	– 62 000
BFR	303 000 + (– 62 000)	241 000
T	16 000 – 65 000	– 49 000
T	192 000 – 241 000	– 49 000

3. Diagnostic financier

Activité et profitabilité :

La société CASTOR éprouve des difficultés commerciales car le taux de valeur ajoutée (324 000 / 645 000 = 50 %) est inférieur à celui de la branche d'activité (54 %) ; pourtant la société maîtrise bien ses charges fiscales et ses charges de personnel car le taux de marge brute d'exploitation (81 000 / 645 000 = 12,6 %) devient supérieur à celui de la branche d'activité (12 %). Les dotations d'exploitation sont élevées et contribuent à réduire le résultat d'exploitation. Elles sont certainement à l'origine d'une politique d'investissement généreuse. Les intérêts représentent un poids important car ils représentent 97 % de l'EBE (79 000 / 81 000) contre 80 % pour le secteur d'activité, conséquence en principe d'un financement accru par emprunt pour financer la politique d'investissement ; cela aurait dû contribuer à réduire le résultat courant avant impôt, mais l'importance des produits financiers compense en partie les charges financières. Il en résulte un résultat net convenable, représentant une marge bénéficiaire de 9,3 % par rapport à la production de l'exercice (60 000 / 645 000).

Équilibre financier :

La structure financière de l'entreprise est caractérisée par un FRNG positif. L'entreprise dispose donc de ressources suffisantes pour financer les emplois stables. Le FRNG est toutefois insuffisant pour couvrir le BFR, plus précisément le BFRE, ce qui engendre une trésorerie déficitaire de – 49 000 €.

Solutions préconisées pour restaurer la trésorerie :

On peut conseiller à l'entreprise d'augmenter le FRNG, et de surveiller les composantes du BFRE en agissant principalement sur la durée d'écoulement de ses stocks et sur les créances d'exploitation, l'entreprise ayant peut-être du mal à recouvrir ses créances.

Chapitre 4

L'ANALYSE DE LA RENTABILITÉ

Selon le programme officiel de l'examen, ce chapitre va vous permettre de mesurer la rentabilité au strict plan économique ou en introduisant l'impact de l'endettement sur la rentabilité des fonds propres.

Vous développerez ainsi les compétences suivantes :

- *Différencier charges variables et charges fixes ;*
- *Calculer et distinguer la rentabilité économique de la rentabilité financière ;*
- *Mettre en évidence l'effet de levier ;*
- *Caractériser la problématique rentabilité-risque liée à l'endettement ;*
- *Analyser la rentabilité d'une activité ou d'une entreprise, dans une situation donnée.*

I La définition de la rentabilité

La rentabilité, objectif de toute entreprise, résulte du ***rapport entre résultats et moyens mis en œuvre***. Elle peut être mesurée au strict plan économique ou en introduisant l'impact de l'endettement sur la rentabilité des fonds propres. Le dirigeant souhaite mesurer la rentabilité de son outil de production (rentabilité économique) alors que les actionnaires souhaitent connaître la rentabilité des capitaux investis (rentabilité financière).

Il ne faut pas confondre rentabilité et marge ; une marge exprime le rapport entre un résultat et un niveau d'activité (par exemple, Marge bénéficiaire = Résultat de l'exercice / CA HT).

II La variabilité des charges

A La différenciation des charges variables et charges fixes

Les ***charges variables*** évoluent avec le niveau d'activité. Par simplification, on considère qu'elles sont proportionnelles au niveau d'activité. Ce sont par exemple les achats de matières premières, les frais de transport sur ventes.

Les ***charges fixes*** sont liées à la structure de l'entreprise et sont indépendantes du niveau d'activité. Ce sont par exemple les loyers, les amortissements.

Certaines ***charges*** sont ***mixtes*** car elles comportent une partie variable et une partie fixe, comme les salaires des commerciaux par exemple. *Ces charges sont abordées dans l'UE 11 « Contrôle de Gestion ».*

B Le compte de résultat différentiel d'exploitation

Le compte de résultat différentiel d'exploitation présente la ***ventilation des charges variables*** (ou ***charges opérationnelles***) ***et des charges fixes*** (ou ***charges de structure***) supportées par une entreprise, permettant de mettre en évidence la marge sur coût variable nécessaire pour le calcul du seuil de rentabilité. La marge sur coût variable permet de mesurer la contribution d'une activité à la couverture des charges fixes.

Chiffre d'affaires
– Charges variables
= Marge sur coût variable
– Charges fixes
= Résultat d'exploitation

APPLICATION CORRIGÉE

Le chiffre d'affaires de la société IRAM est de 1 200 000 € HT ; les coûts variables représentent 60 % du CA HT ; les charges fixes annuelles sont de 150 000 €.

Présenter le compte de résultat différentiel.

Correction

Compte de résultat différentiel

Chiffre d'affaires	1 200 000
– Charges variables	– 720 000
= Marge sur coût variable	480 000
– Charges fixes	– 150 000
= Résultat d'exploitation	330 000

III La rentabilité économique

Table des abréviations :

BFRE : Besoin en fonds de roulement d'exploitation
CP : Capitaux propres
DF : Dettes financières
Ra : Taux de rentabilité économique
Rc : Taux de rentabilité financière
Rd : Taux d'endettement
RE : Résultat économique
RF : Résultat financier
RNC : Résultat net comptable

A La définition de la rentabilité économique

La rentabilité économique mesure ***l'efficacité de l'outil économique utilisé par l'entreprise pour son exploitation courante***. Elle représente la rentabilité des capitaux investis et correspond au quotient du résultat économique par le capital économique.

La rentabilité économique intéresse ***les dirigeants et les prêteurs***.

B Le calcul du résultat économique

Le résultat économique (RE) est le revenu procuré par l'actif économique. C'est un résultat avant intérêts.

Si la rentabilité économique est calculée avant IS, le résultat économique est un résultat d'exploitation avant impôt. Il peut être retrouvé à partir du RNC :

RE avant IS = RNC + Intérêts + IS

Si la rentabilité économique est calculée après IS, le résultat économique est un résultat d'exploitation après impôt. Il est déterminé à partir du RE avant IS :

RE après IS = RE avant IS × (1 – Taux d'IS)

C Le calcul des capitaux investis (actif économique ou capital économique)

L'actif économique (ou capital économique) correspond à l'ensemble des biens mis en œuvre par l'entreprise, quelle que soit leur source de financement. Il peut être déterminé à partir de l'actif ou du passif du bilan :

Actif économique = CP + DF = Immobilisations + BFRE

D Le calcul de la rentabilité économique (en %)

La rentabilité économique peut être déterminée avant ou après impôt.

$$\text{Ra avant IS} = \frac{\text{RE avant IS}}{\text{Actif économique}}$$

$$\text{Ra après IS} = \frac{\text{RE après IS}}{\text{Actif économique}} = \text{Ra avant IS} \times (1 - \text{Taux d'IS})$$

La rentabilité économique est un indicateur de la performance d'une entreprise. Une rentabilité économique positive est synonyme de création de valeur; si elle est de 30 %, cela signifie que chaque euro investi générera 0,30 € de résultat d'exploitation net d'IS; en principe, une rentabilité économique de 20 % est considérée comme très correcte.

Son amélioration passe soit par une hausse du résultat d'exploitation avec des capitaux investis stables (peu d'investissements, BFRE maîtrisé), soit par une baisse des capitaux investis avec un résultat d'exploitation inchangé (investissements et BFRE revus à la baisse).

IV La mise en évidence du risque économique (ou risque d'exploitation)

A La définition du risque économique

Le ***risque économique*** représente l'impact sur le résultat économique d'une variation du chiffre d'affaires, plus précisément le risque d'avoir un résultat d'exploitation déficitaire ou un seuil de rentabilité non atteint, en raison soit d'une baisse du chiffre d'affaires, soit d'une hausse des charges fixes.

B Les indicateurs du risque économique

Table des abréviations :

SR : Seuil de rentabilité
LO : Levier opérationnel
MCV : Marge sur coût variable
Pm : Point mort

1 Le seuil de rentabilité

Le ***seuil de rentabilité*** (ou ***chiffre d'affaires critique***) est le chiffre d'affaires pour lequel l'entreprise ne dégage ni bénéfice, ni perte. Une réduction de l'activité peut se traduire par un résultat déficitaire. Dans ce cas, le chiffre d'affaires devient inférieur au seuil de rentabilité. Pour un seuil de rentabilité inférieur au chiffre d'affaires, le résultat est bénéficiaire ; pour un seuil de rentabilité supérieur au chiffre d'affaires, le résultat est déficitaire.

$$\text{SR} = \frac{\text{Charges fixes}}{\text{Taux de MCV}}$$

$$\text{Taux de MCV} = \frac{\text{Chiffre d'affaires} - \text{Charges variables}}{\text{Chiffre d'affaires}}$$

Une hausse des charges fixes ou une baisse du taux de marge sur coût variable entraîne une hausse du seuil de rentabilité et un risque économique plus important.

Plus le seuil de rentabilité est élevé, plus le risque économique est grand.

Le ***point mort*** représente la date à laquelle le seuil de rentabilité est atteint.

Pour une entreprise qui travaille sur 12 mois :

$$\text{Point mort} = \frac{12 \times \text{Seuil de rentabilité}}{\text{Chiffre d'affaires}}$$

Plus le seuil de rentabilité est atteint rapidement, moins le risque économique est élevé.

2 La marge de sécurité et l'indice de sécurité

La ***marge de sécurité*** représente la différence entre le chiffre d'affaires et le seuil de rentabilité.

$$\text{Marge de sécurité} = \text{CA HT} - \text{SR}$$

L'***indice de sécurité*** mesure la marge de sécurité en pourcentage du chiffre d'affaires.

$$\text{Indice de sécurité} = \frac{\text{Marge de sécurité}}{\text{Chiffre d'affaires}}$$

Un indice de 10 % signifie que si le chiffre d'affaires diminue de 10 %, l'entreprise est déficitaire.

Plus la marge et l'indice de sécurité sont faibles, plus le risque économique est grand.

3 Le levier opérationnel (ou levier d'exploitation)

Le ***levier opérationnel*** (LO) mesure la sensibilité du résultat d'exploitation à une variation du chiffre d'affaires.

$$LO = \frac{\text{Variation du CA HT en \%}}{\text{Variation du RE en \%}} = \frac{\text{CA HT}}{\text{Marge de sécurité}} = \frac{1}{\text{Indice de sécurité}} = \frac{\text{MCV}}{\text{RE avant IS}}$$

Un LO de 10 signifie que si le chiffre d'affaires varie de seulement 1 %, le résultat d'exploitation variera de 10 %, soit 10 fois plus.

Plus le levier opérationnel est élevé, plus le risque économique est élevé.

C La réduction du risque économique

Le risque économique est lié à la structure des charges. Il est d'autant plus important que les charges fixes sont élevées et le taux de marge sur coût variable faible (marge de sécurité et indice de sécurité faibles, levier d'exploitation important). Pour le réduire, il convient de diminuer les charges de structure afin d'abaisser le seuil de rentabilité. Il est possible également de sous-traiter une partie de la production, faire appel à du personnel intérimaire, faire des économies sur les postes entraînant des charges fixes, avoir plus de flexibilité dans la fabrication, etc.

APPLICATION CORRIGÉE

Le chiffre d'affaires HT réalisé en N par la société GORD s'élève à 1 850 000 €. Les charges d'exploitation se décomposent de la façon suivante :
- charges fixes : 740 000 € ;
- charges variables : 925 000 €.

1. Présenter le compte de résultat différentiel.

2. Calculer le seuil de rentabilité d'exploitation, l'indice de sécurité et le levier opérationnel.

Correction

1. Présentation du compte de résultat différentiel

Chiffre d'affaires : 1 850 000
– Charges variables : – 925 000
= Marge sur coût variable : 925 000
– Charges fixes : – 740 000
= Résultat d'exploitation : 185 000

2. Calculs

Seuil de rentabilité d'exploitation

Taux de MCV = 925 000 / 1 850 000 = 50 %

SR = 740 000 / 0,50 = 1 480 000

Date du Pm = 12 × 1 480 000 / 1 850 000 = 9,6 mois ; soit 9 mois et 18 jours, donc le 18 octobre.

Indice de sécurité

Marge de sécurité = 1 850 000 – 1 480 000 = 370 000

Indice de sécurité = 370 000 / 1 850 000 = 20 %. Si le chiffre d'affaires baisse de 20 %, l'entreprise sera déficitaire.

Levier opérationnel

LO = 1 / 0,20 ou 925 000 / 185 000 = 5. Si le chiffre d'affaires baisse de 10 %, le résultat d'exploitation diminuera de 50 %.

V La rentabilité financière

A La définition de la rentabilité financière

La rentabilité financière mesure la rentabilité des capitaux propres et correspond au quotient du résultat net par les capitaux propres. C'est le principal indicateur des performances de l'entreprise. Elle intéresse les ***apporteurs de capital*** (actionnaires).

B Le calcul du résultat financier

Le résultat financier (RF) est un résultat après intérêts. Il peut être calculé avant ou après IS. Il correspond au résultat de l'exercice (RNC) lorsqu'il est déterminé après IS.

RF avant IS = RE avant IS – Intérêts

Si le montant des intérêts n'est pas donné : *Intérêts = Dettes financières × Taux d'endettement*

RF après IS = RE après IS – Intérêts nets d'IS = RNC = RF avant IS × (1 – Taux d'IS)

Intérêts nets d'IS = Intérêts × (1 – Taux d'IS)

C Le calcul de la rentabilité financière

La rentabilité financière peut être déterminée avant ou après impôt. Un calcul après IS est plus pertinent.

$$\text{Rc avant IS} = \frac{\text{RF avant IS}}{\text{Capitaux propres}}$$

$$\text{Rc après IS} = \frac{\text{RF après IS}}{\text{Capitaux propres}} = \text{Rc avant IS} \times (1 - \text{Taux d'IS})$$

Si la rentabilité financière est positive, l'entreprise génère des profits avec peu d'investissements de la part des actionnaires.

Une amélioration de la rentabilité financière passe notamment par :

- une hausse de la rentabilité économique (voir relation entre rentabilité économique et rentabilité financière) ;
- une baisse du coût d'endettement, une hausse du niveau d'endettement (bras de levier), sous réserve que l'effet de levier joue favorablement (rentabilité économique supérieure au coût d'endettement).

Plus la rentabilité financière sera élevée, plus les actionnaires pourront prétendre à des dividendes importants.

APPLICATION CORRIGÉE

La société JURA souhaite réaliser un investissement de 300 000 € HT, qu'elle autofinancerait intégralement ou financerait partiellement par un emprunt de 160 000 € au taux d'endettement de 3 % avant impôt. Le résultat d'exploitation avant IS est de 60 K€. Le taux d'IS est de 25 %.

Calculer la rentabilité économique et la rentabilité financière. Commenter.

Correction

Rentabilité économique et rentabilité financière

Éléments	Autofinancement	Financement mixte
CP (K€)	300	300 – 160 = 140
DF (K€)	0	160
Actif économique (K€)	300	300
RE avant IS (K€)	60	60
RE après IS (K€)	45 (1)	45 (1)
Rentabilité économique avant IS	20 % (2)	20 % (2)

Rentabilité économique après IS	15 % (3)	15 % (3)
Intérêts avant IS (K€)	0	4,8 (6)
Intérêts nets d'IS (K€)	0	3,6 (7)
RF avant IS (K€)	60 (4)	55,2 (8)
RF après IS (K€)	45	41,4 (9)
Rentabilité financière avant IS	60 / 300 = 20 % (5)	39,43 % (10)
Rentabilité financière après IS	15 %	29,57 % (11)

(1) 60 (1 – 0,25) = 45 ; (2) 60 / 300 = 20 % ; (3) 45 / 300 ou 20 % (1 – 0,25) = 15 % ; (4) 60 – 0 = 60 ; (5) 60 / 300 = 20 % ; (6) 3 % (160) = 4,8 ; (7) 4,8 (1 – 0,25) = 3,6 ; (8) 60 – 4,8 = 55,2 ; (9) 45 – 3,6 ou 55,2 (1 – 0,25) = 41,4 ; (10) 55,2 / 140 = 39,43 % ; (11) 41,4 / 140 ou 39,43 % (1 – 0,25) = 29,57 %

Commentaire

Dans la première option, l'investissement dégage un résultat d'exploitation net d'IS de 43 200 €. La rentabilité économique après IS est de 15 % ; la rentabilité financière est de 15 % également puisque l'entreprise ne s'endette pas. Dans la seconde option, l'investissement dégage toujours un résultat d'exploitation net d'IS de 43 200 €. L'entreprise doit toutefois supporter une charge d'intérêt de 4 800 €, soit 3 600 € après IS puisque cette charge génère une économie d'IS de 1 200 € (25 % × 4 800). Le résultat net diminue donc de 3 600 €. La rentabilité économique après IS est également de 15 % ; en revanche, la rentabilité financière après IS est de 29,57 % et s'améliore nettement. En s'endettant, l'entreprise améliore sa rentabilité financière, et ce, car l'entreprise s'est endettée à un taux inférieur à son taux de rentabilité économique.

Vérification : Rentabilité financière avant IS = 20 % + (160 / 140) × (20 % – 3 %) = 39,43 %

Rentabilité financière après IS = 15 % + (160 / 140) × [15 % – 3 % × (1 – 0,25)] = 29,57 %

VI La mise en évidence du risque financier

Le risque financier représente l'impact de l'endettement sur la rentabilité des capitaux propres.

En cas de financement par emprunt, même si l'endettement peut être favorable pour l'entreprise qui bénéficie de l'effet de levier, le recours aux capitaux extérieurs fait naître un risque financier qui s'ajoute au risque économique. Les charges de structure étant augmentées du montant des charges d'intérêts, le coefficient d'élasticité augmente et le risque aussi. Plus le poids de l'endettement est important, plus le risque financier est élevé. Le bras de levier (ou ratio d'endettement) et la capacité de remboursement permettent de mesurer le risque financier.

VII L'effet de levier

A Le calcul de l'effet de levier

L'effet de levier représente l'effet de l'endettement sur la rentabilité financière. Il peut être calculé avant ou après IS. Il mesure l'écart entre le taux de rentabilité financière et le taux de rentabilité économique.

$$\textbf{Effet de levier} = Rc - Ra$$

En l'absence d'endettement, la rentabilité financière est égale à la rentabilité économique et l'effet de levier est égal à zéro.

B L'analyse de l'effet de levier

L'effet de levier est positif ou négatif selon que le taux de rentabilité économique (Ra) est supérieur ou inférieur au taux d'endettement (Rd).

Le taux d'endettement est retrouvé en divisant les charges d'intérêts par les dettes financières.

$$Rd = \frac{\text{Intérêts}}{DF}$$

Lorsque l'effet de levier est *positif*, il joue favorablement puisque l'endettement augmente la rentabilité financière. Tant que la rentabilité économique est supérieure au taux d'endettement, plus l'entreprise s'endette, plus elle améliore son taux de rentabilité financière, jusqu'à un seuil où le prêteur n'accepte plus un endettement excessif par rapport aux capitaux propres et élève son taux d'intérêt au-dessus du taux de rentabilité économique.

Lorsque l'effet de levier est *négatif*, il joue défavorablement puisque l'endettement diminue la rentabilité financière. Il se transforme en ***effet de massue***.

C La relation entre la rentabilité économique et la rentabilité financière

L'effet de levier est plus ou moins influencé par la différence entre, d'une part, la rentabilité économique (Ra) et le taux d'endettement (Rd) et, d'autre part, par le bras de levier (ou levier financier).

$$\text{Rc avant IS} = \text{Ra avant IS} + \frac{\text{DF}}{\text{CP}} \times (\text{Ra avant IS} - \text{Rd avant IS})$$

$$\text{Rc après IS} = \text{Ra après IS} + \frac{\text{DF}}{\text{CP}} \times (\text{Ra après IS} - \text{Rd après IS}) = \text{Rc avant IS} \times (1 - \text{Taux d'IS})$$

DF / CP = bras de levier ou levier financier

Pour améliorer sa rentabilité financière, l'entreprise peut augmenter sa rentabilité économique, négocier son taux d'endettement, augmenter le bras de levier en augmentant son endettement sous réserve que les ratios d'endettement soient corrects.

Ci-dessous les principaux ratios d'endettement abordés au Chapitre 5 :

Taux d'endettement	DF / CP	Doit être inférieur à 1
Capacité de remboursement	DF / CAF	Ne doit pas dépasser 4
Capacité de l'entreprise à payer les intérêts	RE / Intérêts	Confortable autour de 3

VIII La décomposition des ratios de rentabilité économique et financière

A Le ratio de rentabilité économique (Ra)

Pour interpréter la rentabilité économique, on peut la décomposer en deux ratios :

$$\text{Ra} = \frac{\text{RE}}{\text{CA HT}} \times \frac{\text{CA HT}}{\text{Actif économique}}$$

RE / CA HT	Ce ratio mesure la marge d'exploitation, c'est-à-dire l'efficience commerciale ou industrielle de l'entreprise.
CA HT / Actif économique	Ce ratio mesure la rotation de l'actif économique (ou capital économique), c'est-à-dire l'intensité de l'utilisation des ressources de l'entreprise, plus précisément l'efficacité de l'organisation de l'entreprise dans le processus de création de valeur puisque ce ratio révèle la capacité de l'entreprise à réaliser son chiffre d'affaires pour chaque euro investi dans l'entreprise.

La rentabilité économique peut être obtenue, soit avec une politique de forte marge et de faible rotation des actifs, soit avec une politique de faible marge et de forte rotation des actifs. Par exemple, une rentabilité économique de 20 %, égale au produit d'une marge de 8 % et d'une rotation de l'actif économique de 2,5, montre que la rentabilité économique est essentiellement due à une bonne rotation des actifs.

B Le ratio de rentabilité financière (Rc)

Pour interpréter la rentabilité financière, on peut la décomposer en trois ratios :

$$Rc = \frac{\text{RNC}}{\text{CA HT}} \times \frac{\text{CA HT}}{\text{Actif économique}} \times \frac{\text{Actif économique}}{\text{CP}}$$

RNC / CA HT	Ce ratio mesure la marge nette.
CA HT / Actif économique	Ce ratio mesure la rotation des actifs.
Actif économique / CP	Ce ratio mesure le financement propre de l'entreprise.

Une rentabilité financière de 25 %, obtenue par le produit d'une marge de 8 %, d'une rotation des actifs de 1,25 et d'un financement propre de 2,5, montre que la rentabilité financière est essentiellement due au dernier ratio qui reflète l'endettement de l'entreprise, mettant ainsi en évidence l'effet de levier.

APPLICATION CORRIGÉE 1 : Rentabilité économique et rentabilité financière en situation d'autofinancement et d'endettement – Effet de levier

La société KEN souhaite réaliser un investissement. Le chiffre d'affaires prévisionnel serait de 800 000 € HT. La marge sur coûts variables est évaluée à 40 % du CA HT. Les charges fixes annuelles sont évaluées à 280 000 €. Les ressources à engager sont estimées à 500 000 € et financeront le capital investi. L'entreprise peut se financer :

– exclusivement par capitaux propres ;

– ou par capitaux propres à concurrence de 300 000 €, le solde par un emprunt remboursable *in fine* dans 5 ans, au taux annuel de 3 %.

Le taux d'IS est de 25 %.

1. Pour les deux hypothèses de financement considérées, calculer la rentabilité économique et la rentabilité financière.

2. Commenter les résultats en faisant référence à l'effet de levier.

Correction

1. Calcul de la rentabilité économique et la rentabilité financière

Résultat d'exploitation avant IS :

MCV : 40 % (800 000) = 320 000

– Charges fixes : – 280 000

= RE avant IS : 40 000

Rentabilité économique et financière avant et après IS :

Éléments	Autofinancement	Financement mixte
CP (K€)	500	300
DF (K€) (0)	0	200
Actif économique (K€)	500	500
RE avant IS (K€)	40	40
RE après IS (K€) (1)	30	30
Rentabilité économique avant IS (2)	8 %	8 %
Rentabilité économique après IS (3)	**6 %**	**6 %**
Intérêts avant IS (K€) (4)	0	6
Intérêts nets d'IS (K€) (5)	0	4,5
RF avant IS (K€) (6)	40	34
RF après IS (K€) (7)	30	25,5
Rentabilité financière avant IS (8)	8 %	11,33 %
Rentabilité financière après IS (9)	**6 %**	**8,5 %**
Effet de levier après IS (10)	**0**	**2,5 %**

(0) 500 – 300 = 200

(1) 40 (1 – 0,25) = 30

(2) 40 / 500 = 8 %

(3) 30 / 500 ou 8 % (1 – 0,25) = 6 %

(4) 3 % (200) = 6

(5) 6 (1 – 0,25) = 4,5

(6) 40 – 0 = 40 ; 40 – 6 = 34

(7) 40 (1 – 0,25) = 30 ; 30 – 4,5 ou 34 (1 – 0,25) = 25,5

(8) 40 / 500 = 8 % ; 34 / 300 = 11,33 %

(9) 30 / 500 ou 8 % (1 – 0,25) = 6 % ; 25,5 / 300 ou 11,33 % (1 – 0,25) = 8,5 %

(10) 5,6 % – 5,6 % = 0 ; 8,5 % – 6 % = 2,5 %

2. Commentaire

Dans la première option, la rentabilité financière après IS de 6 % est égale à la rentabilité économique après IS puisque l'entreprise ne s'endette pas ; il en résulte un effet de levier égal à zéro. Dans la seconde option, la rentabilité économique après IS est également de 6 % ; en revanche, la rentabilité financière s'améliore puisqu'elle est de 8,5 %. L'entreprise bénéficie donc, en s'endettant à un taux inférieur au taux de rentabilité économique, d'un effet de levier qui joue favorablement. En s'endettant, l'entreprise améliore sa rentabilité financière.

6 % + [200 / 300] × [6 % – 3 % (1 – 0,25)] = 8,5 %.

APPLICATION CORRIGÉE 2: Rentabilité économique et rentabilité financière sur deux années à partir des bilans et des comptes de résultat – Effet de levier

1. À partir des extraits du bilan et du compte de résultat de la société FLEUR au 31/12/N et au 31/12/N–1, calculer pour N–1 et N la rentabilité économique et la rentabilité financière avant et après impôt.

2. Commenter.

Extrait des bilans

Passif	N	N–1
Capital	61 400	61 400
Réserves	11 650	10 300
Report à nouveau	14 792	13 451
Résultat net	17 700	16 125
Total Capitaux propres	**105 542**	**101 276**
Emprunts	90 000	90 000
Fournisseurs	34 400	29 100
Dettes fiscales	2 780	2 650

Extrait des comptes de résultat

Charges	N	N–1
Charges financières (intérêts sur emprunt)	1 800	1 800
Impôt sur les bénéfices	5 900	5 375

Les capitaux investis sont appréhendés à partir du calcul suivant: **Capitaux propres + Dettes financières**.

Les capitaux propres à retenir sont les **capitaux propres hors résultat**.

Les dettes financières à retenir sont celles de la clôture de l'exercice.

Le taux d'IS est de 25 %.

Correction

1. Calcul de la rentabilité économique et de la rentabilité financière avant et après impôt

Résultat d'exploitation avant IS:

Éléments	N	N–1
Résultat de l'exercice	17 700	16 125
+ Intérêts	+ 1 800	+ 1 800
+ IS	+ 5 900	+ 5 375
= RE avant IS	**25 400**	**23 300**

Rentabilité économique et financière :

Éléments	N	N–1
CP (K€) (0)	87842	85151
DF (K€)	90000	90000
Actif économique	177842	175151
RE avant IS	25400	23300
RE après IS (1)	19050	17475
Rentabilité économique avant IS (2)	14,28 %	13,3 %
Rentabilité économique après IS (3)	**10,71 %**	**9,98 %**
Intérêts avant IS	1800	1800
Intérêts nets d'IS (4)	1350	1350
RF avant IS (5)	23600	21500
RF après IS (6)	17700	16125
Rentabilité financière avant IS (7)	26,87 %	25,25 %
Rentabilité financière après IS (8)	**20,15 %**	**18,94 %**
Effet de levier après IS (9)	**9,44 %**	**8,96 %**

(0) 105542 – 17700 = 87842 ; 101276 – 16125 = 85151

(1) 25400 (1 – 0,25) = 19050 ; 23300 (1 – 0,25) = 17475

(2) 25400 / 177842 = 14,28 % ; 23300 / 175151 = 13,3

(3) 19050 / 177842 ou 14,28 % (1 – 0,25) = 10,71 % ; 17475 / 175151 ou 13,3 % (1 – 0,25) = 9,98 %

(4) 1800 (1 – 0,25) = 1350

(5) 25400 – 1800 = 23600 ; 23300 – 1800 = 21500

(6) 19050 – 1350 ou 23600 (1 – 0,25) = 17700 ; 17475 – 1350 ou 21500 (1 – 0,25) = 16125 = RNC

(7) 23600 / 87842 = 26,87 % ; 21500 / 85151 = 25,25 %

(8) 17700 / 87842 ou 26,87 % (1 – 0,25) = 20,15 % ; 16125 / 85151 ou 25,25 % (1 – 0,25) = 18,94 %

(9) 20,15 % – 10,71 % = 9,44 % ; 18,94 % – 9,98 % = 8,96 %

2. Commentaire

L'effet de levier joue favorablement. L'entreprise a un niveau de rentabilité économique avant IS de 14,28 % en N et de 13,3 % en N–1, supérieur au taux d'endettement de 2 % en N (1800 / 90000). Tant que le taux d'endettement est inférieur à la rentabilité économique, l'effet de levier est positif et l'entreprise a intérêt à s'endetter car sa rentabilité financière s'améliore. On constate l'amélioration de l'effet de levier en N, due non pas à une hausse de l'endettement mais à une augmentation du résultat économique de 9 %.

APPLICATION CORRIGÉE 3 : Rentabilité économique et rentabilité financière à partir du bilan et du compte de résultat – Ratios d'endettement – Effet de levier

À partir du bilan et du compte de résultat de la société PAT :

1. Analyser l'endettement financier de l'entreprise en vous appuyant sur les ratios d'endettement.

2. Calculer la rentabilité économique et la rentabilité financière avant et après IS, déterminer et analyser l'effet de levier.

3. Retrouver la rentabilité financière après IS à partir du bras de levier et de la rentabilité économique.

Bilan au 31/12/N (K€)

Actif		Passif	
Actif immobilisé	43 200	Capital	15 100
Actif circulant	28 220	Réserves	20 980
		Résultat net comptable	6 114,75
		Dettes financières	16 625
		Autres dettes	12 600,25
Total	**71 420**	**Total**	**71 420**

Compte de résultat au 31/12/N (K€)

Débit		Crédit	
Charges d'exploitation (dont DAP 3 000 K€)	37 155	Produits d'exploitation	45 640
Charges financières (intérêts sur emprunts)	332		
IS	2 038,25		
Résultat net comptable	6 114,75		
Total	**45 640**	**Total**	**45 640**

Les capitaux investis sont déterminés de la façon suivante : Capitaux propres hors résultat + Dettes financières.

Le taux d'IS est de 25 %.

Correction

1. Analyse de l'endettement financier en prenant appui sur les ratios d'endettement

On négligera le RNC dans les capitaux propres pour le calcul des ratios.

Ratio d'endettement = DF / CP = 16 625 / (15 100 + 20 980) = 46,08 %

Ce ratio mesure le niveau d'endettement de l'entreprise et sert à apprécier le risque des créanciers de l'entreprise. La norme bancaire veut que les dettes financières soient inférieures aux capitaux propres ; l'entreprise possède un ratio d'endettement inférieur à 1 ; les dettes financières représentent seulement 46,08 % des capitaux propres ; au-dessus de 1, les bailleurs de fonds contribuent davantage au financement à long terme que les actionnaires, prenant ainsi plus de risque que les actionnaires alors qu'ils ne sont pas juridiquement propriétaires de l'entreprise, et l'autonomie de décision de l'entreprise est réduite puisque l'entreprise est dépendante du consentement des bailleurs de fonds.

Capacité de remboursement = DF / CAF = 16 625 / (6 114,75 + 3 000) = 1,82

Ce ratio indique le délai théorique de remboursement des emprunts. La règle admise indique qu'il doit être inférieur à 3 ou 4 ans. L'entreprise possède un ratio de capacité de remboursement inférieur à 3 ou 4 ans; il lui faut moins de 2 ans de CAF identique pour rembourser ses dettes.

L'entreprise respecte donc les règles admises en la matière et peut prétendre à un endettement complémentaire.

2. Calcul de la rentabilité économique et de la rentabilité financière avant et après IS, détermination et analyse de l'effet de levier

Résultat d'exploitation avant IS:

CA HT: 45640

– Charges d'exploitation: – 37155

= RE avant IS: 8485

Rentabilité économique et financière – Effet de levier:

Éléments	N
CP (K€) (0)	36080
DF (K€)	16625
Actif économique (K€) (1)	52705
RE avant IS (K€)	8485
RE après IS (K€) (2)	6363,75
Rentabilité économique avant IS (3)	16,10 %
Rentabilité économique après IS (4)	**12,08 %**
Intérêts avant IS (K€)	332
Intérêts nets d'IS (K€) (5)	249
RF avant IS (K€) (6)	8153
RF après IS (K€) (7)	6114,75
Rentabilité financière avant IS (8)	22,6 %
Rentabilité financière après IS (9)	**16,95 %**
Effet de levier après IS (10)	**4,87 %**

(0) 15100 + 20980 = 36080

(1) 36080 + 16625 = 52705

(2) 8485 (1 – 0,25) = 6363,75

(3) 8485 / 52705 = 16,10 %

(4) 6363,75 / 52705 ou 16,10 % (1 – 0,25) = 12,08 %

(5) 332 (1 – 0,25) = 249

(6) 8485 – 332 = 8153

(7) 6363,75 – 249 ou 8153 (1 – 0,25) = 6114,75 = RNC

(8) 8153 / 36080 = 22,6 %

(9) 6114,75 / 36080 ou 22,6 % (1 – 0,25) = 16,95 %

(10) 16,95 % – 12,08 % = 4,87 %

3. Rentabilité financière à partir de la rentabilité économique

Taux d'endettement avant IS = 332 / 16 625 = 2 %

Rc après IS = 12,08 % + [16 625 / 36 080] × 12,08 % (2 % × 0,75) = 16,95 %

Le taux d'endettement étant inférieur à la rentabilité économique, la rentabilité financière est meilleure que la rentabilité économique. Pour l'entreprise PAT, l'effet de levier joue favorablement. L'entreprise PAT a donc intérêt à s'endetter pour améliorer sa rentabilité financière, d'autant plus que ses ratios d'endettement sont corrects. Ce phénomène est d'autant plus accentué que le bras de levier est important. Il faut que le bras de levier ne soit pas trop élevé car, dans ce cas, l'indépendance financière de l'entreprise serait menacée et le risque de défaillance serait plus important.

APPLICATION CORRIGÉE 4: Rentabilité économique et rentabilité financière de deux sociétés – Effet de levier – Impact d'une variation du chiffre d'affaires

À partir des bilans et des comptes de résultats des deux sociétés A et B:

1. **Déterminer la rentabilité économique et la rentabilité financière avant et après impôt sur les sociétés pour les deux sociétés. Calculer leur levier d'exploitation. Commenter les résultats obtenus.**
2. **Calculer l'impact d'une baisse du chiffre d'affaires de 10 % pour les deux entreprises sur la rentabilité économique et sur la rentabilité financière après impôt sur les sociétés.**
3. **Conclure sur le niveau d'exposition des deux entreprises aux risques économique et financier en comparant l'impact de la baisse du chiffre d'affaires sur la situation des deux entreprises.**

Bilan de l'entreprise A au 31/12/N

Actif immobilisé	73 200	Capital	60 000
Stock	30 400	Réserves	42 200
Créances	31 600	Résultat	10 944
Liquidités	7 800	Dettes financières	0
		Autres dettes	29 856
Total	**143 000**	**Total**	**143 000**

Compte de résultat de l'entreprise A au 31/12/N

Charges variables d'exploitation	68 700	Chiffre d'affaires	91 200
Charges fixes d'exploitation	7 300		
Charges financières	0		
Impôt sur les sociétés	3 800		
Résultat net	11 400		
Total	**91 200**	**Total**	**91 200**

Bilan de l'entreprise B au 31/12/N

Actif immobilisé Stock Créances Liquidités	73200 30400 31600 7800	Capital Réserves Résultat Dettes financières Autres dettes	30000 40200 9288 32000 31512
Total	**143000**	**Total**	**143000**

Compte de résultat de l'entreprise B au 31/12/N

Charges variables d'exploitation Charges fixes d'exploitation Charges financières (intérêts sur emprunts) Impôt sur les sociétés Résultat net	50600 25400 640 3640 10920	Chiffre d'affaires	91200
Total	**91200**	**Total**	**91200**

Les capitaux propres à retenir dans vos calculs ultérieurs comprennent les capitaux propres hors résultat à la clôture de l'exercice. Les capitaux investis sont composés des capitaux propres et des dettes financières.

Le taux d'IS est de 25 %.

Correction

1. Détermination de la rentabilité économique et de la rentabilité financière avant et après IS ; calcul de leur levier d'exploitation et commentaire

Résultat d'exploitation avant IS :

Éléments	A	B
CA HT – Charges d'exploitation (1)	91200 – 76000	91200 – 76000
= RE avant IS	**15200**	**15200**

(1) 68700 + 7300 = 76000 ; 50600 + 25400 = 76000

Rentabilité économique et financière – Effet de levier :

Éléments	Entreprise A	Entreprise B
CP (0)	102200	72200
DF	0	32000
Actif économique (1)	102200	102200
RE avant IS	15200	15200
RE après IS (2)	11400	11400
Rentabilité économique avant IS (3)	14,87 %	14,87 %
Rentabilité économique après IS (4)	**11,15 %**	**11,15 %**
Intérêts avant IS	0	640

Intérêts nets d'IS (5)	0	480
RF avant IS (6)	15200	14560
RF après IS (7)	11400	10920
Rentabilité financière avant IS (8)	14,87 %	20,74 %
Rentabilité financière après IS (9)	**11,15 %**	**15,56 %**
Effet de levier après IS (10)	**0 %**	**4,41 %**

(0) 60000 + 42200 = 102200 ; 30000 + 42200 = 72200

(1) 70200 + 32000 = 102200

(2) 15200 (1 – 0,25) = 11400

(3) 15200 / 102200 = 14,87 %

(4) 11400 / 102200 ou 14,87 % (1 – 0,25) = 11,15 %

(5) 640 (1 – 0,25) = 480

(6) 15200 – 0 = 15200 ; 15200 – 640 = 14560

(7) 11400 – 0 ou 15200 (1 – 0,25) = 11400 ; 11400 – 480 ou 14560 (1 – 0,25) = 10920 = RNC

(8) 15200 / 102200 = 14,87 % ; 14560 / 70200 = 20,74 %

(9) 11400 / 102200 ou 14,87 % (1 – 0,25) = 11,15 % ; 10920 / 70200 ou 20,74 % (1 – 0,25) = 15,56 %

(10) 10,71 % – 10,71 % = 0 ; 15,56 % – 11,15 % = 4,41 %

Levier d'exploitation :

MCV_A = 91200 – 68700 = 22500

LO_A = 22500 / 15200 = 1,48

MCV_B = 91200 – 50600 = 40600

LO_B = 40600 / 15200 = 2,67

Rentabilité financière à partir de la rentabilité économique et de l'effet de levier :

Taux d'endettement de l'entreprise B avant IS = 640 / 32000 = 2 %

Rentabilité financière après IS = 11,15 % + [32000 / 70200] × [(11,15 % – 2 %) (1 – 0,25)] = 15,56 %

Si le CA HT varie de 1 %, le résultat d'exploitation variera de 1,48 % chez A et de 2,67 % chez B. L'entreprise B est donc soumise à un risque économique quasiment deux fois plus important que l'entreprise A.

La rentabilité financière de B est plus forte que celle de A ; c'est le recours à l'endettement dans des conditions favorables qui rend la rentabilité de B supérieure à A. Il s'agit du jeu de l'effet de levier qui consiste à améliorer la rentabilité par recours à l'emprunt. Cet effet de levier est positif tant que le taux d'intérêt est inférieur à la rentabilité économique.

2. Impact d'une baisse du CA HT de 10 % sur la rentabilité économique et sur la rentabilité financière après IS

Résultat d'exploitation avant IS

Éléments	A	B
CA HT (CA HT × 90 %) – Charges variables (CV × 90 %) – Charges fixes	82080 – 61830 – 7300	82080 – 45540 – 25400
= RE avant IS	**12950**	**11140**

Rentabilité économique avant IS de A = 12 950 / 102 200 = 12,67 %, soit 9,5 % après IS

Rentabilité économique avant IS de B = 11 140 / 102 200 = 10,90 %, soit 8,18 % après IS

Rentabilité financière avant IS de A = Rentabilité économique de A (absence d'endettement) = 12,67 %

Rentabilité financière avant IS de B = 10,90 % + [32 000 / 70 200] x [10,90 % – 2 %] = 14,96 %

Rentabilité financière après IS de A = Rentabilité économique de A (absence d'endettement) = 9,5 %

Rentabilité financière après IS de B = 8,18 % + [32 000 / 70 200] x (8,18 % – 2 % x 0,75) = 11,22 %

Conclusion

Pour l'entreprise A, la rentabilité économique après IS est passée de 11,15 % à 9,5 %, soit une baisse de 14,8 % ; il en est de même pour sa rentabilité financière. La chute de 14,8 % traduit le risque économique par la baisse du chiffre d'affaires de 10 % qui entraîne une baisse du résultat d'exploitation de 1,48 fois plus (LO de 1,48). L'entreprise A non endettée est soumise au seul risque économique.

Pour l'entreprise B, la rentabilité économique après IS est passée de 11,50 % à 8,18 %, soit une baisse de 26,7 % ; sa rentabilité financière après IS est passée de 15,56 % à 11,22 %, soit une baisse de 27,9 %. La chute de la rentabilité financière est plus importante chez B, du fait du recours à l'emprunt ; l'entreprise B est davantage soumise aux risques : risque économique, compte tenu des charges de structure plus élevées que celles de l'entreprise A, et risque financier, compte tenu de son endettement. Une variation du chiffre d'affaires se répercutera donc plus fortement sur la rentabilité économique et financière de l'entreprise B.

APPLICATION CORRIGÉE 5 : Rentabilité économique et rentabilité financière – Effet de levier – Comparaison avec le secteur d'activité

À partir des informations suivantes communiquées par la société BARE :

1. Calculer la rentabilité économique et la rentabilité financière avant et après IS.

2. Déterminer l'effet de levier et rédiger un commentaire sachant que la rentabilité économique du secteur est de 18 % avant IS et que les actionnaires attendent 15 % de rentabilité. Conclure.

Le chiffre d'affaires HT est de 200 000 €. La structure des charges est la suivante :

- Achat de marchandises : 20 % du CA HT ;
- Charges externes : 10 % du CA HT ;
- Charges de personnel : 25 000 € ;
- Impôts et taxes : 5 % du CA HT.

Le capital économique est composé d'un investissement de 240 000 €, amortissable sur 4 ans en linéaire et du BFRE qui est de 30 % du CA HT.

La structure financière de l'entreprise est la suivante : emprunt de 60 % de la valeur de l'immobilisation, remboursable au taux annuel de 2 %.

Le taux d'IS est de 25 %.

Correction

1. Rentabilité économique et rentabilité financière avant et après IS

Résultat d'exploitation avant IS :

Chiffre d'affaires : 200 000

– Coûts variables : (20 % + 10 % + 5 %) x 200 000 = 35 % (200 000) = – 70 000

= MCV : 65 % (200 000) = 130 000

– Charges fixes : 25 000 + (240 000 / 4) = – 85 000

= RE avant IS : 45 000

2. Détermination de l'effet de levier et commentaire

Rentabilité économique et financière – Effet de levier :

Éléments	Montants
CP (0)	156 000
DF (0)	144 000
Actif économique (0)	300 000
RE avant IS	45 000
RE après IS (1)	33 750
Rentabilité économique avant IS (2)	15 %
Rentabilité économique après IS (3)	**11,25 %**
Intérêts avant IS (4)	2 880
Intérêts nets d'IS (5)	2 160
RF avant IS (6)	42 120
RF après IS (7)	31 590
Rentabilité financière avant IS (8)	27 %
Rentabilité financière après IS (9)	**20,25 %**
Effet de levier après IS (10)	**9 %**

(0) 300 000 – 144 000 = 156 000 ; 60 % (240 000) = 144 000 ; 240 000 + 30 % (200 000) = 300 000

(1) 45 000 (1 – 0,25) = 33 750

(2) 45 000 / 300 000 = 15 %

(3) 33 750 / 300 000 ou 15 % (1 – 0,25) = 11,25 %

(4) 2 % (144 000) = 2 880

(5) 2 880 (1 – 0,25) = 2 160
(6) 45 000 – 2 880 = 42 120
(7) 33 750 – 2 160 ou 42 120 (1 – 0,25) = 31 590
(8) 42 120 / 156 000 = 27 %
(9) 31 590 / 156 000 ou 27 % (1 – 0,25) = 20,25 %
(10) 20,25 % – 11,25 % = 9 %

Conclusion

L'effet de levier est positif ; il joue favorablement car l'endettement améliore la rentabilité financière, la rentabilité économique étant supérieure au taux d'endettement. Toutefois, la rentabilité économique de l'entreprise est inférieure à celle du secteur d'activité (15 % contre 18 % pour le secteur d'activité). En revanche, la rentabilité financière répond aux exigences des actionnaires (20,25 % contre 15 % exigé par les actionnaires), et ce grâce à un effet de levier favorable qui permet à l'entreprise d'augmenter sa rentabilité financière puisqu'elle emprunte à un taux de 2 % inférieur à sa rentabilité économique de 15 %, réduisant ainsi son risque de défaillance.

Chapitre 5
L'ANALYSE PAR LES RATIOS

Selon le programme officiel de l'examen, ce chapitre va vous permettre de déterminer les valeurs relatives pour situer l'entreprise dans l'espace et dans le temps.

Vous développerez ainsi les compétences suivantes :
- *Distinguer les ratios relatifs à l'activité générale et ceux relatifs à la structure financière ;*
- *Distinguer les ratios de stock et de flux, en niveau ou en taux de croissance ;*
- *Analyser les ratios de l'entreprise et les mettre en relation avec ceux du secteur ;*
- *Réaliser un diagnostic à partir d'un ensemble de ratios pertinents ;*
- *Identifier les limites d'une analyse basée uniquement sur les ratios.*

I La définition des ratios

Un ratio définit un ***rapport entre deux grandeurs ayant une relation de cohérence***.

Il permet d'effectuer des comparaisons :
- ***interentreprises***, par rapport aux ratios des différents secteurs d'activité ;
- ***intraentreprise***, par rapport aux périodes.

Il est nécessaire que son calcul résulte de données exprimées à une même date ou pour une même période.

L'analyse par les ratios enrichit le diagnostic financier, en permettant de suivre l'évolution dans le temps de la situation financière d'une entreprise et de mesurer ses performances par rapport à celles d'un même secteur d'activité ; les ratios sont utiles pour les dirigeants et les investisseurs mais aussi pour les banquiers (taux d'endettement, capacité de remboursement). Les comparaisons doivent être appréciées avec prudence compte tenu de la saisonnalité de certaines activités.

II La typologie et l'analyse des ratios

A Les ratios d'activité

Les ratios d'activité permettent de mesurer la performance de l'entreprise dans le temps et dans l'espace.

Le ratio du ***taux de croissance du CA HT*** mesure la hausse ou la baisse du CA HT en valeur absolue et en valeur relative :
- ***effet volume*** : hausse ou baisse de l'activité provenant de l'augmentation ou de la diminution du volume de production ;
- ***effet prix*** : hausse ou baisse de l'activité provenant de l'augmentation ou la diminution du prix de vente ;
- ***effet périmètre d'activité*** : hausse de l'activité provenant de l'intégration du CA HT d'une entreprise concurrente acquise.

Il se calcule comme suit :

$$\text{Taux de croissance du CA HT} = \frac{\text{CA HT}_N - \text{CA HT}_{N-1}}{\text{CA HT}_{N-1}}$$

Le ratio du ***taux d'exportation*** mesure la part des échanges vers l'étranger, il correspond à la formule suivante :

$$\text{Taux d'exportation} = \frac{\text{CA à l'étranger}}{\text{CA HT}}$$

Le ratio du ***taux de croissance externe*** permet de connaître la politique de croissance externe d'une entreprise. La formule est la suivante :

$$\text{Taux de croissance externe} = \frac{\text{Immobilisations financières}}{\text{Total des immobilisations brutes}}$$

Le ratio du ***taux de la croissance de la valeur ajoutée*** mesure la hausse ou la baisse de la VA en valeur absolue et en valeur relative ; il se calcule comme suit :

$$\text{Taux de croissance de la VA} = \frac{\text{VA}_N - \text{VA}_{N-1}}{\text{VA}_{N-1}}$$

Le ratio du ***taux de la valeur ajoutée*** mesure l'apport de richesse dans la production de l'exercice :

$$\text{Taux de VA} = \frac{\text{VA}}{\text{CA HT}}$$

Le ratio de la ***part des charges de personnel dans la valeur ajoutée*** met en évidence la part de la valeur ajoutée dans le facteur travail. La formule de calcul est la suivante :

$$\text{Part des charges de personnel dans la VA} = \frac{\text{Charges de personnel}}{\text{VA}}$$

Le ratio de la ***part des charges financières dans la valeur ajoutée*** met en évidence la politique de financement. Une entreprise fortement endettée réservera une part importante de la valeur ajoutée à la rémunération des capitaux empruntés. Voici la formule :

$$\text{Part des charges financières dans la VA} = \frac{\text{Intérêts}}{\text{VA}}$$

Le ratio de la ***part de l'impôt dans la valeur ajoutée*** montre la pression fiscale qui s'exerce sur l'entreprise. Le calcul est le suivant :

$$\text{Part de l'impôt dans la VA} = \frac{\text{Impôts et taxes + IS}}{\text{VA}}$$

Le ratio de la ***part de la valeur ajoutée revenant à l'entreprise*** est la conséquence des trois indicateurs précédents. L'entreprise dispose du solde laissé par les autres agents économiques et distribuera une partie aux actionnaires. La formule est la suivante :

$$\text{Part de la VA revenant à l'entreprise} = \frac{\text{Autofinancement}}{\text{VA}}$$

Le ratio de ***rendement de la main-d'œuvre*** mesure l'efficacité des moyens humains mis en œuvre ; il dépend du niveau de qualification du personnel et de l'organisation du travail. Il correspond à la formule suivante :

$$\text{Rendement de la main-d'œuvre} = \frac{\text{VA}}{\text{Effectif moyen du personnel}}$$

Le ratio de ***rendement des équipements*** mesure l'efficacité des moyens matériels utilisés. Il dépend du niveau de modernisation et d'automatisation de l'entreprise. Il correspond à la formule suivante :

$$\text{Rendement des équipements} = \frac{\text{VA}}{\text{Valeur des équipements productifs}}$$

B Les ratios de profitabilité

Les ***ratios de profitabilité*** permettent de mesurer la rentabilité de l'activité. La ***profitabilité*** traduit l'aptitude d'une entreprise à dégager des bénéfices par son activité. Les indicateurs de profitabilité mettent en relation une marge ou un profit avec le chiffre d'affaires.

Le ratio du ***taux de croissance de l'excédent brut d'exploitation*** mesure la hausse ou la baisse de l'EBE en valeur absolue et en valeur relative. Il se calcule comme suit :

$$\textbf{Taux de croissance de l'EBE} = \frac{EBE_N - EBE_{N-1}}{EBE_{N-1}}$$

Le ratio du ***taux de marge brut d'exploitation*** mesure la capacité bénéficiaire dégagée par l'exploitation, indépendamment de la politique d'investissement, de la politique de financement et de réglementation fiscale. Sa formule est la suivante :

$$\textbf{Taux de marge brute d'exploitation} = \frac{EBE}{CA\ HT}$$

Le ratio du ***taux de croissance du résultat d'exploitation*** mesure la hausse ou la baisse du RE en valeur absolue et en valeur relative. Le calcul est le suivant :

$$\textbf{Taux de croissance du résultat d'exploitation} = \frac{RE_N - RE_{N-1}}{RE_{N-1}}$$

Le ratio du ***taux de marge d'exploitation*** mesure la capacité bénéficiaire dégagée par l'exploitation, indépendamment de la politique de financement et de réglementation fiscale. Il se calcule comme suit :

$$\textbf{Taux de marge d'exploitation} = \frac{RE}{CA\ HT}$$

Le ratio du ***taux de croissance du résultat de l'exercice*** mesure la hausse ou la baisse du RNC en valeur absolue et en valeur relative. La formule est la suivante :

$$\textbf{Taux de croissance du résultat de l'exercice} = \frac{RNC_N - RNC_{N-1}}{RNC_{N-1}}$$

Le ratio du ***taux de marge bénéficiaire*** mesure la performance globale de l'entreprise. Il se calcule comme suit :

$$\textbf{Taux de marge bénéficiaire} = \frac{RNC}{CA\ HT}$$

Pour les entreprises commerciales, le ratio du ***taux de marge commerciale*** représente la part de la marge par rapport aux ventes de marchandises ; il doit être comparé au secteur d'activité auquel appartient l'entreprise. Voici sa formule :

$$\textbf{Taux de marge commerciale} = \frac{\text{Marge commerciale}}{\text{Ventes de marchandises}}$$

C Les ratios de rotation

Les ***ratios de rotation*** sont orientés trésorerie dans la mesure où ils permettent de suivre les principales composantes du BFRE. Conformément à la loi sur la modernisation des entreprises, le délai convenu entre les parties pour régler les sommes dues ne peut désormais dépasser 45 jours fin de mois ou 60 jours à compter de la date d'émission de la facture, sauf dérogation de branche.

Ces ratios doivent être comparés aux données du secteur.

1 Le ratio du délai clients

Le ratio du ***délai clients*** permet de mesurer le degré de liquidité des créances clients. Un allongement de ce ratio peut s'expliquer par une détérioration de la solvabilité des clients ou l'existence de litiges. La formule est la suivante :

$$\text{Délais clients} = \frac{(\text{Clients} - \text{Avances Passif} + \text{EENE} + \text{ECA sur clients} - \text{ECP sur clients}) \times 360}{\text{CA TTC}}$$

2 Le ratio du délai fournisseurs

Le ratio du ***délai fournisseurs*** permet de mesurer le degré d'exigibilité des dettes fournisseurs. En bonne gestion, la rotation des créances clients ne devrait pas être moins rapide que celle des dettes fournisseurs ; cependant, un allongement de ce ratio peut constituer un signe de difficulté de trésorerie. Il se calcule comme suit :

$$\text{Délais fournisseurs} = \frac{(\text{Fournisseurs} - \text{Avances Actif} + \text{ECP sur fournisseurs} - \text{ECA sur fournisseurs}) \times 360}{\text{Achats de marchandises TTC} + \text{Achats MP TTC} + \text{Autres achats et charges externes TTC}}$$

3 Les ratios de rotation des stocks

Les ratios de rotation des stocks mesurent le nombre de fois que les stocks ont été renouvelés au cours d'un exercice.

Une hausse des ratios de ***rotation des stocks de marchandises ou de matières premières*** et de ***rotation des stocks de produits*** peut révéler des achats de précaution de fin d'année, une mauvaise gestion des stocks ou les effets d'une nouvelle organisation de la production. Ils se calculent de la manière suivante :

$$\text{Rotation des stocks de marchandises ou de MP} = \frac{\text{Stock moyen} \times 360}{\text{Coût d'achat}}$$

$$\text{Rotation des stocks de produits} = \frac{\text{Stock moyen} \times 360}{\text{Coût de production}}$$

4 Le poids du BFRE dans le chiffre d'affaires

Un ratio du ***poids du besoin en fonds de roulement d'exploitation*** de 30 jours signifie que le BFRE représente un mois de chiffre d'affaires HT. Ce ratio doit être comparé aux données du secteur. Tout accroissement du poids du BFRE est dû soit à un accroissement de l'ACE (stocks, clients), soit à une baisse du PCE (fournisseurs). Les ratios de rotation des stocks, clients et fournisseurs le confirment. Il se calcule comme suit :

$$\text{Poids du BFRE} = \frac{\text{BFRE x 360}}{\text{CA HT}}$$

D Les ratios d'investissement

Les ***ratios d'investissement*** permettent de mesurer la politique d'investissement de l'entreprise.

Le taux d'investissment est mis en valeur par le ratio suivant :

$$\text{Taux d'investissement} = \frac{\text{Investissements d'exploitation}}{\text{DAP}}$$

Le ratio du ***taux d'obsolescence*** mesure le degré de vieillissement de l'actif productif et situe l'entreprise dans le processus de renouvellement de ses immobilisations.

Le taux d'obsolescence se calcule ainsi :

$$\text{Taux d'obsolescence} = \frac{\text{Immobilisations corporelles nettes}}{\text{Immobilisations corporelles brutes}}$$

La politique d'investissement est appréciée par l'importance des investissements réalisés au cours d'un exercice :
- un ratio tendant vers 1 est le signe d'un renouvellement des moyens de production. L'entreprise est dans une phase d'expansion ;
- un ratio tendant vers 0 est le signe d'une baisse de la politique d'investissement. L'entreprise est dans une phase de sous-investissement.

Un ratio élevé est le signe d'un outil de production neuf.

Un ratio faible indique à la fois un vieillissement des installations et une incapacité pour l'entreprise à y faire face. Plus le ratio est faible, plus l'outil de production est obsolète, générant un risque de prise de marché par les concurrents. L'entreprise doit donc investir pour maintenir son outil de production à niveau.

Ce ratio doit être interprété avec prudence car un ratio très faible peut provenir de la présence de constructions amortissables sur une durée longue.

E Les ratios d'endettement

Le niveau d'endettement d'une entreprise est nécessaire pour étudier sa situation financière.

1 Le ratio d'indépendance financière

Le ratio d'***indépendance financière*** caractérise l'importance de l'endettement à long terme de l'entreprise. Un ratio trop faible indique que l'entreprise est dépendante des tiers qui la financent. Ce ratio ne devrait pas en principe être inférieur à 0,5. Ce ratio se calcule comme suit :

$$\text{Indépendance financière} = \frac{\text{Ressources propres}}{\text{Ressources stables}}$$

2 Le ratio d'autonomie financière ou taux d'endettement financier

Le ratio d'***autonomie financière*** mesure le niveau d'endettement de l'entreprise et sert à apprécier le risque des créanciers de l'entreprise. La norme bancaire veut que ce ratio soit inférieur à 1. Les banques refusent en principe d'accorder des crédits aux entreprises dont le taux d'endettement est supérieur à 1. Un ratio supérieur à 1 signifie que les banques contribuent plus au financement à long terme que les actionnaires, ce qui entraîne deux conséquences :

- les banques prennent plus de risques que les actionnaires alors qu'elles ne sont pas juridiquement propriétaires de l'entreprise ;
- l'entreprise est dépendante financièrement, générant une autonomie de décision réduite.

Ce ratio se calcule comme suit :

$$\text{Autonomie financière ou Taux d'endettement financier} = \frac{\text{Dettes financières}}{\text{Ressources propres}}$$

3 Le ratio de capacité de remboursement

Le ratio de ***capacité de remboursement*** indique le délai de remboursement des emprunts (en nombre d'années). Ce ratio doit être interprété avec prudence, car pour une entreprise en pleine croissance, une partie de la CAF sera utilisée pour couvrir la hausse du BFR et ne sera pas disponible pour rembourser les dettes. La règle admise indique que ce ratio doit être inférieur à 4 ; l'entreprise devra mettre moins de 4 ans à rembourser ses dettes financières. La formule est la suivante :

$$\text{Capacité de remboursement} = \frac{\text{Dettes financières}}{\text{CAF}}$$

4 Le ratio de capacité à payer les frais financiers

Le ratio de ***capacité à payer les frais financiers*** intéresse particulièrement les banquiers car il constitue un indicateur des difficultés à venir des entreprises. Ce ratio est confortable autour de 3. Les intérêts ne doivent pas représenter plus d'un tiers du résultat d'exploitation, au-delà, l'entreprise rencontrera des difficultés pour faire face à ses échéances. Ci-après la formule de ce ratio :

$$\text{Capacité à payer les frais financiers} = \frac{\text{Résultat d'exploitation}}{\text{Intérêts}}$$

5 Le ratio de couverture des frais financiers par rapport au chiffre d'affaires

Le ratio de ***couverture des frais financiers*** ne doit pas dépasser 3 %. Ce ratio doit être interprété avec prudence car, si le taux d'intérêt est faible, il reflète mal le volume emprunté ; de même, un CA HT élevé minorera le ratio (cas des entreprises de distribution). Il se calcule comme suit :

$$\text{Couverture des frais financiers} = \frac{\text{Intérêts}}{\text{CA HT}}$$

6 Le coût de l'endettement

Un coût de l'endettement anormalement élevé signifie que l'entreprise rencontre des problèmes conjoncturels de trésorerie. Il se calcule selon la formule :

$$\text{Coût de l'endettement} = \frac{\text{Intérêts}}{\text{Dettes financières + Trésorerie passive}}$$

7 Le ratio d'endettement global

Le ratio de l'***endettement global*** doit être inférieur à 80 %. Au-delà, les entreprises sont très endettées. La formule est la suivante :

$$\text{Endettement global} = \frac{\text{Total des dettes}}{\text{Total de l'actif}}$$

F Les ratios de structure

Les ***ratios de structure*** permettent d'analyser la structure financière de l'entreprise.

1 Le ratio de couverture des emplois stables

Le ratio de ***couverture des emplois stables***, dont la formule est ci-dessous, doit être supérieur à 1. Il met en évidence un FRNG positif s'il est supérieur à 1. Il se calcule comme suit :

$$\text{Couverture des emplois stables} = \frac{\text{Ressources stables}}{\text{Emplois stables}}$$

2 Le ratio de couverture des capitaux investis

Le ratio de ***couverture des capitaux investis*** doit être supérieur à 1 ; il est prudent de financer par les ressources stables non seulement les emplois stables mais aussi le BFRE. Il se calcule ainsi :

$$\text{Couverture des capitaux investis} = \frac{\text{Ressources stables}}{\text{Emplois stables + BFRE}}$$

3 Le ratio de financement de l'actif circulant

Le ratio de ***financement de l'actif circulant*** indique l'importance du FRNG pour l'entreprise. Il dépend de l'activité de l'entreprise. Un ratio trop faible expose l'entreprise à des difficultés financières ; un ratio trop élevé signifie que l'entreprise immobilise des capitaux au détriment de sa rentabilité. La formule de ce ratio est la suivante :

$$\text{Financement de l'actif circulant} = \frac{\text{FRNG}}{\text{Actif circulant}}$$

4 Le ratio d'intensité capitalistique

Le ratio ***d'intensité capitalistique*** mesure le poids de l'actif immobilisé dans le patrimoine. Un ratio proche de 1 signifie que l'entreprise est à forte intensité capitalistique. Ce ratio se calcule selon la formule ci-dessous :

$$\text{Intensité capitalistique} = \frac{\text{Emplois stables}}{\text{Actif total}}$$

5 Le ratio de l'évolution du BFRE par rapport au chiffre d'affaires

Le ratio de ***l'évolution du BFRE par rapport au chiffre d'affaires*** doit être inférieur à 1. En toute logique, le BFRE doit augmenter au même rythme que le chiffre d'affaires. Une croissance anormale du BFRE doit alerter. La formule est la suivante :

$$\text{Évolution du BFRE par rapport au CA} = \frac{\text{Variation du BFRE}}{\text{Variation du CA HT}}$$

III Les intérêts et les limites d'une analyse basée sur les ratios

A Les intérêts

L'intérêt de calculer les ratios est de les ***comparer à ceux des périodes précédentes*** afin d'apprécier leur évolution dans le temps, mais aussi ***à ceux des différents secteurs d'activité***. L'information sectorielle permet de mesurer les performances d'une entreprise par rapport à celles de ses concurrents. Ce sont des outils précieux d'analyse qu'il faut compléter par une évolution sur plusieurs exercices.

La Banque de France propose un certain nombre de ratios pour différents secteurs d'activité, permettant à une entreprise de comparer ses ratios avec ceux d'entreprises de même secteur d'activité. Des fascicules sectoriels sont élaborés chaque année à partir de données provenant du Fichier bancaire des entreprises (FIBEN). Pour chaque ensemble d'entreprises exerçant la même activité, le fascicule comporte une description du secteur et une série de 30 ratios économiques et financiers regroupés par thèmes (activité, rentabilité et équilibre financier).

B Les limites

Lorsque l'activité est saisonnière, les ratios de rotation à la clôture d'un exercice ne sont pas représentatifs du solde moyen sur l'année. Ils doivent être ***appréciés avec prudence***, compte tenu du caractère saisonnier de certaines activités, mais aussi des modalités d'exploitation (recours à la sous-traitance, recours au personnel extérieur, etc.). Ils varient selon les secteurs, en particulier les ratios de rotation, car si une activité est saisonnière et si l'entreprise réalise 100 % de son chiffre d'affaires en décembre et qu'elle accorde un délai de règlement à ses clients de 1 mois, le délai clients sera de 360 jours !

IV La méthode des scores (travaux de Y. Collongues et M. Bardos)

La ***méthode des scores***, mise au point par la Banque de France, a pour objet de dresser ***une synthèse du comportement de l'entreprise face au risque de défaillance***. Elle est fondée sur l'utilisation d'une combinaison de ratios et permet d'obtenir rapidement une première indication sur le degré de vulnérabilité de l'entreprise, de détecter son risque de défaillance et de prendre en temps utile des mesures correctrices. Les ratios utilisés privilégient notamment le poids des frais financiers dans le résultat brut d'exploitation, l'équilibre de financement entre les ressources propres et les capitaux investis, la capacité de l'entreprise à rembourser ses dettes.

Cette approche n'est pas neutre puisque l'objectif est de déterminer le risque pris par les établissements bancaires dans le financement des entreprises. La ***fonction score Z*** est déterminée selon le calcul suivant :

$$Z = a1\ R1 + a2\ R2 + a3\ R3 + \ldots + \mu$$

Avec :
- a1, a2, a… = coefficients de pondération ;
- R1, R2, R… = ratios ;
- μ = constante.

Un score supérieur à 0 est favorable et l'entreprise est saine ; un score inférieur à 0 est défavorable et l'entreprise est vulnérable.

Toutefois, la fiabilité de la fonction score est liée à la qualité de l'échantillon (nombre d'entreprises). Ainsi, le score est considéré comme un indicateur clé mais il ne peut suffire à lui seul à établir un diagnostic.

Les calculs de ratios sont intégrés dans le diagnostic financier qui est développé dans l'ouvrage du même auteur et dans la même collection « DCG 6 Exercices corrigés de Diagnostic financier de l'entreprise », 3e éd. 2022.

Chapitre 6

L'ANALYSE PAR LE TABLEAU DE FINANCEMENT

Selon le programme officiel de l'examen, ce chapitre va vous permettre d'analyser les flux de fonds et de trésorerie pour juger de l'aptitude de l'entreprise à honorer ses engagements ainsi qu'à prévenir les éventuelles défaillances.

Vous développerez ainsi les compétences suivantes :
- *Distinguer tableau de financement et tableau de flux de trésorerie ;*
- *Identifier le rôle de la trésorerie dans le risque de défaillance ;*
- *Construire le tableau de financement du Plan comptable général ;*
- *Construire un tableau de flux de trésorerie selon la méthode directe ou indirecte ;*
- *Justifier les retraitements des tableaux de flux ;*
- *Conduire un diagnostic à partir des tableaux de flux.*

I Les finalités de l'analyse

L'analyse traditionnelle est centrée sur l'***élaboration des tableaux de flux de fonds***. Les flux de fonds sont les flux de ressources et d'emplois générés par les opérations d'une entreprise, à savoir les flux potentiels de trésorerie découlant des engagements contractés par l'entreprise vis-vis des tiers au cours d'un exercice (comptabilité d'engagement) ; il permet une analyse dynamique en mettant en valeur les variations des postes d'une année à l'autre.

Le ***tableau de financement du PCG*** (ou tableau Emplois-Ressources) est un exemple de tableau de flux de fonds. Il analyse l'évolution de la structure de l'entreprise selon une approche normative. ***Il met en évidence la notion d'équilibre financier*** et il propose une ***analyse dynamique de l'équilibre financier***. Le tableau de financement privilégie la variation du FRNG comme indicateur de l'équilibre financier en vérifiant que les ressources stables assurent le financement des emplois stables. Il permet de connaître la variation de trésorerie sans pour autant comprendre son origine et sa destination.

Le tableau de financement complète l'approche de l'analyse à partir du compte de résultat car il analyse la variation du FRNG et du BFR et explique l'évolution de la trésorerie. Il montre :
- comment l'entreprise a financé les emplois durables (investissements) ; il renseigne sur la politique d'investissement et son financement (fonds propres, emprunts) ainsi que les choix effectués entre financements interne et externe ;

– l'importance des variations du BFRE et du BFRHE ; il renseigne sur le financement du BFR par des ressources stables ou par des ressources de trésorerie ;
– l'évolution de la trésorerie et explique sa variation via l'évoultion du FRNG et du BFR.

Le PCG recommande cette présentation et s'appuie sur des principes fondamentaux simples :
– les emplois stables doivent être financés par des ressources stables ;
– toute hausse du BFR non couverte par une hausse du FRNG se répercute sur la trésorerie qui se détériore.

Certaines entités économiques sont soumises à l'obligation d'établir un tableau de financement, lorsqu'elles atteignent ou dépassent l'un des deux seuils suivants à la clôture d'un exercice :
– nombre de salariés : 300 ;
– chiffre d'affaires : 18 M€.

Le tableau de financement est établi annuellement, en même temps que les comptes annuels.

II La construction du tableau de financement du Plan comptable général

A La structure du tableau de financement

Le tableau de financement est construit à partir du bilan fonctionnel ; il est construit en deux parties :
– ***la première partie du tableau de financement analyse la variation du FRNG*** en mettant en relation les ressources et les emplois stables générés au cours d'un exercice. Elle renseigne essentiellement sur les politiques d'investissement et de financement (importance des fonds propres et des dettes financières, choix effectués entre financement interne et financement externe) ;
– ***la deuxième partie du tableau de financement renseigne sur l'évolution du BFR et de la trésorerie***. Elle met en évidence la variation de trésorerie, résultante de la différence entre la variation du FRNG et la variation du BFR (importance des variations du BFRE et du BFRHE, financement du BFR par des ressources stables ou par des ressources de trésorerie, évolution de la trésorerie grâce à l'évolution du FRNG et du BFR).

B Le modèle de présentation du tableau de financement

1 La première partie du tableau de financement

La première partie du tableau de financement ***renseigne sur les ressources stables*** dont dispose une entreprise au cours d'un exercice et les emplois stables qui ont été financés par ces ressources. Elle ***permet de calculer la variation du FRNG***.

Emplois	Ressources
Distributions mises en paiement au cours de l'exercice Acquisitions d'éléments de l'actif immobilisé : Immobilisations incorporelles Immobilisations corporelles Immobilisations financières Charges à répartir sur plusieurs exercices Réduction des capitaux propres Remboursements des dettes financières	Capacité d'autofinancement de l'exercice Cessions ou réductions d'éléments de l'actif immobilisé : Cessions d'immobilisations incorporelles et corporelles Cessions ou réductions d'immobilisations financières Augmentation des capitaux propres : Augmentation de capital ou apports Augmentation des autres capitaux propres Augmentation des dettes financières
Total des emplois	**Total des ressources**
Variation du FRNG (Ressource nette)	**Variation du FRNG (Emploi net)**

2 La deuxième partie du tableau de financement

La deuxième partie du tableau de financement ***présente la variation de chacun des postes de l'actif circulant brut et du passif circulant d'exploitation et hors exploitation et de la trésorerie***. Elle illustre la règle de l'équilibre financier : « *Variation FRNG = Variation BFR + Variation Trésorerie* ».

Variation du FRNG	Besoins (1)	Dégagements (2)	Solde (2) – (1)
Variations « exploitation » **Variations des actifs d'exploitation** : Stocks et en-cours Avances et acomptes versés sur commandes Créances clients, comptes rattachés et autres créances d'exploitation **Variations des dettes d'exploitation :** Avances et acomptes reçus sur commandes Dettes fournisseurs, comptes rattachés et autres dettes d'exploitation			
Totaux			
Variation nette « exploitation » (Total A)			
Variations « hors exploitation » Variations des autres débiteurs Variations des autres créditeurs			
Totaux			
Variation nette « hors exploitation » (Total B)			
Total A + B : **Besoin en fonds de roulement** **ou Dégagement de fonds de roulement**			

Variations « trésorerie » Variations des disponibilités Variations des concours bancaires courants et soldes créditeurs de banques			
Totaux			
Variation nette « trésorerie » (Total C)			
Variations du fonds de roulement net global (Total A + B + C): **Emploi net** **ou Ressource nette**			

III Les travaux préparatoires à l'établissement du tableau de financement

A La première partie du tableau de financement

1 Le détail des calculs

Table des abréviations:
VB: Valeur brute
VN: Valeur nette
Vo: Valeur d'origine

a Distribution des dividendes mis en paiement au cours de l'exercice N

Distribution =
RNC N–1
+ Report à nouveau figurant au bilan N–1 avant répartition du résultat
– Report à nouveau figurant au bilan N avant répartition du résultat
– Variation des réserves: Réserves N – Réserves N–1
– Augmentation de capital par incorporation de réserves

Une baisse des réserves en N par rapport à N–1 est en principe à l'origine d'une augmentation de capital par incorporation de réserves:
- soit l'augmentation de capital par incorporation de réserves est donnée dans l'énoncé et il suffit de la retrancher dans le calcul de la distribution;

– soit le montant de la distribution est donné dans l'énoncé et il faut vérifier son calcul ; en cas de discordance, la différence représente l'augmentation de capital par incorporation de réserves et sera utilisée pour déterminer l'augmentation de capital.

b Acquisitions d'éléments de l'actif immobilisé

Si l'on dispose du tableau des immobilisations en annexe, il suffit de reprendre la colonne « Augmentations » du tableau des immobilisations et d'y retrancher les virements internes figurant dans la colonne « Diminutions » du même tableau : il s'agit des immobilisations en cours au 31/12/N–1 qui sont achevées au cours de l'exercice N, des avances et acomptes sur commandes d'immobilisations versés en N–1 et soldés en N à la facturation des immobilisations.

Si l'on ne dispose pas du tableau des immobilisations :
– on peut retrouver les acquisitions à partir des valeurs brutes des immobilisations de l'actif du bilan :

$$VB_N - VB_{N-1} + \text{Vo des biens cédés}$$

Si l'actif du bilan de N–1 n'est pas donné en valeurs brutes, ces dernières peuvent être retrouvées à partir des valeurs nettes :

VB N–1 = VN N–1 + Colonne (1) du tableau d'amortissements + Colonne (1) du tableau des dépréciations Ligne « Immobilisations ».
– on peut aussi retrouver les acquisitions à partir des valeurs nettes des immobilisations de l'actif du bilan :

$$VN_N - VN_{N-1} + \text{VNC des biens cédés} + \text{DAP des immobilisations}$$

c Charges à répartir sur plusieurs exercices

Il s'agit de l'augmentation des charges à répartir (transfert brut) figurant dans la colonne « Augmentations » du tableau de l'annexe relatif aux frais d'emprunts à étaler.

d Réduction des capitaux propres

Il s'agit des retraits de l'exploitant ou du remboursement du capital.

e Capacité d'autofinancement

La capacité d'autofinancement est calculée par la méthode additive à partir du RNC lorsque celle du PCG n'est pas exigée.

f Cessions d'éléments de l'actif immobilisé

Il s'agit du prix de vente des immobilisations figurant dans les produits exceptionnels, ligne « Opérations en capital » au compte de résultat. En l'absence du compte de résultat, le prix de cession ou le montant de la plus ou moins-value sont donnés dans l'énoncé.

On peut retrouver le prix de cession grâce au calcul suivant :

Prix de vente = Plus ou moins-value + VNC

REMARQUE

Si le compte de résultat n'est pas donné, on peut retrouver la VNC à partir des tableaux de l'annexe : VNC = Vo – Cumul des amortissements = Colonne « Diminutions » du tableau des immobilisations – Colonne « Diminutions » du tableau d'amortissements ; *ne pas prendre en compte les lignes suivantes qui ne correspondent aucunement à des cessions : Frais d'établissement, de recherche et développement, Avances et acomptes sur commandes, Immobilisations en cours, Prêts.*

g Réduction d'immobilisations financières

Il s'agit de retenir le remboursement des prêts ou des créances rattachées sur participations, qui est soit donné en informations complémentaires, soit repris dans le tableau des immobilisations dans la colonne « Diminutions », ligne « Prêts » et ligne « Créances rattachées sur participations ».

h Augmentation de capital

Les virements internes ne sont pas incorporés dans l'augmentation de capital car ils ne modifient pas le total des capitaux propres (augmentation de capital par incorporation de réserves).

Pour les augmentations en numéraire, il faut retenir le ***capital libéré*** et la ***totalité de la prime d'émission*** :

Augmentation de capital =

(Capital$_N$ – Capital souscrit, non appelé$_N$ + Prime d'émission$_N$)

– (Capital$_{N-1}$ – Capital souscrit, non appelé$_{N-1}$ + Primes d'émission$_{N-1}$) (*)

– Augmentation de capital par incorporation de réserves

– Emprunts obligataires convertibles ou remboursables en actions

(*) En principe il n'y a pas de capital non appelé en N–1, le capital N–1 devant être totalement libéré pour une augmentation de capital en N.

ATTENTION

Même si le capital au passif du bilan n'augmente pas entre N–1 et N, ne pas omettre de vérifier, à l'actif du bilan, la variation du capital souscrit, non appelé : une baisse de ce poste signifie une libération du capital en N, donc une augmentation de capital.

i Autres augmentations de capitaux propres

Il s'agit de l'augmentation des ***subventions d'investissements*** que l'on retrouve dans la colonne « Augmentations » du tableau suivant :

Début N (1)	Augmentations (2)	Diminutions (3)	Fin N (4)
Subventions fin N–1 Passif du bilan	Subventions reçues en N	Quote-part de subvention virée au résultat (*)	Subventions fin N Passif du bilan

(*) Ligne « Produits exceptionnels sur opérations en capital » au compte de résultat.

Il peut s'agir également de l'augmentation des ***prêts participatifs et des avances conditionnées*** s'ils sont assimilés à des capitaux propres.

j Augmentation et diminution des dettes financières

Les remboursements des dettes financières (DF) ne peuvent pas être compensés par les augmentations de dettes financières et les augmentations des dettes financières ne peuvent pas être compensées par les diminutions des dettes financières.

Le calcul des dettes financières est issu du bilan fonctionnel :

DF_{N-1}	Augmentation	Diminution	DF_N
Emprunts obligataires + Emprunts auprès des établissements de crédit + Emprunts et dettes financières divers + Avances conditionnées et prêts participatifs assimilés à des dettes + Comptes courants d'associés bloqués assimilés à des dettes – Primes de remboursement des obligations – ICNE sur emprunts – Découverts bancaires – ECA sur emprunts + ECP sur emprunts	Nouvel emprunt	Remboursement	Emprunts obligataires + Emprunts auprès des établissements de crédit + Emprunts et dettes financières divers + Avances conditionnées et prêts participatifs assimilés à des dettes + Comptes courants d'associés bloqués assimilés à des dettes – Prime de remboursement des obligations – ICNE sur emprunts – Découverts bancaires – ECA sur emprunts + ECP sur emprunts

La diminution du poste « Dettes financières » représente le remboursement des dettes financières, à condition qu'aucun nouvel emprunt n'ait été contracté durant l'exercice. Si, au cours de l'exercice, des emprunts ont été à la fois contractés et remboursés, soit les remboursements sont donnés en annexe, soit ils sont déterminés par le calcul suivant :

Remboursement des dettes financières = $DF_{N-1} - DF_N$ + Nouvel emprunt contracté

L'augmentation du poste « Dettes financières » représente l'augmentation des dettes financières, à condition qu'aucun emprunt antérieur n'ait été remboursé durant l'exercice (cas du remboursement *in fine*). Si au cours de l'exercice, des emprunts ont été à la fois contractés et remboursés, soit les emprunts contractés en N sont donnés en annexe, soit ils sont déterminés par le calcul suivant, sachant que les remboursements sont donnés en annexe :

Nouvel emprunt = $DF_N - DF_{N-1}$ + Remboursement des dettes

k Cas particulier d'un nouvel emprunt obligataire émis en N

Lorsqu'un nouvel emprunt obligataire est émis en N, l'augmentation des dettes financières correspond à la valeur d'émission. Cette dernière correspond à la valeur de remboursement diminuée de la prime totale de remboursement. La prime totale figure dans la colonne « Augmentations » du tableau de l'annexe, ligne « Primes de remboursement des obligations ».

L'augmentation et la diminution des dettes financières sont déterminées par les calculs suivants :

Nouvel emprunt = $DF_N - DF_{N-1}$ + Remboursement des dettes – Prime totale de remboursement

Remboursement des dettes financières =
$DF_{N-1} - DF_N$ + Nouvel emprunt contracté + Prime totale de remboursement

ATTENTION

Dans le cas d'un nouvel emprunt obligataire émis en N, le calcul des dettes financières est issu du bilan fonctionnel, hormis le fait que les primes de remboursement des obligations ne soient pas retranchées.

2 Le retraitement du crédit-bail

Même si le PCG ne le prévoit pas formellement, il est possible de retraiter le crédit-bail dans la première partie du tableau de financement :

– la valeur d'origine des immobilisations financées par un contrat de crédit-bail signé en N est ajoutée aux acquisitions des immobilisations et à l'augmentation des dettes financières ;
– la DAP crédit-bail est ajoutée au remboursement des dettes financières ;
– la CAF est retraitée crédit-bail et correspond à la CAF PCG augmentée de la DAP crédit-bail.

La variation du FRNG est inchangée.

APPLICATION CORRIGÉE

À partir des documents suivants, compléter la première partie du tableau de financement.

Extrait du bilan actif au 31/12/N

Actif			31/12/N Brut	31/12/N Amort. et dépréciations	31/12/N Net	31/12/N–1 Net
Capital souscrit non appelé		**Total (I)**	**50 000**		**50 000**	**0**
Actif immobilisé	Immob. incorp.	Frais d'établissement				
		Frais de développement	40 000	10 000	30 000	0
		Concessions, brevets et droits similaires				
		Fonds commercial	180 000		180 000	180 000
		Autres immobilisations incorporelles				
	Immob. corp.	Terrains	175 000		175 000	150 000
		Constructions	200 000	70 000	130 000	60 000
		Installations techniques, matériel et outillage industriels	250 000	85 000	165 000	140 000
		Autres immobilisations corporelles				
		Immobilisations en cours				
		Avances et acomptes				
	Immob. fin.	Participations				
		Prêts	43 000		43 000	30 000
		Autres immobilisations financières				
		Total (II)	**888 000**	**165 000**	**723 000**	**560 000**

Extrait du bilan passif au 31/12/N

Passif		31/12/N	31/12/N–1
Capitaux propres	Capital social (dont versé, etc.)	250 000	100 000
	Primes d'émission, de fusion, d'apport, etc.	10 000	
	Réserve légale	10 000	10 000
	Autres réserves	355 000	340 000
	Report à nouveau		
	Résultat de l'exercice (bénéfice ou perte)	25 100	41 450
	Subventions d'investissement	103 000	28 000
	Provisions réglementées		
	Total des capitaux propres	**753 100**	**519 450**

Dettes	Emprunts obligataires		
	Emprunts et dettes auprès des établissements de crédit (1)	480 000	200 000
	Emprunts et dettes financières divers		
	Total des dettes	**480 000**	**200 000**
(1) dont concours bancaires courants et soldes créditeurs de banques		78 000	71 600

Tableau des amortissements au 31/12/N

Amortissements		**Amortissements au début de l'exercice**	**Augmentations**	**Diminutions**	**Amortissements à la fin de l'exercice**
Incorpo-relles	Frais d'établissement et de développement		10 000		10 000
	Autres immobilisations incorporelles				
	Total (I)	**0**	**10 000**	**0**	**10 000**
	Terrains				
Corpo-relles	Constructions	60 000	10 000		70 000
	Installations techniques, matériel industriel	100 000	128 000	143 000	85 000
	Autres immobilisations corporelles				
	Total (II)	**160 000**	**138 000**	**143 000**	**155 000**
	Total général (I + II)	**160 000**	**148 000**	**143 000**	**165 000**

Tableau des provisions au 31/12/N

Nature des provisions		**Montant au début de l'exercice**	**Augmentations**	**Diminutions**	**Montant à la fin de l'exercice**
	Provisions réglementées				
	Total (I)	**0**	**0**	**0**	**0**
	Provisions pour risques et charges	52 000	0	12 000	40 000
	Total (II)	**52 000**	**0**	**12 000**	**40 000**
Provisions pour dépréciations	Sur immobilisations				
	Sur stocks et en cours	5 000		2 000	3 000
	Sur comptes clients	12 000	8 000		20 000
	Autres provisions pour dépréciations	1 800	1 200		3 000
	Total (III)	**18 800**	**9 200**	**2 000**	**26 000**
	Total général (I + II + III)	**70 800**	**9 200**	**14 000**	**66 000**

Mouvements de l'exercice affectant les charges à répartir sur plusieurs exercices

Mouvements de l'exercice affectant les charges à répartir sur plusieurs exercices	Montant net en début d'exercice	Augmentations	Dotation de l'exercice aux amortissements	Montant net en fin d'exercice
Frais d'émission d'emprunt à étaler	20000	16000	6000	30000

Informations complémentaires:

- il n'a pas été incorporé de réserves au capital en N;
- seules des immobilisations corporelles ont été cédées; leur prix de cession s'élève à 47 000 €; la valeur d'origine des immobilisations corporelles cédées est de 205 000 €;
- la société a reçu un remboursement de prêt de 27 000 €;
- la société a reçu une subvention d'investissement de 100 000 € en N;
- la société a remboursé 29 600 € d'emprunt bancaire en N;
- les ICNE sur emprunts sont de 15 000 € en N et 11 800 € en N–1.

Correction

Travaux préparatoires à l'établissement de la 1re partie du tableau de financement (K€)

Distribution des dividendes:

Résultat N–1 + Report à nouveau N–1 – Report à nouveau N – Variation des réserves N/N–1 – Augmentation de capital par incorporation de réserves	41 450 0 0 – 15 000 0
= Distribution des dividendes en N	**26 450**

Acquisition d'immobilisations:

Incorporelles: (40 000 + 180 000) – (0 + 180 000) + 0 = **40 000**

Corporelles: (175 000 + 200 000 + 250 000) – (150 000 + 60 000 + 140 000 + 160 000) + 205 000 = **320 000**

Financières: il s'agit des prêts accordés: **40 000**

Éléments	N–1	Augmentations	Diminutions	N
Prêts	30 000	X	27 000	43 000

X = 43 000 – 30 000 + 27 000 = **40 000**

Charges à répartir: colonne 2 du tableau des charges à répartir: **16 000**

Capacité d'autofinancement :

Éléments	Calculs	Montant
Résultat comptable N + Dotations – Reprises – Plus ou moins-value – Quote-part de subvention (1)	 148 000 + 9 200 + 6 000 12 000 + 2 000 47 000 – (205 000 – 143 000) 25 000	25 100 + 163 200 – 14 000 – (15 000) – 25 000
= CAF N		**164 300**

(1) Calcul de la quote-part des subventions d'investissement virée au résultat :

Montant en début d'exercice	Augmentations	Diminutions	Montant en fin d'exercice
28 000	100 000	X	103 000

X = 28 000 – 103 000 + 100 000 = **25 000**

Prix de vente des immobilisations : **47 000**

Remboursement des prêts : **27 000**

Augmentation de capital : (250 000 + 10 000 – 50 000) – 100 000 – 0 = **110 000**

Augmentation des autres capitaux propres : **100 000** (subventions d'investissement)

Dettes financières :

Éléments	N–1	Augmentations	Diminutions	N
Emprunts auprès des établissements de crédit – ICNE sur emprunts – Découverts bancaires	200 000 – 11 800 – 71 600			480 000 – 15 000 – 78 000
Total	**116 600**	**X**	**29 600**	**387 000**

X = 387 000 – 116 600 + 29 600 = **300 000**

1re partie du tableau de financement :

Emplois	N	Ressources	N
Distributions mises en paiement en N	26 450	Capacité d'autofinancement de l'exercice	164 300
Acquisitions d'éléments de l'actif immobilisé :		Cessions ou réductions d'éléments de l'actif immobilisé :	
Immobilisations incorporelles	40 000	Cessions d'immobilisations incorporelles et corporelles	47 000
Immobilisations corporelles	320 000		
Immobilisations financières	40 000	Cessions et réductions d'immobilisations financières	27 000
Charges à répartir sur plusieurs exercices	16 000		
		Augmentation des capitaux propres :	
Réduction des capitaux propres	0	Augmentation de capital ou apports	110 000
		Augmentation des autres capitaux propres	100 000
Remboursements des dettes financières	29 600		
		Augmentation des dettes financières	300 000
Total des emplois	**472 050**	**Total des ressources**	**748 300**
Variation du fonds de roulement net global	**276 250**	**Variation du fonds de roulement net global**	

La première partie du tableau de financement indique que le FRNG a progressé de 276 250 € en N par rapport à l'exercice précédent. La CAF ne couvre qu'une partie des emplois. L'entreprise a investi en immobilisations corporelles et a distribué des dividendes pour plus de 60 % des bénéfices. Elle rembourse ses emprunts. L'entreprise a donc dû multiplier ses sources de financement. Elle a notamment fait appel aux actionnaires pour augmenter son capital, a obtenu de nouvelles subventions d'investissement, a eu recours à un nouvel emprunt. La CAF semble élevée mais elle est due en grande partie à de l'autofinancement de maintien. En effet, la société a entrepris un programme d'investissements ambitieux dont le financement a pu être réalisé grâce à l'augmentation de capital et au nouvel emprunt contracté.

B La deuxième partie du tableau de financement

1 Le détail des calculs

Les variations représentent des besoins ou des dégagements :

Besoins	Augmentation de l'actif circulant ou diminution du passif circulant.
Dégagements	Diminution de l'actif circulant ou augmentation du passif circulant.

- les montants sont en valeurs ***brutes*** ;
- les valeurs mobilières de placement sont exclues de la trésorerie et font partie de l'ACHE même si, dans la pratique, elles sont le plus souvent assimilées à de la trésorerie ; sauf mention explicite dans l'énoncé, les valeurs mobilières de placement seront donc partie intégrante de l'ACHE ;
- les effets escomptés non échus peuvent être retraités même si le PCG ne le prévoit pas formellement.

Pour faciliter l'établissement de la deuxième partie du tableau de financement, il semble judicieux de réaliser le bas du bilan fonctionnel :

	Nature des postes	Montant N	Montant N–1	Variation N/N–1	Besoins	Dégagements
Actif	**Stocks et en-cours**					
	Avances et acomptes versés sur commandes					
	Créances clients et autres créances d'exploitation : Créances clients bruts + Autres créances d'exploitation + ECA sur créances clients – ECP sur créances clients + CCA d'exploitation + EENE *si retraités*					

Actif	**Autres débiteurs (ACHE):** Autres créances hors exploitation + Créances sur immobilisations + Créances IS + Capital souscrit-appelé, non versé + VMP brutes + CCA hors exploitation + ICNE sur immobilisations financières					
	Trésorerie active: Disponibilités + VMP brutes facilement négociables (selon énoncé)					
Passif	**Avances et acomptes reçus sur commandes**					
	Dettes fournisseurs et autres dettes d'exploitation: Avances et acomptes reçus + Dettes fournisseurs + Dettes fiscales et sociales + Autres dettes d'exploitation – ECA sur dettes fournisseurs + ECP sur dettes fournisseurs + PCA d'exploitation					
	Autres créditeurs (PCHE): Dettes sur immobilisations + Autres dettes hors exploitation + Dette IS + PCA hors exploitation + ICNE sur emprunts – ECA sur dettes hors exploitation + ECP sur dettes hors exploitation					
	Trésorerie passive: Découverts bancaires + EENE si retraités					

REMARQUE

Un solde positif signifie une baisse du besoin en fonds de roulement, un solde négatif signifie une hausse du besoin en fonds de roulement.

La variation du fonds de roulement net global obtenue dans la deuxième partie du tableau de financement est de même montant mais de signe opposé à la variation issue de la première partie du tableau de financement.

APPLICATION CORRIGÉE

À partir des documents suivants, compléter la deuxième partie du tableau de financement.

Extrait du bilan actif au 31/12/N

Actif			31/12/N Brut	31/12/N Amort. et dépréciations	31/12/N Net	31/12/N–1 Net
Actif circulant	Stocks	Matières premières, approvisionnements				
		Encours de production (biens et services)				
		Marchandises	199000	3000	196000	187000
		Avances et acomptes versés				
	Créances	Clients et comptes rattachés	478000	20000	458000	264000
		Autres créances	39000		39000	7500
		Capital souscrit et appelé, non versé	50000		50000	
	Divers	Valeurs mobilières de placement	32000	3000	29000	30200
		Disponibilités	7000		7000	8900
Comptes de régularisation	Charges constatées d'avance					
	Total		**805000**	**26000**	**779000**	**497600**
	Frais d'émission d'emprunt à étaler		30000		30000	20000
	Primes de remboursement des obligations					
	Écarts de conversion Actif					

Extrait du bilan passif au 31/12/N

Passif		31/12/N	31/12/N–1
Passif circulant	Avances et acomptes reçus		
	Dettes fournisseurs et comptes rattachés	227000	192300
	Dettes fiscales et sociales	48900	42850
	Dettes sur immobilisations et comptes rattachés	5000	40000
	Autres dettes	28000	31000
Compte de régularisation	Produits constatés d'avance		
	Total	**308900**	**306150**
	Écart de conversion Passif		

Tableau des provisions au 31/12/N

Nature des provisions		Montant au début de l'exercice	Augmentations	Diminutions	Montant à la fin de l'exercice
Provisions pour dépréciations	Sur immobilisations				
	Sur stocks et en cours	5 000		2 000	3 000
	Sur comptes clients	12 000	8 000		20 000
	Autres provisions pour dépréciations	1 800	1 200		3 000
	Total	**18 800**	**9 200**	**2 000**	**26 000**

Informations complémentaires :

– les ICNE sur emprunts sont de 15 000 € en N et 11 800 € en N–1 ;

– les autres créances et les autres dettes ne sont pas relatives à l'exploitation ;

– les concours bancaires et soldes créditeurs sont de 78 000 € en N et de 71 600 € en N–1.

Correction

Travaux préparatoires à l'établissement de la 2e partie du tableau de financement (K€)

Nature des postes	Montant N	Montant N–1	Variation N/N–1	Besoins	Dégagements
Stocks et en-cours (1)	199 000	192 000	**+ 7 000**	x	
Avances et acomptes versés sur commandes					
Créances clients et autres créances d'exploitation : Clients (2)	478 000	276 000	**+ 202 000**	x	
Autres débiteurs : Autres créances HE Capital appelé non versé VMP (3)	 39 000 50 000 32 000	 7 500 32 000	**+ 81 500**	x	
Trésorerie active	7 000	8 900	**– 1 900**		X
Avances et acomptes reçus sur commandes					
Dettes fournisseurs et autres dettes d'exploitation : Fournisseurs Dettes fiscales et sociales	 227 000 48 900	 192 300 42 850	**+ 40 750**		x
Autres créditeurs : Dettes sur immobilisations Autres dettes HE ICNE sur emprunts	 5 000 28 000 15 000	 40 000 31 000 11 800	**– 34 800**	x	
Trésorerie passive	78 000	71 600	**+ 6 400**		x

(1) 187 000 + 5 000 = 192 000

(2) 264 000 + 12 000 = 276 000

(3) 30 200 + 1 800 = 32 000

2e partie du tableau de financement

Variation du FDNG	Besoins (1)	Dégagements (2)	Solde (2) – (1)
Variations « exploitation » ***Variations des actifs d'exploitation :*** Stocks et encours Avances et acomptes versés sur commandes Créances clients, comptes rattachés et autres créances d'exploitation ***Variations des dettes d'exploitation :*** Avances et acomptes reçus sur commandes Dettes fournisseurs, comptes rattachés et autres dettes d'exploitation	7 000 202 000	40 750	
Totaux	**209 000**	**40 750**	
Variation nette « exploitation » Total A			**– 168 250**
Variations « hors exploitation » Variations des autres débiteurs Variations des autres créditeurs	81 500 34 800		
Totaux	**116 300**	**0**	**– 116 300**
Variation nette « hors exploitation » Total B			
Total A + B : **Besoin en fonds de roulement ou Dégagement de fonds de roulement**			**– 284 550**
Variations « trésorerie » Variations des disponibilités Variations des concours bancaires courants et soldes créditeurs de banques		1 900 6 400	
Totaux		**8 300**	
Variation nette « trésorerie » Total C			**+ 8 300**
Variations du fonds de roulement net global (Total A + B + C) : **Emploi net** **ou Ressource nette**			**– 276 250**

La seconde partie du tableau de financement montre que le BFRE a augmenté en raison de la hausse des stocks et des créances d'exploitation (créances clients), dont les effets défavorables sur la trésorerie ont été réduits par l'augmentation des dettes d'exploitation (dettes fournisseurs).

Le BFRHE a lui aussi augmenté en raison de la hausse des autres créances (capital appelé non versé) et de la baisse des autres dettes (dettes sur immobilisations).

La hausse du FRNG n'a pas pu faire face à l'augmentation du BFR. De ce fait, la trésorerie a régressé de 8 300 €, tant par la baisse des disponibilités que par la hausse des découverts bancaires.

2 Le retraitement des EENE

Même si le PCG ne le prévoit pas formellement, il est possible de retraiter les effets escomptés non échus dans la deuxième partie du tableau de financement.

Les EENE sont ajoutés à l'actif circulant d'exploitation et à la trésorerie passive.

La variation du besoin en fonds de roulement d'exploitation augmente et la variation de la trésorerie nette diminue.

IV Les intérêts et les limites du tableau de financement

A Les intérêts

Le tableau de financement permet d'appréhender la stratégie de l'entreprise en matière de croissance, d'investissement et de financement; il permet d'aboutir à un degré d'harmonisation suffisant pour permettre les comparaisons interentreprises.

Des documents prévisionnels, de même nature que le tableau de financement, peuvent être établis (plan de financement).

B Les limites

Le tableau de financement est fondé sur des recensements de flux potentiels (flux de fonds) et non des flux réels (flux de trésorerie). Le tableau de financement permet d'étudier l'évolution de la situation financière d'une entreprise entre l'ouverture et la clôture d'un exercice. Il permet de connaître l'évolution de la trésorerie sans pourtant en comprendre son origine et sa destination.

La variation de trésorerie n'apparaît que comme une résultante de la variation du FRNG et de la variation du BFR. La trésorerie est donc considérée comme un « résidu ».

Les valeurs mobilières de placement ne sont pas, en principe, considérées comme des disponibilités.

Il est omis que le crédit bancaire à court terme revêt, en pratique, un caractère de permanence équivalent à celui du financement à long et moyen terme; les notions de découverts momentanés et de découverts autorisés ne sont pas indiquées. Les nombreux retraitements à effectuer supposent que l'information soit suffisante; or, seul le système développé permet une information précise.

Une telle approche ne révèle que l'insuffisance des ressources stables et ne prévient pas du risque de défaillance.

C'est pourquoi il est nécessaire d'analyser les flux monétaires afin de savoir si l'activité courante améliore ou détériore la trésorerie; une analyse par les flux de trésorerie permet de compléter le diagnostic.

Des exercices complémentaires sont présentés dans l'ouvrage « DCG 6 Exercices corrigés de diagnostic financier de l'entreprise » du même auteur, dans la même collection – 3e éd. 2022.

Chapitre 7

L'ANALYSE PAR LES TABLEAUX DE FLUX DE TRÉSORERIE

Selon le programme officiel de l'examen, ce chapitre va vous permettre d'analyser en dynamique les flux de fonds et de trésorerie pour juger de l'aptitude de l'entreprise à honorer ses engagements ainsi qu'à prévenir les éventuelles défaillances.

Vous développerez ainsi les compétences suivantes :
– Distinguer tableau de financement et tableau de flux de trésorerie ;
– Identifier le rôle de la trésorerie dans le risque de défaillance ;
– Construire le tableau de financement du Plan comptable général ;
– Construire un tableau de flux de trésorerie selon la méthode directe ou indirecte ;
– Justifier les retraitements des tableaux de flux ;
– Conduire un diagnostic à partir des tableaux de flux.

I Les finalités

Les tableaux de flux de trésorerie relèvent d'une ***approche dynamique*** et ***renseignent sur l'origine des flux monétaires d'une période***. Ils regroupent l'ensemble des flux réels, c'est-à-dire ***les encaissements et décaissements d'un exercice***, et mettent ainsi en évidence la différence entre chiffre d'affaires, résultat et trésorerie. Leur objectif est de vérifier le maintien de l'équilibre global entre recettes et dépenses ; toute rupture prolongée de cet équilibre peut conduire à la cessation de paiement. Ils sont centrés sur la trésorerie, reconnue comme l'un des meilleurs indicateurs de risques ; ils permettent ainsi de prévenir le risque de cessation de paiement, en considérant la trésorerie comme un facteur clé de la pérennité de l'entreprise. Les tableaux de flux de trésorerie sont donc un outil de prévention du risque de défaillance.

Ils permettent d'analyser la capacité de l'entreprise à dégager des flux de trésorerie par ses opérations d'exploitation au sens large, les emplois qui ont été faits de cette trésorerie et les ressources auxquelles l'entreprise a dû avoir recours.

Ils sont établis dans la lignée des normes internationales, ce qui facilite l'établissement de tableaux consolidés et l'analyse financière pour les entreprises internationales.

II La construction des tableaux de flux de trésorerie

A La structure des tableaux de flux de trésorerie

Les tableaux de flux de trésorerie sont classés en trois catégories :
- les flux de trésorerie ***liés à l'activité*** ;
- les flux de trésorerie ***liés aux opérations d'investissement*** ;
- les flux de trésorerie ***liés aux opérations de financement***.

La notion d'***activité*** est plus large que celle d'***exploitation*** car elle intègre, en plus des opérations d'exploitation, des éléments hors exploitation qui ne relèvent ni de l'investissement, ni du financement.

B La justification des retraitements des tableaux de flux de trésorerie

La trésorerie est déterminée :
- soit selon une ***méthode indirecte***, qui peut être mise en œuvre au niveau de l'exploitation ou au niveau de l'ensemble de l'activité. Cette méthode est proposée par l'OEC à partir du résultat d'exploitation ou du résultat de l'exercice ;
- soit selon une ***méthode directe***, qui consiste à évaluer les flux de trésorerie en dégageant directement les produits ***encaissables*** et les charges ***décaissables***. Cette méthode est pratiquée dans le tableau de GEODE de la Banque de France.

1 L'optique OEC

Le tableau de flux de trésorerie proposé par l'***Ordre des experts-comptables (OEC)*** évalue les flux liés à l'activité soit à partir du résultat de l'exercice, soit à partir du résultat d'exploitation :
- les éléments du BFR sont retenus pour leurs valeurs nettes ;
- le crédit-bail et les EENE ne sont pas retraités ;
- les subventions d'investissement font partie du flux lié à l'investissement ;
- les dividendes font partie du flux lié au financement ;
- la trésorerie comprend l'ensemble des instruments financiers qui permettent à l'entreprise de gérer la trésorerie sans prendre de risques significatifs. Les disponibilités ne font partie de la trésorerie active que si elles ne présentent pas de risque (comptes de caisse, comptes à vue, comptes à terme venant à échéance ou ouverts pour une durée de 3 mois au plus). Les VMP ne font partie de la trésorerie active que si elles peuvent être facilement converties en disponibilités du fait de l'existence d'un marché ou d'un acquéreur potentiel (SICAV, FCP, obligations à échéance de 3 mois au plus). Les concours bancaires ne font partie de la trésorerie passive que s'ils correspondent à des découverts momentanés (à échéance de 3 mois). Les découverts autorisés restent assimilés à des dettes financières.

2 L'optique GEODE de la Banque de France

La prestation GEODE (Gestion Opérationnelle et Dynamique des Entreprises), réalisée par un analyste Banque de France, est mise à la disposition de certaines entreprises, pour réaliser un diagnostic financier approfondi et établir des simulations prévisionnelles. S'appuyant sur les documents comptables collectés par la Banque de France, la prestation GEODE est destinée aux entreprises des secteurs de l'industrie et du BTP, soumises à l'impôt sur les sociétés et dont le chiffre d'affaires est d'au moins 750 K€.

Le tableau de flux de trésorerie GEODE détermine les flux liés à l'activité à partir des encaissements sur les produits d'exploitation et des décaissements sur les charges d'exploitation :
- les éléments du besoin en fonds de roulement sont retenus pour leurs valeurs brutes ;
- le crédit-bail et les EENE sont retraités ;
- la production immobilisée diminue les acquisitions d'immobilisations ;
- les subventions d'investissement font partie du flux lié au financement ;
- les dividendes sont considérés comme un élément de la répartition des revenus ;
- les disponibilités et les VMP font partie intégrante de la trésorerie active. Les concours bancaires font partie intégrante de la trésorerie passive.

III Les similitudes et les différences entre le tableau de financement et les tableaux de flux de trésorerie

A Les similitudes

Les tableaux privilégient une approche dynamique à une analyse statique du financement de l'entreprise. Ils permettent d'appréhender les politiques d'investissement et de financement.

B Les différences

Le tableau de financement met en évidence des ***flux de fonds*** (comptabilité d'engagement) alors que les tableaux de flux de trésorerie mettent en évidence les ***flux de trésorerie***.

La structure des tableaux est différente : le tableau de financement est présenté en deux parties, la première partie expliquant la variation du FRNG, la seconde expliquant la variation de trésorerie ; le tableau de flux de trésorerie est composé de trois parties correspondant aux fonctions « *activité* », « *investissement* » et « *financement* ».

Le tableau de financement ne permet pas de constater si l'activité de l'entreprise génère ou consomme de la trésorerie. Dans les tableaux de flux de trésorerie, ***la trésorerie est le point de départ du diagnostic***.

Les tableaux de flux de trésorerie renseignent non seulement sur la maîtrise de la trésorerie à partir du résultat (autofinancement) et à partir de la politique commerciale (postes du BFR), mais aussi sur la cohérence des politiques suivies (investissement et financement). La trésorerie apparaît comme un objectif à atteindre et à contrôler, grâce aux informations fournies sur les encaissements et les décaissements.

Les tableaux de flux de trésorerie constituent un meilleur instrument de l'analyse du risque.

IV Les modèles de présentation des tableaux de flux de trésorerie préconisés par l'OEC

A Les travaux préparatoires à l'établissement des tableaux de flux de trésorerie OEC

a Distribution des dividendes mises en paiement au cours de l'exercice N

Calcul identique à celui du tableau de financement

b Acquisitions d'éléments de l'actif immobilisé

Calcul identique à celui du tableau de financement

c Charges à répartir sur plusieurs exercices

Calcul identique à celui du tableau de financement

d Cessions nettes d'éléments de l'actif immobilisé

Prix de vente – (Taux d'IS x Plus-value)

e Réduction d'immobilisations financières

Calcul identique à celui du tableau de financement

f Augmentation de capital

Calcul identique à celui du tableau de financement

g Autres augmentations de capitaux propres

Calcul identique à celui du tableau de financement

h Augmentation et diminution des dettes financières

DF_{N-1}	Augmentation	Diminution	DF_N
Emprunts obligataires + Emprunts auprès des établissements de crédit + Emprunts et dettes financières divers + Avances conditionnées et prêts participatifs assimilés à des dettes + Comptes courants d'associés bloqués assimilés à des dettes – Prime de remboursement des obligations – ICNE sur emprunts (*) – Découverts bancaires **momentanés** – ECA sur emprunts + ECP sur emprunts	Nouvel emprunt	Remboursement	Emprunts obligataires + Emprunts auprès des établissements de crédit + Emprunts et dettes financières divers + Avances conditionnées et prêts participatifs assimilés à des dettes + Comptes courants d'associés bloqués assimilés à des dettes – Prime de remboursement des obligations – ICNE sur emprunts (*) – Découverts bancaires **momentanés** – ECA sur emprunts + ECP sur emprunts

(*) Si les ICNE ne sont pas liés à l'activité, ils restent assimilés à des dettes financières.

Remboursement des dettes financières = $DF_{N-1} - DF_N$ + Nouvel emprunt contracté
Nouvel emprunt = $DF_N - DF_{N-1}$ + Remboursement des dettes

i Cas particulier d'un nouvel emprunt obligataire émis en N

Nouvel emprunt = $DF_N - DF_{N-1}$ + Remboursement des dettes – Prime totale de remboursement
Remboursement des dettes financières =
$DF_{N-1} - DF_N$ + Nouvel emprunt contracté + Prime totale de remboursement

j Calcul de la variation du BFR

Au niveau du flux lié à l'activité

Éléments	N	N–1	Variation
Stocks nets			
Créances d'exploitation : Avances versées Créances clients **nettes** Autres créances d'exploitation CCA d'exploitation + ECA sur créances clients – ECP sur créances clients			
Autres créances liées à l'activité : Autres créances liées à l'activité Créances IS ICNE sur immobilisations financières liés à l'activité			

Dettes d'exploitation : Avances reçues Dettes fournisseurs Dettes fiscales et sociales Autres dettes d'exploitation PCA d'exploitation + ECP sur dettes fournisseurs – ECA sur dettes fournisseurs			
Autres dettes liées à l'activité : Autres dettes liées à l'activité Dette IS ICNE sur emprunts liés à l'activité			

Au niveau du flux lié au financement

Éléments	N	N–1	Variation
Capital appelé non versé			

Au niveau du flux lié à l'investissement

Éléments	N	N–1	Variation
Créances sur immobilisations			
Dettes sur immobilisations			

k Variation de trésorerie

Éléments	Trésorerie de clôture	Trésorerie d'ouverture	Variation de trésorerie
VMP nettes sans risque			
+ Disponibilités sans risque			
– Découverts **momentanés**			
= Trésorerie			

B La construction du tableau de flux de trésorerie de l'OEC

L'OEC propose deux tableaux, l'un conçu à partir du résultat de l'exercice, l'autre à partir du résultat d'exploitation.

1 Le modèle de tableau de flux de trésorerie de l'OEC à partir du résultat de l'exercice

L'OEC a prévu une présentation normalisée du tableau de flux à partir du résultat de l'exercice.

Éléments	Détail des calculs
Résultat de l'exercice	Résultat net du bilan ou du compte de résultat
Élimination des charges et produits sans incidence sur la trésorerie ou non liés à l'activité :	
Amortissements, dépréciations et provisions nettes des reprises	+ (Dotations d'exploitation, financières et exceptionnelles – Dotations sur stocks, clients, VMP) – (Reprises d'exploitation, financières et exceptionnelles – Reprises sur stocks, clients, VMP)
Plus values de cessions nettes	– [(Prix de vente – VNC) – (Taux d'IS x Plus-value)]
Quote-part des subventions d'investissement virée au résultat	– Quote-part des subventions d'investissement virée au résultat (voir compte de résultat) ou : Subventions N–1 – Subventions N + Subventions reçues en N
Transferts de charges	– Augmentation des charges à répartir *(voir travaux préparatoires)*
= Marge brute d'autofinancement (MBA)	
– Variation du besoin en fonds de roulement lié à l'activité :	
Stocks	– Variation des stocks nets *(voir travaux préparatoires)*
Créances d'exploitation	– Variation des créances d'exploitation nettes *(voir travaux préparatoires)*
Dettes d'exploitation	+ Variation des dettes d'exploitation *(voir travaux préparatoires)*
Autres créances liées à l'activité	– Variation des autres créances liées à l'activité *(voir travaux préparatoires)*
Autres dettes liées à l'activité	+ Variation des autres dettes liées à l'activité *(voir travaux préparatoires)*
= Flux net de trésorerie généré par l'activité (A)	
Acquisitions d'immobilisations	– Acquisitions des immobilisations incorporelles, corporelles et financières
Cessions d'immobilisations nettes d'impôts	+ (Prix de vente des immobilisations – IS sur plus-values de cession)
Réductions d'immobilisations financières	+ Remboursement des prêts et des créances rattachées à des participations
Incidence de la variation des décalages de trésorerie sur opérations d'investissement :	
Variation des créances et des dettes sur immobilisations	– [(Créances immobilisations N – Créances immobilisations N–1) – (Dettes immobilisations N – Dettes immobilisations N–1)]
= Flux net de trésorerie lié à l'investissement (B)	

Dividendes versés	– Dividendes versés en N *(voir travaux préparatoires)*
Augmentation de capital	+ Augmentation de capital *(voir travaux préparatoires)*
Émission d'emprunts	+ Augmentation des dettes financières *(voir travaux préparatoires)*
Remboursements des dettes	– Remboursement des dettes financières *(voir travaux préparatoires)*
Subventions d'investissement reçues	+ Subventions d'investissement reçues en N *(voir travaux préparatoires)*
Incidence de la variation des décalages de trésorerie sur opérations de financement :	
Variations du capital souscrit, appelé et non versé	– (Capital souscrit, appelé et non versé N – Capital souscrit, appelé et non versé N–1)
= Flux net de trésorerie lié au financement (C)	
Variation de trésorerie (A + B + C)	Trésorerie de clôture – Trésorerie d'ouverture
Trésorerie d'ouverture	Trésorerie active N–1 – Trésorerie passive N–1
Trésorerie de clôture	Trésorerie active N – Trésorerie passive N

2 Le modèle de tableau de flux de trésorerie de l'OEC à partir du résultat d'exploitation

L'OEC a prévu une présentation normalisée du tableau de flux à partir du résultat d'exploitation.

Éléments	Détail des calculs
Résultat d'exploitation	Résultat d'exploitation du compte de résultat : Produits d'exploitation – Charges d'exploitation
Élimination des charges et produits sans incidence sur la trésorerie ou non liés à l'activité :	
Amortissements, dépréciations et provisions nettes des reprises	+ (Dotations d'exploitation – Dotations sur actif circulant d'exploitation) – (Reprises d'exploitation – Reprises sur actif circulant d'exploitation)
Transferts de charges	– Augmentation des charges à répartir *(voir travaux préparatoires)*
= Résultat brut d'exploitation	
– Variation du besoin en fonds de roulement d'exploitation :	
Stocks	– Variation des stocks nets *(voir travaux préparatoires)*
Créances d'exploitation	– Variation des créances d'exploitation nettes *(voir travaux préparatoires)*
Dettes d'exploitation	+ Variation des dettes d'exploitation *(voir travaux préparatoires)*
= Flux net de trésorerie d'exploitation (FNTE)	
Autres encaissements et décaissements liés à l'activité :	
Frais financiers	– [Charges financières – (DAP – DAP sur VMP)]
Produits financiers	+ [Produits financiers – (RAP – RAP sur VMP)]

Impôt net sur les sociétés	– [IS – (Taux d'IS x Plus-value)]
Participation	– Participation (voir compte de résultat)
Charges nets des produits exceptionnels liés à l'activité	– (Charges exceptionnelles – DAP – VNC) + (Produits exceptionnels – RAP – Prix de vente – Quote-part de subvention d'investissement)
– *Variation du besoin en fonds de roulement lié à l'activité :*	
Autres créances liées à l'activité	– Variation des autres créances liées à l'activité *(voir travaux préparatoires)*
Autres dettes liées à l'activité	+ Variation des autres dettes liées à l'activité *(voir travaux préparatoires)*
= Flux net de trésorerie généré par l'activité (A)	
Acquisitions d'immobilisations	– Acquisitions des immobilisations incorporelles, corporelles et financières
Cessions d'immobilisations nettes d'impôts	+ (Prix de vente des immobilisations – IS sur plus-values de cession)
Réductions d'immobilisations financières	+ Remboursement des prêts et des créances rattachées à des participations
Incidence de la variation des décalages de trésorerie sur opérations d'investissement :	
Variation des créances et des dettes sur immobilisations	– [(Créances immobilisations N – Créances immobilisations N–1) – (Dettes immobilisations N – Dettes immobilisations N–1)]
= Flux net de trésorerie lié à l'investissement (B)	
Dividendes versés	– Dividendes versés en N *(voir travaux préparatoires)*
Augmentation de capital	+ Augmentation de capital *(voir travaux préparatoires)*
Émission d'emprunts	+ Augmentation des dettes financières *(voir travaux préparatoires)*
Remboursements des dettes	– Remboursement des dettes financières *(voir travaux préparatoires)*
Subventions d'investissement reçues	+ Subventions d'investissement reçues en N *(voir travaux préparatoires)*
Incidence de la variation des décalages de trésorerie sur opérations de financement :	
Variations du capital souscrit, appelé et non versé	– (Capital souscrit, appelé et non versé N – Capital souscrit, appelé et non versé N–1)
= Flux net de trésorerie lié au financement (C)	
Variation de trésorerie (A + B + C)	Trésorerie de clôture – Trésorerie d'ouverture
Trésorerie d'ouverture	Trésorerie active N–1 – Trésorerie passive N–1
Trésorerie de clôture	Trésorerie active N – Trésorerie passive N

Un modèle non normalisé du tableau de l'OEC à partir du résultat d'exploitation peut être demandé :

Éléments	Détail des calculs
Produits d'exploitation encaissables	Total des produits d'exploitation hors RAP d'exploitation et hors production stockée
– Charges d'exploitation décaissables	Total des charges d'exploitation hors DAP d'exploitation et hors variation des stocks
– Transferts de charges	– Augmentation des charges à répartir *(voir travaux préparatoires)*
– Créances d'exploitation	– Variation des créances nettes hors stocks *(voir travaux préparatoires)*
+ Dettes d'exploitation	+ Variation des dettes d'exploitation *(voir travaux préparatoires)*
= Flux net de trésorerie d'exploitation (FNTE)	
– Charges décaissables hors exploitation	– [Charges financières – (DAP – DAP sur VMP)] – [IS – (Taux d'IS x Plus-value)] – Participation *(voir compte de résultat)* – (Charges exceptionnelles – DAP – VNC)
+ Produits encaissables hors exploitation	+ [Produits financiers – (RAP – RAP sur VMP)] + (Produits exceptionnels – RAP – Prix de vente – Quote-part de subvention d'investissement)
– Autres créances liées à l'activité	– Variation des autres créances liées à l'activité *(voir travaux préparatoires)*
+ Autres dettes liées à l'activité	+ Variation des autres dettes liées à l'activité *(voir travaux préparatoires)*
= Flux net de trésorerie généré par l'activité (A)	

3 Le passage du tableau de financement aux tableaux de flux de trésorerie de l'OEC

Les composantes du BFR et de la trésorerie de l'OEC peuvent être retrouvées à partir de la deuxième partie du tableau de financement.

Variation des stocks nets = VAR stocks bruts PCG (2e partie TDF) – VAR dépréciation des stocks

Variation des créances d'exploitation =

VAR avances (2e partie TDF)

+ VAR créances clients et comptes rattachés brutes PCG (2e partie TDF)

– VAR dépréciation des créances clients

– VAR EENE si retraités dans le TDF (car l'OEC ne retraite pas les EENE)

Variation des autres créances liées à l'activité =
VAR autres débiteurs (2e partie TDF)
– VAR créances sur immobilisations (car intervient au niveau du flux d'investissement)
– VAR capital appelé non versé (car intervient au niveau du flux lié au financement)
– VAR des VMP brutes assimilées à de la Trésorerie OEC (si affectées dans l'ACHE selon le PCG)

Variation des dettes d'exploitation =
VAR avances (2e partie TDF)
+ VAR dettes fournisseurs et comptes rattachés PCG (2e partie TDF)

Variation des autres dettes liées à l'activité =
VAR autres créditeurs (2e partie TDF)
– VAR dettes sur immobilisations (car intervient au niveau du flux d'investissement)

Variation de la trésorerie active =
VAR disponibilités (= VAR Trésorerie active PCG (2e partie TDF)
+ VAR VMP assimilées à de la trésorerie selon l'OEC (sauf si déjà assimilées à de la trésorerie selon le PCG)

Variation de la trésorerie passive =
VAR trésorerie passive PCG (2e partie TDF)
– VAR EENE si retraités dans le TDF (car l'OEC ne retraite pas les EENE)
– VAR découverts autorisés (car restent affectés en dettes financières)

BFR OEC =
BFR PCG
– Variation des dépréciations sur stocks et créances
– Variation des créances sur immobilisations
– Variation du capital souscrit, appelé et non versé
– Variation des VMP appartenant à la trésorerie active (sauf si VMP affectées en trésorerie dans le tableau de financement)
– Variation des EENE (si EENE retraités au niveau du tableau de financement)
+ Variation des dettes sur immobilisations
+ Variation ICNE sur emprunts *non liés à l'activité*

4 Les divergences entre la marge brute d'autofinancement (MBA) et la capacité d'autofinancement (CAF)

La marge brute d'autofinancement est proche de la capacité d'autofinancement. Les divergences concernent :

- les ***dotations nettes de reprises sur actif circulant*** car les postes du BFRE sont repris pour leur valeur nette dans le tableau de flux ;
- l'***impôt sur les plus-values*** car les plus-values apparaissent nettes d'IS dans le tableau de flux de trésorerie ;
- l'***élimination des transferts de charges*** à répartir car ils ne figurent pas dans le flux d'investissement.

La formule pour trouver la marge brute d'autofinancement est la suivante :

MBA =
CAF PCG
– Dotations pour dépréciations sur actif circulant
+ Reprises sur dépréciations de l'actif circulant
– Transfert de charges à répartir
+ Impôt sur plus-values

On peut également retrouver la marge brute d'autofinancement à partir de l'excédent brut d'exploitation :

MBA =
EBE
– Dotations pour dépréciations sur actif circulant
+ Reprises sur dépréciations de l'actif circulant
+ Transfert de charges d'exploitation (sauf transferts de charges à répartir)
+ Autres produits
– Autres charges
± Quotes-parts des résultats sur opérations en commun
+ Produits financiers (sauf RAP)
– Charges financières (sauf DAP)
+ Produits exceptionnels (sauf RAP, Prix de vente et quote-part des subventions)
– Charges exceptionnelles (sauf VNC et dotations)
– Participation
– IS
– Transfert de charges à répartir
+ Impôt sur plus-values

APPLICATION CORRIGÉE

À partir des informations fournies par la société SAT, compléter le tableau de flux de trésorerie de l'OEC à partir du résultat de l'exercice.

Compte de résultat de la SA SAT au 31/12/N

Éléments			N	N–1
Produits d'exploitation	Ventes de marchandises			
	Production vendue (biens et services)		4362000	3929500
	Chiffre d'affaires net		**4362000**	**3929500**
	Production stockée		38240	– 35460
	Production immobilisée			
	Subventions d'exploitation			
	Reprises sur dépréciations et provisions		540	600
	Transferts de charges			
	Autres produits			
	Total des produits d'exploitation (1)		**4400780**	**3894640**
Charges d'exploitation	Achats de marchandises			
	Variation de stocks de marchandises			
	Achats de matières premières et autres approvisionnements		650000	585000
	Variation de stocks des approvisionnements		21520	– 36240
	Autres achats et charges externes		742000	667800
	Impôts, taxes et versements assimilés		141400	127260
	Salaires et traitements		425533	382980
	Charges sociales		212767	191490
	Dotations d'exploitation	Sur immobilisations : dotations aux amortissements	70000	86700
		Sur immobilisations : dotations aux dépréciations		
		Sur actif circulant : dotations aux dépréciations	46000	105000
		Pour risques et charges : dotations aux provisions	10000	9000
	Autres charges			
	Total des charges d'exploitation (2)		**2319220**	**2118990**

Produits financiers	Produits financiers de participation		
	Produits des autres valeurs mobilières et créances de l'actif immobilisé		
	Autres intérêts et produits assimilés	488 780	207 780
	Reprises sur provisions et transferts de charges	25 000	10 000
	Différences positives de change		
	Produits nets sur cessions de valeurs mobilières de placement		
	Total des produits financiers (5)	**513 780**	**217 780**
Charges financières	Dotations aux amortissements, dépréciations et provisions	30 000	20 000
	Intérêts et charges assimilées	1 230 000	824 700
	Différences négatives de change		
	Charges nettes sur cessions de valeurs mobilières de placement		
	Total des charges financières (6)	**1 260 000**	**844 700**
Produits exceptionnels	Produits exceptionnels sur opérations de gestion	8 000	7 200
	Produits exceptionnels sur opérations en capital	400 000	388 320
	Produits de cession d'éléments d'actif Quote-part de subvention virée au résultat	400 000 0	388 320
	Reprises sur dépréciations et provisions et transferts de charges exceptionnelles	2 500	2 250
	Total des produits exceptionnels (7)	**410 500**	**397 770**
Charges exceptionnelles	Charges exceptionnelles sur opérations de gestion	12 000	10 800
	Charges exceptionnelles sur opérations en capital	600 000	540 000
	Valeurs nettes comptables des éléments d'actif cédés	600 000	540 000
	Dotations aux amortissements, dépréciations et provisions	3 000	2 700
	Total des charges exceptionnelles (8)	**615 000**	**553 500**
Participation des salariés aux résultats (9)		0	0
Impôts sur les bénéfices (10)		282 710	248 750
	Bénéfice ou perte	**848 130**	**744 750**

Première partie du tableau de financement

Emplois	N	Ressources	N
Distributions au cours de l'exercice	394 240	Capacité d'autofinancement de l'exercice	1 179 090
Acquisitions d'éléments de l'actif immobilisé :		Cessions d'immobilisations incorporelles et corporelles	400 000
Immobilisations incorporelles		Cessions ou réductions d'immobilisations financières	0
Immobilisations corporelles	750 000	Augmentation des capitaux propres :	
Immobilisations financières		Augmentation de capital ou apports	310 000
Charges à répartir sur plusieurs exercices	0	Augmentation des autres capitaux propres	0
Remboursements des dettes financières	1 044 000	Augmentation des dettes financières	230 000
Total des emplois	**2 188 240**	**Total des ressources**	**2 119 090**
Variation du FRNG (ressource nette)		Variation du FRNG (emploi net)	**69 150**

Deuxième partie du tableau de financement

Variation du FDNG	Besoins (1)	Dégagements (2)	Solde (2) – (1)
Variations des actifs d'exploitation :			
Stocks et en-cours	16 720		
Avances et acomptes versés sur commandes			
Créances clients et autres créances d'exploitation	229 960		
Variations des dettes d'exploitation :			
Avances et acomptes reçus sur commandes			
Dettes fournisseurs et autres dettes d'exploitation		25 000	
Totaux	**246 680**	**25 000**	
Variation nette « exploitation » Total A			**– 221 680**
Variations « hors exploitation »			
Variations des autres débiteurs	170 000		
Variations des autres créditeurs		102 200	
Totaux	**170 000**	**102 200**	
Variation nette « hors exploitation » Total B			**– 67 800**
Total A + B : **Besoin en fonds de roulement ou dégagement de fonds de roulement**			**– 289 480**
Variations « trésorerie »			
Variations des disponibilités		158 630	
Variations des concours bancaires courants		200 000	
Totaux	**0**	**358 630**	
Variation nette « trésorerie » Total C			**358 630**
Variation du fonds de roulement net global (A + B + C)			**69 150**

Informations complémentaires :

Détail de la trésorerie :

Éléments	N	N–1	Variation
VMP brutes	655 000	584 220	70 780
Disponibilités	20 590	250 000	– 229 410
Total de la trésorerie active	**675 590**	**834 220**	**– 158 630**
Découverts bancaires	**200 000**	**0**	**200 000**

Les découverts bancaires sont **momentanés**.

Détail des dépréciations :

Éléments	N–1	Augmentations	Diminutions	N
Immobilisations	15 000	10 000	0	25 000
Stocks	50 000	0	0	50 000
Clients	85 000	46 000	540	130 460
VMP	30 000	20 000	25 000	25 000

Détail des autres débiteurs :

Éléments	N	N–1	Variation
Capital souscrit appelé non versé	20 000		
Créances sur cessions d'immobilisations	250 000	240 000	
Autres créances	170 000	30 000	
Total	**440 000**	**270 000**	**170 000**

Détail des autres créditeurs :

Éléments	N	N–1	Variation
Dettes sur immobilisations	233 200	170 000	
Dette IS	250 000	225 000	
ICNE sur emprunts	70 000	56 000	
Total	**553 200**	**451 000**	**102 200**

Correction

Tableau de flux de trésorerie de l'OEC

Éléments	Exercice N
Résultat de l'exercice	**848 130**
Élimination des charges et produits sans incidence sur la trésorerie ou non liés à l'activité :	
Amortissements, dépréciations et provisions nettes des reprises (70 000 + 10 000 + 30 000 – 20 000 + 3 000) – (540 – 540 + 25 000 – 25 000 + 2 500)	+ 90 500
Plus-values de cessions nettes – (400 000 – 600 000)	+ 200 000
Quote-part des subventions d'investissement virée au résultat	– 0
Transferts de charges	– 0
= Marge brute d'autofinancement (MBA)	**= 1 138 360**
Variation du BFR lié à l'activité : **277 220** (*)	
Stocks – [16 720 – (50 000 – 50 000)]	– 16 720
Créances d'exploitation – [229 960 – (130 460 – 85 000)]	– 184 500
Dettes d'exploitation + (25 000)	+ 25 000
Autres créances liées à l'activité – [170 000 – (20 000 – 0) – (250 000 – 240 000)]	– 140 000
Autres dettes liées à l'activité + [102 200 – (233 200 – 170 000)]	+ 39 000
Flux nets de trésorerie générés par l'activité (A)	**861 410**
Acquisitions immobilisations	– 750 000
Cessions d'immobilisations nettes d'impôts	+ 400 000
Réduction d'immobilisations financières	0
Incidence de la variation des décalages de trésorerie sur opérations d'investissement :	
Variation des créances et dettes sur immobilisations – [(250 000 – 240 000) – (233 200 – 170 000)]	+ 53 200
Flux nets de trésorerie liés à l'investissement (B)	**– 296 800**
Dividendes versés	– 394 240
Augmentation de capital	+ 310 000
Émission d'emprunts	+ 230 000
Remboursement d'emprunts	– 1 044 000
Subventions d'investissement reçues	+ 0
Incidence de la variation des décalages de trésorerie sur opérations de financement :	
Variations du capital souscrit, appelé et non versé – (20 000 – 0)	– 20 000
Flux nets de trésorerie liés au financement (C)	**– 918 240**
Variation de trésorerie	**– 353 630**
Trésorerie d'ouverture (584 220 – 30 000 + 250 000) – 0	**804 220**
Trésorerie de clôture [(655 000 – 25 000) + 20 590] – 200 000	**450 590**

(*) La variation du BFR est retrouvée à partir de la 2e partie du tableau de financement après élimination des dépréciations sur actif circulant, du capital appelé non versé et des créances et dettes sur immobilisations.

La variation des VMP n'a pas à être retirée car les VMP sont déjà affectées au niveau de la trésorerie active dans la deuxième partie du tableau de financement (variation de 158 630).

Vérification du BFR : 289 480 – (50 000 – 50 000) – (130 460 – 85 000) – (20 000 – 0) – (250 000 – 240 000) + (233 200 – 170 000) = 277 220

Vérification de la MBA à partir de la CAF : 1 179 090 – (46 000 + 20 000) + (540 + 25 000) = 1 138 630

V La signification des flux de trésorerie

A Le flux de trésorerie lié à l'activité

Le ***flux lié à l'activité*** correspond aux flux d'exploitation et aux flux de trésorerie rattachables à l'activité. La notion d'activité est donc élargie puisqu'elle inclut des éléments financiers et exceptionnels.

Ce flux est déterminant dans la mesure où il permet d'une part, d'évaluer l'impact de la rentabilité et du besoin en fonds de roulement sur la trésorerie, et d'autre part, d'apprécier la capacité de l'entreprise à rembourser les emprunts, à rémunérer les fonds propres (dividendes) et à procéder à de nouveaux investissements en faisant appel ou non à des sources de financement externes.

1 Éléments du flux de trésorerie lié à l'activité dans le modèle de tableau de flux de trésorerie de l'OEC réalisé à partir du résultat d'exploitation

Le flux net de trésorerie lié à l'activité comprend les éléments suivants :
- le ***résultat brut d'exploitation (RBE)***, qui représente la trésorerie potentielle d'exploitation. C'est une notion voisine de l'excédent brut d'exploitation ;
- le ***flux net de trésorerie d'exploitation (FNTE)***, qui renseigne sur la capacité de l'entreprise à secréter des liquidités dans le cadre de son exploitation courante. C'est une notion voisine de l'ETE ; c'est l'indicateur le plus sensible aux variations de l'activité (variation du chiffre d'affaires, variation des charges d'exploitation, délais de règlement clients et fournisseurs) ;
- la ***variation du besoin en fonds de roulement excédentaire (BFRE)***, qui représente le déficit ou l'excédent de trésorerie dû aux décalages existant entre l'enregistrement des créances et des dettes d'exploitation et leur règlement ;
- les ***autres encaissements et décaissements*** rattachés à l'activité, qui correspondent aux charges et aux produits financiers et exceptionnels, à la participation des salariés et à l'impôt sur les bénéfices. La notion d'activité est donc élargie puisqu'elle inclut des éléments exceptionnels.

Le ***flux net de trésorerie d'exploitation*** peut être retrouvé grâce au calcul suivant :

FNTE = ETE + Autres produits – Autres charges

2 Éléments du flux de trésorerie lié à l'activité dans le modèle de tableau de flux de l'OEC réalisé à partir du résultat de l'exercice

Le flux net de trésorerie lié à l'activité comprend les éléments suivants :
- la ***marge brute d'autofinancement (MBA)***, qui représente la trésorerie potentielle d'exploitation ; elle représenterait la trésorerie générée par l'activité au cours de l'exercice si toutes les charges et tous les produits qui la composent avaient été décaissés ou encaissés ;
- la ***variation du besoin en fonds de roulement lié à l'activité***, qui représente le déficit ou l'excédent de trésorerie dû aux décalages existant entre l'enregistrement des créances et des dettes et leur règlement.

B Le flux de trésorerie lié aux opérations d'investissement

Le flux de trésorerie lié à l'investissement regroupe l'***ensemble des opérations d'investissements et de désinvestissements qui concernent les immobilisations*** en tenant compte des décalages de trésorerie représentés par la variation des créances et des dettes sur immobilisations. C'est un bon indicateur de la politique d'investissement de l'entreprise, signe de sa rentabilité future et de sa pérennité.

C Le flux de trésorerie lié aux opérations de financement

Le flux de trésorerie lié au financement ***identifie les sources de financement mises à la disposition des entreprises*** (augmentation de capital, émission d'emprunts) ***et les décaissements qu'elles provoquent*** (distribution de dividendes, remboursement d'emprunts). Il mesure la qualité des arbitrages financiers pour améliorer la rentabilité financière. C'est un indicateur financier pertinent pour les actionnaires et les créanciers de l'entreprise, soucieux d'analyser la capacité de l'entreprise à servir des dividendes aux apporteurs de capitaux et à rembourser les emprunts contractés.

VI Le modèle de présentation d'un tableau de flux de trésorerie du PCG

Un tableau de flux de trésorerie du PCG peut être présenté selon le modèle suivant conforme aux tableaux de flux de trésorerie de l'OEC.

Éléments	Détail des calculs
CAF du PCG	À calculer à partir du RNC ou de l'EBE
Transferts de charges	– Augmentation des charges à répartir *(voir travaux préparatoires)*
Variation du BFR	– Variation du BFR corrigé des éléments intégrés dans les flux liés à l'investissement et au financement ainsi que des VMP de l'ACHE à intégrer dans la trésorerie
= Flux net de trésorerie généré par l'activité (A)	
Acquisitions d'immobilisations	– Acquisitions des immobilisations incorporelles, corporelles et financières
Cessions d'immobilisations nettes d'impôts	+ (Prix de vente des immobilisations – IS sur plus-values de cession)
Réductions d'immobilisations financières	+ Remboursement des prêts et des créances rattachées à des participations
Incidence de la variation des décalages de trésorerie sur opérations d'investissement :	
Variation des créances et des dettes sur immobilisations	– [(Créances immobilisations N – Créances immobilisations N–1) – (Dettes immobilisations N – Dettes immobilisations N–1)]
= Flux net de trésorerie lié à l'investissement (B)	
Dividendes versés	– Dividendes versés en N
Augmentation de capital	+ Augmentation de capital
Émission d'emprunts	+ Augmentation des dettes financières
Remboursements des dettes	– Remboursement des dettes financières
Subventions d'investissement reçues	+ Subventions d'investissement reçues en N
Incidence de la variation des décalages de trésorerie sur opérations de financement :	
Variations du capital souscrit, appelé et non versé	– (Capital souscrit, appelé et non versé N – Capital souscrit, appelé et non versé N–1)
= Flux net de trésorerie lié au financement (C)	
Variation de trésorerie (A + B + C)	Trésorerie de clôture – Trésorerie d'ouverture
Trésorerie d'ouverture	Trésorerie active N–1 – Trésorerie passive N–1
Trésorerie de clôture	Trésorerie active N – Trésorerie passive N

REMARQUE

Il convient de corriger la variation du BFR du PCG des éléments suivants qui sont intégrés au niveau des flux liés à l'investissement et au financement :
BFR = BFR PCG – Variation des créances sur immobilisations – Variation du capital souscrit, appelé et non versé – Variation des VMP appartenant à la trésorerie active (sauf si VMP déjà affectées en trésorerie) – Variation des EENE (si retraités) + Variation des dettes sur immobilisations

APPLICATION CORRIGÉE

Reprendre l'énoncé de la société SAT et compléter le tableau de flux de trésorerie du PCG.

Correction

Tableau de flux de trésorerie du PCG

Éléments	Exercice N
CAF Variation du BFR lié à l'activité (*)	1 084 850 – 322 680
Flux nets de trésorerie générés par l'activité (A)	**762 170**
Acquisitions immobilisations Cessions d'immobilisations nettes d'impôts Réduction d'immobilisations financières *Incidence de la variation des décalages de trésorerie sur opérations d'investissement :* Variation des créances et dettes sur immobilisations – [(250 000 – 240 000) – (233 200 – 170 000)]	– 750 000 + 400 000 0 + 53 200
Flux nets de trésorerie liés à l'investissement (B)	**– 296 800**
Dividendes versés Augmentation de capital Émission d'emprunts Remboursement d'emprunts Subventions d'investissement reçues *Incidence de la variation des décalages de trésorerie sur opérations de financement :* Variations du capital souscrit, appelé et non versé – (20 000 – 0)	– 300 000 + 310 000 + 230 000 – 1 044 000 + 0 – 20 000
Flux nets de trésorerie liés au financement (C)	**– 824 000**
Variation de trésorerie **Trésorerie d'ouverture (584 220 + 250 000 – 0)** **Trésorerie de clôture (655 000 + 20 590 – 200 000)**	**– 358 630** **834 220** **475 590**

(*) Retirer de la variation du BFR les variations des créances sur immobilisations, du capital appelé non versé (baisse de l'AC) et des dettes sur immobilisations (baisse du PC) : 289 480 – [(250 000 – 240 000) + (20 000 – 0)] + (233 200 – 170 000) = **322 680**.

VII Le modèle de présentation du tableau de flux de trésorerie GEODE de la Banque de France

La Banque de France met à la disposition de certaines entreprises un analyste financier pour conduire un diagnostic approfondi.

A Les principes retenus

L'objectif est de :
- ***regrouper les opérations et les éléments du patrimoine*** selon un classement fonctionnel adapté à l'étude du comportement économique et financier de l'entreprise (fonctions d'exploitation, de répartition, fonction d'investissement et de financement) ;
- ***privilégier l'analyse en termes dynamiques*** grâce au tableau de flux de trésorerie réalisé sur plusieurs exercices ;
- ***situer l'entreprise dans son environnement économique*** à l'aide des ratios évalués par la Banque de France ;
- ***évaluer le degré de vulnérabilité de l'entreprise*** grâce à la méthode des scores.

B Les retraitements du crédit-bail et des effets escomptés non échus

Les retraitements ont pour objet de restituer aux agrégats leur signification économique et d'appréhender une structure financière plus proche de la réalité.

1 Le retraitement du crédit-bail

Le retraitement crédit-bail induit une notion économique contraire à l'optique de continuité de l'entreprise du PCG. Les immobilisations financées par crédit-bail n'apparaissent pas au bilan ; or l'entreprise en est « économiquement » propriétaire. Il convient donc de les intégrer à l'actif du bilan et de considérer qu'elles sont financées par un emprunt afin de donner une mesure plus réaliste de l'outil de production.

Dans le tableau de flux, la valeur brute au contrat des biens concernés s'ajoute aux investissements d'exploitation ; la contrepartie est inscrite en emprunts et la DAP crédit-bail en remboursements d'emprunts.

2 Le retraitement des EENE

Le retraitement des EENE se rapproche de l'optique fonctionnelle du PCG. L'objectif est de parvenir à une évaluation plus exacte des besoins financiers de l'entreprise au titre de ses relations avec la clientèle. Les EENE doivent être considérés comme un moyen de financement et doivent être intégrés au bilan, dans le poste « clients » (ACE), et dans le poste « concours bancaires courants ».

C Les travaux préparatoires à l'établissement du tableau de flux de trésorerie GEODE de la Banque de France

Selon le programme officiel, la construction du tableau de flux de trésorerie GEODE n'est pas demandée. Il est néanmoins intéressant de présenter sa construction afin de mettre en évidence les différences avec les autres tableaux de flux.

a) Distribution des dividendes mises en paiement au cours de l'exercice N

Calcul identique à celui du tableau de financement

b) Investissements d'exploitation

Acquisitions = Acquisitions d'immobilisations incorporelles et corporelles
+ Valeur de l'immobilisation financée par crédit-bail **signé en N** – Production immobilisée

c) Acquisitions de participations et de titres immobilisés

Il s'agit des acquisitions d'immobilisations financières, à l'exception des créances sur participations et des prêts.

d) Variation des autres actifs immobilisés

Variation des autres actifs immobilisés = (Augmentation des créances sur participations – Diminution des créances sur participations) + (Nouveaux prêts accordés – Remboursement prêts)

e) Cessions d'éléments de l'actif immobilisé

Calcul identique à celui du tableau de financement

f) Augmentation de capital

Calcul identique à celui du tableau de financement

g) Autres augmentations de capitaux propres

Calcul identique à celui du tableau de financement

h) Augmentation et diminution des dettes financières

DF N–1	Augmentation	Diminution	DF_N
Emprunts obligataires + Emprunts auprès des établissements de crédit + Emprunts et dettes financières divers + Avances conditionnées et prêts participatifs assimilés à des dettes + Comptes courants d'associés bloqués assimilés à des dettes – Prime de remboursement des obligations – ICNE sur emprunts liés à l'activité (*) – Découverts bancaires – ECA sur emprunts + ECP sur emprunts	Nouvel emprunt	Remboursement	Emprunts obligataires + Emprunts auprès des établissements de crédit + Emprunts et dettes financières divers + Avances conditionnées et prêts participatifs assimilés à des dettes + Comptes courants d'associés bloqués assimilés à des dettes – Prime de remboursement des obligations – ICNE sur emprunts liés à l'activité (*) – Découverts bancaires – ECA sur emprunts + ECP sur emprunts

(*) Si les ICNE ne sont pas liés à l'activité, ils restent assimilés à des dettes financières.

Remboursement des dettes financières =
DF_{N-1} – DF_N + Nouvel emprunt contracté + DAP Crédit-bail

Nouvel emprunt = DF_N – DF_{N-1} + Remboursement des dettes + Vo Crédit-bail

i) Calcul de la variation du BFR

Au niveau du flux de trésorerie interne :

Éléments	N	N–1	Variation
Créances d'exploitation : Avances versées Créances clients **brutes** Autres créances d'exploitation CCA d'exploitation + ECA sur créances clients – ECP sur créances clients			
Autres créances liées à l'activité : Autres créances liées à l'activité ICNE sur immobilisations financières liés à l'activité			

Dettes d'exploitation : Avances reçues Dettes fournisseurs Dettes fiscales et sociales Autres dettes d'exploitation PCA d'exploitation + ECP sur dettes fournisseurs – ECA sur dettes fournisseurs			
Autres dettes liées à l'activité : Autres dettes liées à l'activité ICNE sur emprunts liés à l'activité			

Au niveau du flux lié au financement :

Éléments	N	N–1	Variation
Capital appelé non versé			

Au niveau du flux lié à l'investissement :

Éléments	N	N–1	Variation
Créances sur immobilisations			
Dettes sur immobilisations			

Au niveau de l'impôt sur les bénéfices :

Éléments	N	N–1	Variation
Créances IS			
Dettes IS			

D La construction du tableau de flux de trésorerie GEODE de la Banque de France

Le modèle de tableau de flux de trésorerie fait apparaître directement les encaissements et les décaissements sur chaque catégorie de flux.

Éléments	Détail des calculs
Chiffre d'affaires HT et autres produits d'exploitation	CA HT – Sous-traitance de fabrication + Subventions d'exploitation en complément de prix de vente – Escomptes accordés sur ventes + Autres produits + (Produits exceptionnels sur opérations de gestion si mention explicite dans l'énoncé)
Variation des clients et autres créances d'exploitation	– Variation des créances d'exploitation brutes *(voir travaux préparatoires)*
= Encaissements sur produits d'exploitation (a)	
Achats et autres charges d'exploitation	Achats de marchandises + Achats de MP – Escomptes obtenus sur achats + Autres achats et autres charges externes – Redevances Crédit-bail – Sous-traitance de fabrication + Impôts et taxes + Charges de personnel + Autres charges + (Charges exceptionnelles sur opérations de gestion si mention explicite dans l'énoncé)
Variation des fournisseurs et autres dettes d'exploitation	– Variation des dettes d'exploitation *(voir travaux préparatoires)*
= Décaissements sur charges d'exploitation (b)	
Flux de trésorerie d'exploitation (a) – (b)	
Flux liés aux opérations hors exploitation	Transferts de charges d'exploitation (sauf transferts de charges à répartir) + Subventions d'exploitation hors complément de prix de vente ± Quotes-parts de résultat sur opérations en commun + (Produits financiers – RAP – escomptes sur achats) – (Charges financières – DAP – intérêts) + (Produits exceptionnels – RAP, Prix de vente et Quote-part de subvention d'investissement) – (Charges exceptionnelles – DAP – VNC) – Variation de l'ACHE *(voir travaux préparatoires)* + Variation du PCHE *(voir travaux préparatoires)*
Charges d'intérêts	– (Intérêts – Escomptes sur ventes + Frais financiers crédit-bail)
Impôt net sur les sociétés	– (IS + Variation de la créance IS – Variation de la dette IS) *(voir travaux préparatoires)*
Participation	– Participation (voir compte de résultat)
Distributions mises en paiement	– Dividendes versés en N *(voir travaux préparatoires)*
= Flux net de trésorerie généré par l'activité (A)	

Investissements d'exploitation	+ Acquisition d'immobilisations incorporelles et corporelles + Valeur de l'immobilisation financée par crédit-bail signé en N – Production immobilisée)
Acquisition de participations et de titres immobilisés	+ Acquisition d'immobilisations financières (sauf créances sur participations et sauf prêts)
Variation des autres actifs immobilisés	+ (Augmentation des créances sur participations – Diminution des créances sur participations) + (Nouveaux prêts accordés – Remboursement prêts)
Cessions d'immobilisations	– Prix de vente des immobilisations
Subventions d'investissement reçues	– Subventions d'investissement reçues en N *(voir travaux préparatoires)*
Variation des créances et des dettes sur immobilisations	+ [(Créances immobilisations N – Créances immobilisations N–1) – (Dettes immobilisations N – Dettes immobilisations N–1)]
= Flux net de trésorerie lié à l'investissement (I)	
Augmentation de capital	+ Augmentation de capital (voir travaux préparatoires)
Variations du capital souscrit, appelé et non versé	– (Capital souscrit, appelé et non versé N – Capital souscrit, appelé et non versé N–1)
= Flux lié au capital (c)	
Émission d'emprunts	+ Augmentation des dettes financières *(voir travaux préparatoires)*
Remboursements des dettes	– Remboursement des dettes financières *(voir travaux préparatoires)*
= Variation des emprunts (d)	
Variation des crédits bancaires courant	Découverts N – Découverts N–1
Variation des créances cédées non échues	EENE N – EENE N–1
Variation des avances de trésorerie reçues des groupes	Avances de trésorerie N – Avances de trésorerie N–1
= Variation de la trésorerie passive (e)	
Flux lié au financement (F) = (c) + (d) + (e)	
Variation des disponibilités	Disponibilités N – Disponibilités N–1
Variation des VMP	VMP N – VMP N
Variation des avances de trésorerie versées aux groupes	Avances de trésorerie N – Avances de trésorerie N–1
Variation de trésorerie active (A) – (I) + (F)	**Trésorerie active N – Trésorerie active N–1**

E Le passage du tableau de financement au tableau de flux de trésorerie GEODE de la Banque de France

Les composantes du BFR et de la trésorerie peuvent être retrouvées à partir de la deuxième partie du tableau de financement.

Variation des clients et autres créances d'exploitation =
VAR avances (2e partie TDF)
+ VAR créances clients et comptes rattachés brutes PCG (2e partie TDF)
+ VAR EENE si non retraités dans le TDF

Variation des autres créances =
VAR autres débiteurs (2e partie TDF)
– VAR créances sur immobilisations (car intervient au niveau du flux d'investissement)
– VAR capital appelé non versé (car intervient au niveau du flux de financement)
– VAR créances IS (car intervient dans le calcul de l'IS)
– VAR avances de trésorerie active (car affectées séparément dans le tableau de flux)
– VAR VMP brutes si affectées séparément dans l'ACHE (car à affecter au niveau de la trésorerie active)

Variation des fournisseurs et autres dettes d'exploitation =
VAR avances (2e partie TDF)
+ VAR dettes fournisseurs et comptes rattachés PCG (2e TDF)

Variation des autres dettes =
VAR autres créditeurs (2e partie TDF)
– VAR dettes sur immobilisations
– VAR dettes IS (car intervient dans le calcul de l'IS)
– VAR ICNE sur emprunts si ICNE affectés dans les dettes financières
– VAR avances de trésorerie passive (car affectées séparément au niveau de la trésorerie passive dans le tableau de flux)

Variation de la trésorerie active =
VAR trésorerie active PCG (2e partie TDF)
– VAR VMP PCG (2e partie TDF) si affectées en trésorerie active au niveau du TDF (car affectées séparément dans le tableau de flux)

Variation de la trésorerie passive =
VAR trésorerie passive PCG (2e partie TDF)
– VAR EENE si retraités dans le TDF (car affectés séparément dans le tableau de flux)

F La signification des flux de trésorerie

1 Le flux de trésorerie interne

Le flux de trésorerie interne (FTI) comprend :

- le ***flux généré par l'exploitation (FTE)***, mesurant la trésorerie générée par l'exploitation en faisant abstraction des stocks et qui permet d'évaluer la capacité de l'entreprise à secréter des liquidités dans le cadre de son exploitation courante ;
- les ***flux liés aux opérations hors exploitation***, correspondant aux intérêts sur emprunts, à la participation des salariés, à la distribution de dividendes et à l'impôt sur les bénéfices ;
- les ***flux liés aux opérations de répartition des revenus***, correspondant aux charges et aux produits financiers et exceptionnels générateurs de flux, corrigés des éléments du BFRHE.

Le FTI renseigne sur l'aptitude de l'entreprise à faire face à ses charges de répartition : rémunération des associés (dividendes), participation des salariés, endettement (charges d'intérêts). Il informe sur la cohérence des politiques suivies en matière d'investissement et de financement et permet de mesurer les moyens internes dont l'entreprise dispose pour financer ses investissements. Il constitue un indicateur du risque de défaillance.

2 Le flux lié aux opérations d'investissement

Le flux lié aux opérations d'investissement regroupe les flux liés à l'acquisition et à la cession d'actifs immobilisés, compte tenu des décalages de trésorerie (variation des créances et des dettes sur immobilisations). La politique d'investissement s'apprécie selon la nature des investissements : investissements de renouvellement ou investissements de croissance.

3 Le flux lié aux opérations de financement

Le flux lié aux opérations de financement regroupe les flux liés au capital, aux emprunts et à la trésorerie passive. L'analyse des composantes du flux lié au financement fournit des indications sur les arbitrages financiers auxquels il a été procédé :

- apport des associés et du groupe ou recours à l'endettement ;
- financement par emprunts ou utilisation de concours de trésorerie ;
- désendettement.

Cette analyse permet d'apprécier le degré de cohérence de la politique de financement selon plusieurs critères :

- adaptation des financements aux besoins résiduels à couvrir ;
- adaptation des financements aux investissements : les investissements qui génèrent à bref délai des liquidités importantes pourront être financés par des crédits à court terme. Les investissements dont le rendement ne peut être apprécié que sur longue période devront faire l'objet de financements stables (emprunts) ou être couverts par des apports des actionnaires.

VIII Les intérêts et les limites des tableaux de flux de trésorerie

A Les intérêts

Les tableaux de flux de trésorerie sont centrés sur la trésorerie. Ils informent sur la capacité de l'entreprise à générer ou consommer de la trésorerie à partir de son activité et sur sa capacité à produire une trésorerie suffisante pour faire face à ses obligations (paiement des intérêts, paiement de l'impôt sur les bénéfices, paiement des dividendes, remboursement des dettes).

Ils permettent de savoir si une entreprise a généré suffisamment de liquidités grâce à son activité pour financer ses investissements et de comprendre les arbitrages financiers, mettant ainsi en évidence l'incidence financière des choix stratégiques effectués en matière d'investissement et de financement. Ils facilitent la comparaison des états financiers de l'entreprise avec ceux d'autres entreprises ainsi que l'analyse prévisionnelle grâce au raisonnement en termes d'encaissements et de décaissements. Ils permettent de détecter de façon précoce les difficultés financières, les risques de défaillance et de faillite, et de prendre les mesures correctives qui s'imposent.

B Les limites

La trésorerie est un indicateur volatil car elle est soumise aux variations saisonnières et à des fluctuations non négligeables au cours de chaque mois.

Les opérations d'exploitation englobent les opérations que l'entreprise réalise dans le cadre de son activité d'ensemble. Cette conception étendue de l'exploitation ne permet pas d'appréhender directement la capacité de l'entreprise à secréter des liquidités à partir de ses activités industrielles et commerciales.

Des exercices complémentaires sont présentés dans l'ouvrage « DCG 6 Exercices corrigés de diagnostic financier de l'entreprise » du même auteur, dans la même collection – 3e éd. 2022.

Chapitre 8

LE DIAGNOSTIC FINANCIER

Selon le programme officiel de l'examen, ce chapitre va vous permettre de synthétiser l'ensemble des analyses pour produire une vision globale du diagnostic financier.

Vous développerez ainsi les compétences suivantes :
– Conduire un diagnostic financier à partir de données financières ;
– Proposer une conclusion générale à un diagnostic financier.

I Les indicateurs du diagnostic financier

Les éléments clés doivent être abordés selon la logique suivante :

=> Analyse de l'activité

=> Analyse de la profitabilité

=> Analyse de la structure financière

=> Politique d'investissement

=> Politique de financement

=> Analyse de la trésorerie

=> Analyse de la rentabilité

=> Synthèse

II La démarche du diagnostic financier

Le diagnostic financier repose sur une analyse du compte de résultat, une étude statique et une étude dynamique du bilan, permettant d'envisager les mesures à prendre pour optimiser l'avenir d'une entreprise.

Analyse de l'activité	**Mesure de la croissance de l'activité** **Établissement du tableau des soldes intermédiaires de gestion** **Évolution du chiffre d'affaires** *(voir ratio de croissance du CA HT)* **Pourcentage d'exportations** *(voir ratio du taux d'exportation)* **Effet point mort** : Minimum d'activité au-dessus duquel l'entreprise fait des bénéfices et des pertes en dessous. Plus les coûts fixes sont élevés, plus le résultat est sensible aux variations d'activité ; plus on se rapproche du point mort, plus le résultat est sensible aux variations d'activité. **Évolution de la valeur ajoutée** *(voir ratio de croissance de la VA)* **Taux de valeur ajoutée** *(voir ratio du taux de VA)* **Part de certaines charges dans la valeur ajoutée** *(voir ratios de partage de la VA entre le personnel, les prêteurs, les banques et l'entreprise)* **Ratios de rendement** *(voir ratios de rendements de la main-d'œuvre et des équipements)*
Analyse de la profitabilité	**Mesure de la performance de l'entreprise** **Évolution de l'excédent brut d'exploitation** *(voir ratio de croissance de l'EBE)* **Taux de marge brute d'exploitation** *(voir ratio du taux d'EBE)* **Évolution du résultat d'exploitation** *(voir ratio de croissance du RE)* **Taux de marge d'exploitation** *(voir ratio du taux de RE)* **Évolution du résultat net de l'exercice** *(voir ratio de croissance du RNC)* **Taux de marge bénéficiaire** *(voir ratio du taux de RNC)* **Pour les entreprises commerciales** *(voir ratio de taux de marge commerciale)*
Analyse de la structure financière	**Appréciation de la structure financière** Analyse statique du bilan **Établissement des bilans fonctionnels** **Calcul des agrégats du bilan fonctionnel sur plusieurs ann**ées : FRNG, BFRE, BFRHE, BFR, trésorerie **Évolution des agrégats en valeur absolue et en valeur relative** : mesure la hausse ou la baisse du FRNG, du BFR et de la trésorerie **Ratios issus des bilans fonctionnels** *(voir ratios de structure)* **Analyse normative** *(voir ratio du poids du BFRE dans le CA HT)* **Ratios de rotation** *(voir délais clients, fournisseurs et rotation des stocks)* Analyse dynamique du bilan **Établissement du tableau de financement**
Politique d'investissement	**Apprécier la politique d'investissement de l'entreprise** **Nature des investissements réalisés** **Politique de croissance externe** *(voir ratio de prise de participations)* **Taux de vétusté** *(voir ratios de taux d'obsolescence)*

Politique de financement et endettement	**Évaluer l'endettement de l'entreprise** **Modes de financement** *(autofinancement, emprunt, crédit-bail)* **Indicateurs d'endettement** *(voir ratios d'endettement)*
Analyse de la trésorerie	**Identifier la trésorerie dans le risque de défaillance** Analyse statique **Variation de trésorerie du PCG** : mesure de la hausse ou de la baisse de la trésorerie nette **Calcul de l'excédent de trésorerie d'exploitation (ETE)** Analyse dynamique **Établissement et analyse des tableaux de flux de trésorerie** Analyse des équilibres financiers **Établissement du bilan de liquidité** **Fonds de roulement financier** **Ratios de liquidité** *(voir ratios de liquidité générale, réduite et immédiate)*
Analyse de la rentabilité	**Mesure de la rentabilité économique et financière** **Rentabilité économique** *(voir ratio de rentabilité économique)* **Rentabilité financière** *(voir ratio de rentabilité des capitaux propres)* **Effet de levier** *(calcul et interprétation)* **Analyse du risque d'exploitation** *(seuil de rentabilité, marge et indice de sécurité, levier opérationnel)* **Analyse du risque financier** *(impact de l'endettement)*
Synthèse	**Mise en évidence des points forts et des points faibles et proposition de plans d'action** Performances technologiques Forte ou faible productivité Bon ou mauvais délais de crédits clients et fournisseurs Fragilité des équilibres financiers Insuffisance des capitaux propres par rapport à l'endettement Trésorerie saine ou déficitaire Solutions envisagées pour pallier aux points faibles

Des exercices complémentaires sont présentés dans l'ouvrage « DCG 6 Exercices corrigés de diagnostic financier de l'entreprise » du même auteur, dans la même collection – 3e éd. 2022.

PARTIE 2

LA POLITIQUE D'INVESTISSEMENT

Selon le programme officiel de l'examen, cette partie va vous permettre d'apprécier la pertinence d'un investissement à partir des flux financiers prévisionnels qu'il engendre sur plusieurs périodes.

Chapitre 9

LA VALEUR ET LE TEMPS

Selon le programme officiel de l'examen, ce chapitre va vous permettre de mettre en évidence la relation entre temps et valeur, mesurée pour un actif ou un passif financier (placement ou emprunt).

Vous développerez ainsi les compétences suivantes :

- *Distinguer valeur d'usage, valeur historique et valeur de marché ;*
- *Analyser l'influence du temps sur la valeur et appréhender le lien entre valeur et taux d'actualisation ;*
- *Calculer et interpréter un taux actuariel.*

Table des abréviations :

C : capital
i_a : taux d'intérêt annuel
i_m : taux mensuel
i_t : taux trimestriel
i_s : taux semestriel
n : durée du prêt ou du placement
VA : valeur acquise à intérêts simples
Va : valeur actuelle à intérêts simples
Vn : valeur acquise à intérêts composés
Vo : valeur actuelle à intérêts composés

I Les notions de capitalisation et d'actualisation en temps discret

L'étude en temps continu relève du référentiel du DSCG.

La ***capitalisation*** consiste à déterminer la valeur future d'un capital placé aujourd'hui.

L'***actualisation*** consiste à déterminer la valeur aujourd'hui d'un capital futur.

II La notion de valeur

A La valeur historique

La valeur historique est la valeur attribuée à un bien à l'origine ; elle correspond au prix d'achat des actifs acquis à titre onéreux, au coût de production des livraisons à soi-même d'actifs, ou à la valeur d'émission des actions et des obligations.

B La valeur d'usage

La valeur d'usage est la valeur des avantages économiques futurs attendus de l'utilisation et de la sortie d'un actif, compte tenu du besoin de ce bien pour l'entité.

C La valeur de marché

La valeur de marché (ou valeur vénale) est le montant auquel un actif est susceptible d'être vendu lors d'une transaction conclue à des conditions normales de marché.

III La valeur présente et la valeur future

A Les intérêts simples

REMARQUE
Dans le calcul des intérêts simples, on détermine tout d'abord l'intérêt, puis on en déduit la valeur acquise.

1 Le calcul de l'intérêt

L'intérêt correspond au revenu procuré par un capital placé à un taux donné pour une durée convenue entre les parties (durée inférieure à un an). L'intérêt simple est notamment utilisé lors des opérations d'escompte d'effets de commerce ou dans le suivi des comptes courants bancaires.

$$\text{Intérêt} = C \times i_a \times \frac{n}{360}$$

2 Le calcul de la valeur acquise ou valeur future d'un capital (capitalisation)

La valeur acquise représente la valeur future d'un capital placé aujourd'hui à un certain taux d'intérêt.

VA = C + Intérêt

3 Le calcul de la valeur actuelle d'un capital (actualisation)

La valeur actuelle représente la valeur aujourd'hui d'un capital futur.

Va = C – I

4 Le calcul des taux d'intérêt proportionnels au taux annuel

Lorsque le capital est rémunéré à un taux d'intérêt semestriel, trimestriel ou mensuel, ce taux peut être déterminé de façon proportionnelle à partir du taux d'intérêt annuel. Deux taux sont dits « proportionnels » s'ils sont proportionnels à la durée de la période à laquelle ils s'appliquent.

Taux d'intérêt semestriel proportionnel : $i_s = \frac{i_a}{2}$ **; on en déduit :** $i_s = 2 \times i_a$

Taux d'intérêt trimestriel proportionnel : $i_t = \frac{i_a}{4}$ **; on en déduit :** $i_a = 4 \times i_t$

Taux d'intérêt mensuel proportionnel : $i_m = \frac{i_a}{12}$ **; on en déduit :** $i_a = 12 \times i_m$

APPLICATION CORRIGÉE

1. **Un capital est placé à intérêt simple pendant 6 mois au taux annuel de 2 %. Sa valeur acquise est de 4 545 €. Calculer le capital.**
2. **Un capital est placé à intérêt simple un capital de 5 000 € pendant 3 mois au taux de 2 %. Calculer la valeur acquise.**

Correction

1. Capital

I = C x 2 % x 6 / 12 = 0,01 C

VA = C + Intérêt : 4 545 = C + 0,01 C = 1,01 C

C = 4 545 / 1,01 = 4 500

2. Valeur acquise

Intérêt = 5 000 x 2 % x 3 / 12 = 25

VA = 5 000 + 25 = 5 025

B Les intérêts composés

REMARQUE
Dans le calcul des intérêts composés, on détermine tout d'abord la valeur acquise, puis on en déduit l'intérêt.

1 Le calcul de la valeur acquise (ou valeur future) et de l'intérêt (capitalisation)

La valeur acquise est la valeur obtenue par un capital placé aujourd'hui après une période de placement. À la fin de chaque période, l'intérêt de la période est ajouté au capital pour produire à nouveau un intérêt pendant la période suivante. L'intérêt composé est utilisé dans le cadre d'opérations financières à long et moyen terme (durée supérieure à 1 an).

$$Vn = Vo\,(1+i)^{n}$$
$$\text{Intérêt} = Vn - Vo$$

2 Le calcul de la valeur actuelle (actualisation)

La valeur actuelle consiste à calculer la valeur aujourd'hui d'un capital dont on connaît le montant à une certaine échéance.

$$Vo = Vn\,(1+i)^{-n}$$

3 Le calcul des taux d'intérêt équivalents au taux d'intérêt annuel

Deux taux sont dits « équivalents » si appliqués au même capital et sur une même période, ils donnent la même valeur acquise. Le taux équivalent prend donc en compte les intérêts capitalisés à la fin de chaque période.

$$i_s = (1 + i_a)^{1/2} - 1\text{; on en déduit: } i_a = (1 + i_s)^2 - 1$$
$$i_t = (1 + i_a)^{1/4} - 1\text{; on en déduit: } i_a = (1 + i_t)^4 - 1$$
$$i_m = (1 + i_a)^{1/12} - 1\text{; on en déduit: } i_a = (1 + i_m)^{12} - 1$$

APPLICATION CORRIGÉE

Un capital est placé à intérêts composés un capital de 30000 € au taux mensuel de 0,2 %.

Quelle est sa valeur acquise dans 5 ans ?

Correction

Taux annuel équivalent au taux mensuel

$i_m = 0{,}002 = (1 + ia)^{1/12} - 1$; $ia = (1{,}002)^{12} - 1 = 2{,}426\,\%$

Valeur acquise

$VA = 30000\ (1{,}02426)^5 = 33820$

C Les intérêts post-comptés et précomptés

L'intérêt post-compté est perçu ou versé à la fin de l'opération (cas des découverts bancaires car les intérêts sont débités au début du trimestre suivant).

L'intérêt précompté est perçu ou versé au début de l'opération (cas des escomptes de traites car la banque prélève les intérêts dès le jour de la remise à l'escompte).

D L'équivalence de capitaux

Deux capitaux sont équivalents à une date donnée s'ils ont la même valeur actuelle à cette date.

Un capital est équivalent à un ensemble de plusieurs autres capitaux si la valeur actuelle du capital unique est égale à la somme des valeurs actuelles des autres capitaux.

Plusieurs capitaux sont équivalents à plusieurs autres capitaux si la somme des valeurs actuelles du premier groupe de capitaux est égale à la somme des valeurs actuelles du second groupe de capitaux.

L'époque n'influence pas l'équivalence. Ainsi, si des capitaux sont équivalents à une date quelconque, ils le sont à n'importe quelle autre date.

APPLICATION CORRIGÉE 1 : Équivalence à intérêts simples

Une entreprise a tiré deux traites sur un client : 2 000 € à échéance du 16/10 et 2 500 € à échéance du 20/11. Son client ayant une rentrée de trésorerie le 30/12, préférerait régler ses deux traites à cette date. Le taux d'intérêt annuel est de 10 %. L'entreprise annule le 01/10 les deux traites et en crée une nouvelle.

Quel est le montant de cette nouvelle traite ? Si la nouvelle traite a pour montant 4 500 €, quelle est sa nouvelle échéance ?

Correction

Valeur nominale de la nouvelle traite (X)

Nominal	Échéance	n
2 000	16/10/N	16 – 1 = 15 j
2 500	20/11/N	(31 – 1) + 20 = 50 j
X	30/12/N	(31 – 1) + 30 + 30 = 90 j

La valeur actuelle de la nouvelle traite est égale à la somme des valeurs actuelles des anciennes traites :

Va des anciennes traites = [2 000 – (2 000 x 10 % x 15 / 360)] + [2 500 – (2 500 x 10 % x 50 / 360)] = 4 457

Va de la nouvelle traite = X – (X x 10 % x 90 / 360) = 0,975 X

4 457 = 0,975 X : **X = 4 571**

Échéance de la nouvelle traite

Va des anciennes traites = 4 457

Va de la nouvelle traite = 4 500 – (4 500 x 10 % x n / 360) = 4 500 – 1,25 n

4 457 = 4 500 – 1,25 n : n = 34 jours, soit 34 jours à compter du 01/10, c'est-à-dire le **04/11**.

APPLICATION CORRIGÉE 2 : Équivalence à intérêts composés

Une entreprise doit s'acquitter de quatre dettes : 25 000 € payables dans 1 an, 15 000 € dans 2 ans, 30 000 € dans 3 ans et 40 000 € dans 4 ans. Elle obtient de son créancier la possibilité de se libérer par un paiement unique dans 5 ans. Le taux d'intérêt annuel est de 6 %.

Quelle est la valeur de ce paiement unique ?

Correction

Valeur actuelle (Va) des anciennes dettes = $25\,000\,(1{,}06)^{-1} + 15\,000\,(1{,}06)^{-2} + 30\,000\,(1{,}06)^{-3} + 40\,000\,(1{,}06)^{-4} = 93\,807$

Va de la nouvelle dette = $X\,(1{,}06)^{-5}$

$93\,807 = X\,(1{,}06)^{-5}$: **X = 125 535**

IV Les annuités et les suites d'annuités

Une annuité est une somme versée annuellement pour rembourser un capital ou une dette. Elle peut être constante ou variable. Une suite d'annuités est une suite de paiements périodiques constants permettant, soit de constituer un capital, soit de rembourser un emprunt.

A Le calcul de la valeur acquise (Vn) par une suite d'annuités constantes (a)

La valeur acquise d'une suite d'annuités constantes suit une progression géométrique de raison $(1 + i)^n$.

$$Vn = a \times \frac{(1 + i)^n - 1}{i}$$

B Le calcul de la valeur actuelle (Vo) d'une suite d'annuités (a)

La valeur actuelle d'une suite d'annuités constantes suit une progression géométrique de raison $(1 + i)^{-n}$.

$$Vo = a \times \frac{1 - (1 + i)^{-n}}{i}$$

APPLICATION CORRIGÉE

Une entreprise place chaque mois 1 000 € à partir du 01/09/N (inclus) jusqu'au 01/04/N+1 (inclus). Le taux de rémunération annuel est de 3,5 % à intérêts composés.

Calculer la valeur dont elle disposera juste après le dernier versement. Si elle ne procède à aucun autre versement, de quel montant disposera-t-elle le 01/07/N+1 ?

Correction

Taux mensuel équivalent

$i_m = (1{,}035)^{1/12} - 1 = \mathbf{0{,}287\ \%}$

Valeur acquise au 01/04/N+1

$VA = 1\,000 \times [(1{,}00287)^8 - 1] / 0{,}00287 = \mathbf{8081}$

Valeur acquise au 01/07/N+1

$VA = 8081\ (1{,}00287)^3 = \mathbf{8\,151}$

V Les taux d'intérêt nominal et réel

Le taux nominal est le taux inscrit dans un contrat de prêt ou d'emprunt.

L'anticipation de l'inflation est appréhendée via le taux réel, qui est exprimé en fonction du taux d'intérêt nominal et du taux d'inflation anticipée.

$$\text{Taux d'intérêt réel} = \frac{1 + \text{Taux d'intérêt nominal}}{1 + \text{Taux d'inflation anticipée}} - 1$$

VI Le taux de rendement actuariel

Le taux de rendement actuariel (ou taux effectif global TEG) correspond au taux pour lequel le capital emprunté ou placé est égal à la valeur actuelle des annuités futures versées ou reçues. Il prend en compte les frais de gestion (frais de dossier, frais d'assurance).

$$Vo - Frais = Vn \times \frac{1 - (1 + t)^{-n}}{t}$$

On trouve t par interpolation.

APPLICATION CORRIGÉE

La société DISTRI envisage de financer un investissement de 40 000 € par un emprunt de 40 000 €, remboursable par annuités constantes au taux annuel de 3 % sur 5 ans.

Calculer le taux de rendement actuariel. Quel serait le taux de revient si les frais de dossier s'élevaient à 2 % du montant de l'emprunt ?

Correction

Taux de rendement actuariel de l'emprunt

Annuité constante = $40\,000 \times 0{,}03 / [(1 - 1{,}03)^{-5}] = 8\,734$

$40\,000 = 8\,734 \times [(1 - (1 + t)^{-5} / t]$

On trouve **t = 3 %**, correspondant au taux d'endettement.

Taux de revient actuariel de l'emprunt

$(40\,000 - 800) = 8\,734 \times [(1 - (1 + t)^{-5} / t]$

On trouve t = 3,71 %, soit un taux légèrement supérieur au taux d'endettement en raison des frais de dossier.

Chapitre 10

LA GESTION DU BESOIN EN FONDS DE ROULEMENT D'EXPLOITATION

Selon le programme officiel de l'examen, ce chapitre va vous permettre d'évaluer le besoin de financement généré par l'exploitation en se référant aux normes (ou conditions normales) de fonctionnement du cycle d'exploitation, puis de mesurer l'impact des variations du niveau d'activité et de justifier la réduction des emplois.

Vous développerez ainsi les compétences suivantes :

- *Déterminer le besoin en fonds de roulement d'exploitation normatif ;*
- *Analyser le besoin en fonds de roulement au vu des éléments variables (postes de stocks, de créances clients, de dettes fournisseurs et de TVA) ;*
- *Proposer des recommandations en matière de gestion du besoin en fonds de roulement, dans une situation donnée ou prévisionnelle simple.*

I L'approche normative du besoin en fonds de roulement d'exploitation

A La définition

L'évaluation du besoin en fonds de roulement (BFR) normatif tient compte des durées moyennes de stockage, du crédit clients et du crédit fournisseurs, afin d'exprimer le besoin en fonds de roulement d'exploitation (BFRE) en jours de chiffre d'affaires (CA).

B Les finalités

Dans une optique prévisionnelle, tout projet de création d'entreprise ou de développement d'une activité nouvelle nécessite d'évaluer le BFRE normatif pour faire apparaître le BFRE dans les plans prévisionnels (plan de financement).

C La proportionnalité du besoin en fonds de roulement d'exploitation au chiffre d'affaires

Les principaux éléments du besoin fonds de roulement d'exploitation sont les stocks et en-cours, les créances clients et les dettes fournisseurs. Ces éléments sont d'autant plus importants que l'activité de l'entreprise est forte et sont donc sensiblement proportionnels au chiffre d'affaires HT (CA HT).

Le ratio « BFRE / CA HT » évalue la proportionnalité du BFRE par rapport au CA HT.

D Le calcul du besoin en fonds de roulement d'exploitation prévisionnel

La méthode du BFRE prévisionnel est limitée car elle suppose que la seule cause de la variation du BFRE soit le niveau d'activité mesurée par le chiffre d'affaires.

$$\text{BFRE prévisionnel} = \text{CA prévisionnel} \times \frac{\text{BFRE}}{\text{CA HT}}$$

II La détermination du besoin en fonds de roulement d'exploitation normatif

A Le modèle normatif préconisé par les experts-comptables

Le BFRE subit des fluctuations à court terme car il est proportionnel au chiffre d'affaires qui est lui-même sujet à des variations saisonnières ; il dépend des durées de stockage et de crédit qui sont instables dans le temps.

Le modèle normatif de prévision du BFRE, préconisé par les experts-comptables, permet de déterminer un niveau moyen du BFRE en fonction du CA HT annuel et des temps d'écoulement moyens.

B La durée d'écoulement ou temps d'écoulement (TE)

La durée d'écoulement est le délai de règlement des créances et des dettes. Elle résulte des :
- ***conditions contractuelles*** (clients, fournisseurs) ;
- ***règles légales*** (TVA, salaires, cotisations sociales) ;
- ***caractéristiques de la gestion de l'entreprise*** (durée de stockage).

Le calcul des temps d'écoulement est réalisé de la façon suivante :
- si les règlements sont au comptant, le calcul du TE est réalisé de la façon suivante :

TE = 0

- si la TVA est réglée le 24 du mois suivant, le TE se calcule comme suit :

TE = (30 / 2) + 24 = 39 j

On ajoute 30 / 2 = 15 jours pour prendre en compte la durée moyenne du mois.

- si un règlement est effectué en fin de mois, le calcul du TE est le suivant :

TE = (30 / 2) + 0 = 15 j

- si les clients ou les fournisseurs sont réglés à 20 % à 30 jours et 30 % à 60 jours fins mois, le TE est calculé de cette façon :

TE = 20 % (30) + 30 % (60 + 15) = 28,5 j

On ajoute 15 jours pour les règlements en fin de mois.

- enfin, si les salaires sont réglés le 25 de chaque mois, le TE se calcule ainsi :

TE = (30 / 2) – (30 – 25) = 10 j

Lorsque les TE ne sont pas donnés, on peut les retrouver grâce aux ratios de rotation (voir Chapitre 5) :

$$\text{Rotation des stocks de marchandises et de matières} = \frac{\text{Stock moyen} \times 360}{\text{Coût d'achat}}$$

$$\text{Rotation des stocks de produits} = \frac{\text{Stock moyen} \times 360}{\text{Coût de production}}$$

$$\text{Délai clients} = \frac{(\text{Clients} - \text{Avances}) \times 360}{\text{CA TTC}}$$

$$\text{Délai fournisseurs} = \frac{(\text{Fournisseurs} - \text{Avances}) \times 360}{\text{Achats TTC}}$$

C Le coefficient de structure (CS)

Le coefficient de structure est un coefficient de pondération qui permet d'exprimer les temps d'écoulement en une unité commune qui est le jour de CA HT.

Éléments	Coefficient de structure (CS)
Stocks de marchandises	$\frac{\text{Coût d'achat des marchandises vendues}}{\text{CA HT}}$
Stocks de matières	$\frac{\text{Coût d'achat des matières consommées}}{\text{CA HT}}$
Stocks de produits	$\frac{\text{Coût de production des produits vendus}}{\text{CA HT}}$
En-cours	$\frac{\text{Coût de production des encours}}{\text{CA HT}}$
Clients français	$\frac{\text{\% CA TTC français}}{\text{CA HT}}$
Clients étrangers	$\frac{\text{\% CA HT étranger}}{\text{CA HT}}$
Fournisseurs	$\frac{\text{Achats TTC}}{\text{CA HT}}$
Salaires	$\frac{\text{Salaires}}{\text{CA HT}}$
Cotisations sociales	$\frac{\text{Charges sociales}}{\text{CA HT}}$
TVA collectée	$\frac{\text{TVA collectée}}{\text{CA HT}}$
TVA déductible	$\frac{\text{TVA deductible}}{\text{CA HT}}$

REMARQUE

Il est conseillé de raisonner avec des montants unitaires si les coûts sont donnés unitairement; le dénominateur sera alors le prix de vente unitaire hors taxes.
En principe, le BFRE normatif est calculé hors amortissements car les dotations aux amortissements font déjà partie de l'autofinancement et il n'est pas logique de les incorporer dans le BFRE dont on cherche justement le financement. Les amortissements sont donc rarement pris en compte dans le calcul du coût de production des produits.

D Le cas particulier des charges de personnel

Lorsque les charges de personnel sont données globalement, on retrouve le montant des salaires et des cotisations par les calculs suivants:

Soit X le taux de cotisations salariales et Y le taux de cotisations patronales

$$\text{Salaires nets} = \text{Charges de personnel} \times \frac{1 - X}{1 + Y}$$

Cotisations sociales = Charges de personnel – Salaires nets

E Le tableau de calcul du besoin en fonds de roulement d'exploitation normatif

Seule la partie variable du BFRE normatif est au programme. Seuls les postes de stocks, créances clients, dettes fournisseurs et TVA font partie de l'étude (les salaires et cotisations en sont exclus).

Éléments	TE	CS	Partie variable Éléments du BFRE en jours de CAHT	
			Besoins	Dégagements
Stocks de marchandises			X	
Stocks de matières			X	
Stocks de produits			X	
En-cours			X	
Clients			X	
Fournisseurs				X
TVA collectée				X
TVA déductible			X	
Total			(1)	(2)
			BFRE normatif = (1) – (2)	

BFRE en € = (BFRE normatif x CA HT) / 360

Le BFRE obtenu peut être négatif ; c'est le cas lorsque les durées d'écoulement des stocks et du crédit clients sont très courtes et inférieures à la durée du crédit fournisseurs ; cette situation se présente lorsque les ventes sont encaissées au comptant (entreprises de distribution). Une hausse du chiffre d'affaires générera une augmentation du BFRE. Si le BFRE augmente plus vite que l'EBE, l'ETE diminuera ; l'évolution en sens inverse de ces deux valeurs met en évidence l'effet ciseaux.

REMARQUE

Le BFRE normatif diffère du BFRE calculé à partir du bilan fonctionnel. En effet, le calcul par le bilan relève d'une méthode statique alors que le calcul par les jours de chiffre d'affaires relève d'une analyse dynamique qui repose sur des prévisions faites par les dirigeants de l'entreprise.

III L'analyse et les recommandations en matière de gestion du besoin en fonds de roulement d'exploitation normatif

Le BFRE a un impact sur la trésorerie ; plus il est élevé, plus il vient diminuer la trésorerie ; il est donc nécessaire de prévoir un FRNG suffisant pour absorber le BFRE afin de ne pas amputer la trésorerie.

Une modification des coefficients de structure est possible si le prix de vente unitaire ou si les coûts unitaires sont modifiés (revoir à la baisse le coût des matières premières et des charges de production pour diminuer les CS des stocks de matières et de produits, etc.). Toutefois, si les coûts varient dans la même proportion que le prix de vente, les coefficients de structure et le BFRE normatif seront inchangés.

À défaut de pouvoir jouer sur les coefficients de structure, ***l'entreprise doit réduire au maximum le BFRE***. L'effort portera sur la réduction des durées d'écoulement des stocks, le raccourcissement des délais consentis aux clients et l'allongement des durées obtenues des fournisseurs. L'objectif est de prendre les mesures correctives pour se rapprocher des normes sectorielles.

Un BFRE négatif a une incidence favorable sur la trésorerie ; il signifie que les dettes fournisseurs permettent de financer les stocks et les créances clients, ces dernières étant le plus souvent peu significatives dans les entreprises de grande distribution du fait des règlements au comptant. Des délais fournisseurs trop longs peuvent toujours être revus à la baisse, afin de permettre à l'entreprise de négocier des prix plus intéressants pour l'achat de ses matières premières et autres approvisionnements.

IV Les intérêts et les limites de l'approche normative

A Les intérêts

Le BFRE normatif permet de comprendre l'origine de chaque poste et de cibler les actions correctrices sur les temps d'écoulement ou sur les coefficients de structure.

Il permet de fixer le niveau souhaitable du FRNG, d'effectuer des prévisions nécessaires à l'évaluation de projets d'investissement et à l'élaboration d'un plan de financement.

Il permet de surveiller l'évolution du BFRE et de détecter des anomalies par comparaison avec des normes établies pour le secteur d'activité ou par rapport aux objectifs fixés par l'entreprise.

Il permet de mesurer l'incidence d'une modification du temps d'écoulement ou du coefficient de structure sur le BFRE.

Il permet de simuler les effets d'une modification d'un poste (par exemple, une variation du crédit client, une variation du délai de stockage, etc.) et de faciliter les comparaisons par rapport au BFR moyen du secteur d'activité.

À partir d'une prévision du CA HT, il permet de déduire le BFRE correspondant et de trouver les ressources de financement complémentaires.

B Les limites

Les calculs prennent appui sur des prévisions ou sur des données passées qui ne reproduisent pas forcément dans la réalité.

Les hypothèses sont simplificatrices : durées moyennes, activité régulièrement répartie dans le temps, proportionnalité entre le BFRE et le CA HT ; les retards de paiement des clients ne sont donc pas pris en compte.

Le modèle est inadapté aux entreprises dont les activités sont saisonnières et ne prend pas en compte les besoins conjoncturels et les besoins *hors exploitation*.

APPLICATION CORRIGÉE 1 : BFRE normatif et comparaison avec le secteur d'activité – Préconisations

Calculer le BFRE normatif en jours de chiffre d'affaires HT de la société MÉTAL et commenter les résultats obtenus.

70 % du CA HT est réalisé en France, 30 % à l'export.

La TVA est de 20 % sur les ventes, les achats de matières premières et autres charges externes.

Montants prévisionnels HT (€)

Chiffre d'affaires	Achat de MP HT	Consommation de MP	Coût de production des en-cours	Coût de production des produits fabriqués	Coût de production des produits vendus	Autres charges externes
2 000 000	600 000	720 000	1 200 000	1 680 000	1 800 000	300 000

Délais moyens retenus

Stocks de MP	Stocks de PF	Cycle de production	Clients France	Clients Export	Fournisseurs de MP	Fournisseurs d'autres charges externes	TVA
75 j	40 j	15 j	20 % en fin de mois, 80 % à 60 j fin de mois	90 j	60 j	30 % au comptant, 70 % à 30 j	Le 21 de chaque mois

Données moyennes du secteur d'activité

Stocks de MP	Stocks de PF	Clients	Fournisseurs	BFR normatif
30 j	25 j	45 j	60 j	90 j de CA HT

Correction

BFRE normatif

Postes	TE	CS	Éléments du BFRE en jours de CAHT	
			Besoins	Dégagements
Stocks de matières (1)	75	0,36	27,00	
Stocks de produits (2)	40	0,90	36,00	
En-cours (3)	15	0,60	9,00	
Clients France (4)	63	0,84	52,92	
Clients Export (5)	90	0,30	27,00	
Fournisseurs matières (6)	60	0,36		21,60
Fournisseurs charges externes (7)	21	0,18		3,78
TVA collectée (8)	36	0,14		5,04
TVA déductible (9)	36	0,09	3,24	
Total			**155,16**	**30,42**
			BRE normatif = 124,74 j	

(1) 720 000 / 2 000 000 = 0,36

(2) 1 800 000 / 2 000 000 = 0,90

(3) 1 200 000 / 2 000 000 = 0,6

(4) 20 % (15) + 80 % (60 + 15) = 63 j ; 70 % (2 000 000 x 1,20) / 2 000 000 = 0,84

(5) 30 % (2 000 000) / 2 000 000 = 0,30

(6) (600 000 x 1,20) / 2 000 000 = 0,36

(7) 70 % (30) = 21 j ; (300 000 x 1,20) / 2 000 000 = 0,18

(8) 21 + 15 = 36 j ; 70 % (2 000 000) x 0,20 / 2 000 000 = 0,14

(9) [(600 000 + 300 000) x 0,20] / 2 000 000 = 0,09

Commentaire

Le BFRE normatif représente environ 125 jours de CA HT, ce qui est élevé par rapport au secteur d'activité (90 jours). Le BFRE normatif de l'entreprise est supérieur à celui du secteur d'activité pour plusieurs raisons :

- des délais de stockage plus longs pour les produits finis ;
- des délais consentis aux clients plus longs ;
- des délais fournisseurs plus courts (fournisseurs de charges externes).

L'entreprise pourrait négocier avec les clients et les fournisseurs pour obtenir des délais qui se rapprochent de la profession et réfléchir à une meilleure gestion de ses stocks.

APPLICATION CORRIGÉE 2 : BFRE normatif – Comparaison avec le secteur d'activité – Préconisations

Calculer le BFRE normatif en jours de chiffre d'affaires HT de la société LICE et commenter les résultats obtenus.

Composition de 100 € de chiffre d'affaires hors taxes :
- coût des matières : 50 €
- charges externes de production : 5 €
- autres charges de production : 25 €
- charges de distribution : 7 €

Délais de règlement :
- fournisseurs de matières : 30 jours fin de mois
- charges externes de production : fin de mois
- clients : 10 % au comptant, 90 % à 45 jours
- TVA : le 20 de chaque mois
- stocks de matières : 45 jours
- stocks de produits finis : 10 jours
- autres charges de production et de distribution : négligeable

Taux de TVA :
- achats de matières : 5,5 %
- charges externes : 20 %
- charges de distribution : 20 %
- autres charges de production : négligeable
- ventes : 5,5 %

Délais du secteur d'activité :
- BFRE : 35 jours de CA HT
- stocks de matières : 20 jours
- clients : 45 jours
- fournisseurs de matières : 60 jours

Correction

BFRE normatif

Postes	TE	CS	Éléments du BFRE en jours de CAHT	
			Besoins	Dégagements
Stocks de matières (1)	45,0	0,5000	22,5000	
Stocks de produits (2)	10,0	0,8000	8,0000	
Clients (3)	40,5	1,0550	42,7275	
Fournisseurs de matières (4)	45,0	0,5275		23,7375

Fournisseurs de charges externes (5)	15,0	0,0600		0,9000
TVA collectée (6)	35,0	0,0550		1,9250
TVA déductible (7)	35,0	0,0515	1,8025	
Total			**75,0300**	**26,5625**
			BRE normatif = 48,4675 j	

(1) 50 / 100 = 0,5
(2) (50 + 5 + 25) / 100 = 0,8
(3) 90 % (45) = 40,5 ; 100 × 1,055 / 100 = 1,055
(4) 30 + 15 = 45 ; 50 × 1,055 / 100 = 0,5275
(5) 5 × 1,20 / 100 = 0,06
(6) 20 + 15 = 35 ; 100 × 0,055 / 100 = 0,055
(7) [(50 × 0,055) + (5 + 7) × 0,20] / 100 = 0,0515

Commentaire

Le BFRE normatif représente environ 49 jours de CA HT, ce qui est élevé par rapport au secteur d'activité (35 jours). Le BFRE normatif de l'entreprise est supérieur à celui du secteur d'activité pour plusieurs raisons :

- des délais de stockage plus longs pour les matières premières ;
- des délais fournisseurs plus courts.

L'entreprise pourrait négocier avec les fournisseurs pour obtenir des délais qui se rapprochent de la profession et réfléchir à une amélioration des stocks de matières via une meilleure organisation du stockage et une minimisation des coûts de passation des commandes et de possession du stock.

APPLICATION CORRIGÉE 3 : BFRE normatif en jours de CA HT et en euros

La société ECO a un projet de diversification portant sur l'ensachage et la commercialisation d'écorces de pins achetés en vrac.

À partir des informations suivantes, calculer le BFRE normatif en jours de chiffre d'affaires HT de la société ECO.

Le prix de vente HT de la tonne d'écorce ensachée est de 400 €. Le volume de la production attendue est de 1 000 tonnes.

Le coût de revient d'1 tonne d'écorce est le suivant :

- Matières premières : 15 € HT
- Emballage : 60 € HT
- Charges de production décaissables : 130 € HT (dont 80 € de charges de personnel)
- Charges de production liées aux amortissements : 30 €
- Charges de distribution décaissables : 180 € (dont 40 € de charges de personnel

Les emballages doivent entrer dans le coût de production. Pour l'analyse, les amortissements ne seront pas intégrés dans le calcul du coût de production.

Les durées d'écoulement sont les suivantes :

- Stocks de matières premières : 60 jours
- Stocks d'emballages : 45 jours

- Stocks de produits finis : 30 jours
- Fournisseurs de matières premières : 30 jours
- Fournisseurs d'emballages : 30 jours fin de mois
- Fournisseurs de charges de production : 15 jours
- Fournisseurs de charges de distribution : 30 jours
- Clients : 45 jours fin de mois

20 % des clients règlent un acompte TTC 10 jours avant la facturation. La TVA est réglée le 20 de chaque mois.
Le taux de TVA est de 10 % pour les ventes et les achats de matières premières. Il est de 20 % pour les autres achats.

Correction

BFRE normatif

Postes	TE	CS	Éléments du BFRE en jours de CAHT	
			Besoins	**Dégagements**
Stocks de matières (1)	60	0,03750	2,25000	
Stocks d'emballages (2)	45	0,15000	6,75000	
Stocks de produits (3)	30	0,51250	15,37500	
Clients Acomptes (4)	10	0,22000		2,2000
Clients (5)	60	0,88000	52,80000	
Fournisseurs de matières (6)	30	0,04125		1,2375
Fournisseurs d'emballages (7)	45	0,18000		8,1000
Fournisseurs de charges de production (8)	15	0,15000		2,2500
Fournisseurs de charges de distribution (9)	30	0,42000		12,6000
TVA collectée (10)	35	0,10000		3,5000
TVA déductible (11)	35	0,12875	4,50625	
Total			**81,68125**	**29,8875**
			BRE normatif = 51,79 j	

(1) 15 / 400 = 0,0375
(2) 60 / 400 = 0,15
(3) (15 + 60 + 130) / 400 = 0,5125
(4) 20 % × 400 × 1,10 / 400 = 0,22
(5) 45 + 15 = 60 j ; 80 % × 400 × 1,10 / 400 = 0,88
(6) 15 × 1,10 / 400 = 0,04125
(7) 30 + 15 = 45 j ; 60 × 1,20 / 400 = 0,18
(8) (130 – 80) × 1,20 / 400 = 0,15
(9) (180 – 40) × 1,20 / 400 = 0,42
(10) 20 + 15 = 35 j ; 400 × 0,10 / 400 = 0,10
(11) [(15 × 0,10) + [60 + (130 – 80) + (180 – 40)] × 0,20)] / 400 = 0,12875

Le BFRE normatif représente environ 52 jours de CA HT, ce qui représente un besoin à couvrir de 52 × (1 000 × 400) / 360 = 57 778 €. L'entreprise doit augmenter son FRNG de 57 778 € si elle ne veut pas que sa trésorerie se détériore de 57 778 €.

APPLICATION CORRIGÉE 4 : BFRE normatif – Évaluation de l'ETE

La société HEND organise sa production en « flux tendus ». À partir des informations suivantes :

1. Calculer le BFRE normatif en jours de chiffre d'affaires HT.

2. Calculer l'ETE de N+1 en considérant une hausse du CA HT en volume de 10 % et une structure de coûts inchangée.

Compte de résultat prévisionnel au 31/12/N

Chiffre d'affaires HT	150000
Achats matières	30000
Autres achats et charges externes	3000
Impôts et taxes	8500
Charges de personnel et charges sociales	75000
Autres charges	1500
Dotations d'exploitation	10500
Charges financières (intérêts)	3200
Charges exceptionnelles	1200
Impôt sur les bénéfices	7500
Résultat net	9600

60 % des ventes sont encaissées fin de mois et 40 % à 30 jours fin de mois. Les achats de matières sont réglés à 30 jours. Les autres achats externes, les impôts et taxes, les autres charges d'exploitation, les charges financières et exceptionnelles sont réglés au comptant. La TVA est réglée le 20 de chaque mois.

La TVA est de 20 % pour les ventes ainsi que sur les autres achats et charges externes et sur les autres charges, et en moyenne de 15 % sur les achats de matières premières.

Le coût de production des produits finis est évalué à 120000 €. Les encours sont évalués à 50 % du coût de production.

Le stock moyen de matières est de 5600 €.

La durée du cycle de fabrication est de 15 jours.

Correction

1. BFRE normatif

Postes	TE	CS	Éléments du BFRE en jours de CAHT	
			Besoins	Dégagements
Stocks de matières (1)	67,2	0,200	13,44	
En-cours (2)	15,0	0,400	6,00	
Clients (3)	27,0	1,200	32,40	
Fournisseurs de matières (4)	30,0	0,230		6,9

TVA collectée (5)	35,0	0,200		7,0
TVA déductible (6)	35,0	0,036	1,26	
Total			**53,10**	**13,9**
			BRE normatif = 39,2 j	

(1) 5600 × 360 / 30000 = 67,2 ; 30000 / 150000 = 0,2

(2) 50 % (120000) / 150000 = 0,4

(3) 60 % (15) + 40 % (30 + 15) = 27 j ; 150000 × 1,20 / 150000 = 1,20

(4) (30000 × 1,15) / 150000 = 0,23

(5) 20 + 15 = 35 j ; 150000 × 0,20 / 150000 = 0,20

(6) [(30000 × 0,15) + (3000 + 1500) × 0,20] / 150000 = 0,036

Variation du BFRE

Le BFRE normatif représente environ 39 jours de CA HT, ce qui représente un besoin à couvrir de 39 × 150000 / 360 = 16250 € en N, soit 16250 × 1,10 = 17875 € en N+1, d'où une variation du BFRE de 17875 – 16250 = 1625 € correspondant à 10 % (16250).

2. Excédent de trésorerie d'exploitation

EBE_N = 150000 – (30000 + 3000 + 8500 + 75000) = 33500

EBE_{N+1} = 33500 × 1,10 = 36850

ETE_{N+1} = 36850 – 1625 = 35225

L'ETE est positif et suffisant pour couvrir les prélèvements obligatoires comme les intérêts (3200 €) et l'IS (7500 €).

APPLICATION CORRIGÉE 5 : BFRE normatif – Dégagement de fonds de roulement

La société VERRI distribue des meubles, des objets décoratifs et de la vaisselle.

À partir des informations suivantes, calculer le BFRE normatif en jours de chiffre d'affaires HT.

Marchandises	Délai de règlement	Part du CA	Durée de stockage
Meubles	60 j	40 %	45 j
Tissus	60 j	30 %	45 j
Vaisselle	60 j	20 %	30 j
Autres	30 j	10 %	0 j

Toutes les marchandises sont vendues avec une marge de 50 % sur les prix d'achat.

Les clients sont français et sont classés en deux catégories :

- les particuliers représentant 80 % du CAHT et payant au comptant ;
- les collectivités représentant 20 % du CAHT et payant à 60 jours.

Le taux de TVA est de 20 %. La TVA est réglée le 21 de chaque mois.

Correction

BFRE normatif

Postes	TE	CS	Éléments du BFRE en jours de CAHT	
			Besoins	Dégagements
Stocks de meubles (1)	45	0,267…	12,0	
Stocks de tissus (2)	45	0,200	9,0	
Stocks de vaisselle (3)	30	0,133	4,0	
Clients (4)	60	0,240	14,4	
Fournisseurs de meubles (5)	60	0,320		19,2
Fournisseurs de tissus (6)	60	0,240		14,4
Fournisseurs de vaisselle (7)	60	0,160		9,6
Fournisseurs divers (8)	30	0,080		2,4
TVA collectée (9)	36	0,200		7,2
TVA déductible (10)	36	0,133	4,8	
Total			**44,2**	**52,8**
			BFRE normatif = – 8,6 j	

Marge sur coût d'achat = 50 % du prix d'achat : Prix d'achat = CA / 1,50

(1) 0,4 CA / 1,5 CA = 0,267

(2) 0,3 CA / 1,5 CA = 0,2

(3) 0,2 CA / 1,5 CA = 0,133

(4) 20 % (CA × 1,2) / CA = 0,24

(5) 0,4 × 1,2 CA / 1,5 CA = 0,32

(6) 0,3 × 1,2 CA / 1,5 CA = 0,24

(7) 0,2 × 1,2 CA / 1,5 CA = 0,16

(8) 0,1 × 1,2 CA / 1,5 CA = 0,08

(9) 21 + 15 = 36 ; CA × 0,2 / CA = 0,2

(10) (0,4 + 0,3 + 0,2 + 0,1) × 0,2 CA / 1,5 CA = 0,133

L'entreprise obtient un dégagement de fonds de roulement de – 9 jours de CA HT. Cela signifie que les fournisseurs financent les stocks et les crédits clients. C'est le cas des entreprises de distribution pour lesquelles les clients règlent majoritairement au comptant. Les conséquences sur la trésorerie sont donc positives. En revanche, une simple mesure commerciale peut modifier la structure de financement à court terme. Ainsi, si 80 % des clients réglaient à 30 jours fin de mois au lieu de régler au comptant, le BFRE augmenterait de 29 jours de CA HT :

TE : 30 + 15 = 45 j

CS : 80 % (CA × 1,2) / 1,5 CA = 0,64

BFRE : 45 × 0,64 = 28,8 jours

Chapitre 11

LES PROJETS D'INVESTISSEMENT

Selon le programme officiel de l'examen, ce chapitre va vous permettre de caractériser et d'estimer le bien fondé d'un projet d'investissement en univers certain.

Vous développerez ainsi les compétences suivantes :
- *Identifier et distinguer les différents types d'investissements ;*
- *Calculer les flux prévisionnels caractérisant un projet à partir des capacités d'autofinancement d'exploitation et des flux patrimoniaux ;*
- *Déterminer les différents critères financiers de sélection de projets d'investissement ;*
- *Argumenter un choix entre plusieurs projets qui respectent le niveau d'acceptation fixé a priori ;*
- *Analyser une décision d'investissement au-delà du simple calcul financier à l'aide de critères de sélection non financiers.*

I La typologie des investissements

Un investissement est une ***dépense destinée à acquérir des moyens de production ou de commercialisation*** qui génèreront des profits dans les années futures. Il doit permettre de satisfaire une demande, de réaliser des profits, de créer de la richesse pour les actionnaires (projet créateur de valeur) et de réinvestir cette valeur dans de nouveaux projets générateurs de profits.

On peut classer les investissements de la façon suivante :
- ***première classification :***
  - investissements immatériels (brevets, licences, etc.),
  - investissements matériels (machines, bâtiments, etc.),
  - investissements financiers (titres) ;
- ***seconde classification :***
  - investissements de maintien et de renouvellement (dépenses engagées pour remplacer du matériel obsolète),
  - investissements de modernisation et de productivité (dépenses engagées pour moderniser, améliorer la productivité, économiser les ressources et donc produire à moindre coût),
  - investissements de capacité ou de croissance (dépenses engagées pour assurer la croissance des capacités de production ou de commercialisation de l'entreprise).

II Le calcul des flux prévisionnels caractérisant un projet d'investissement

Table des abréviations :

VAR BFRE : variation du BFRE
VNC : valeur nette comptable
VR : valeur résiduelle
VV : valeur vénale

Avant d'aborder les différentes méthodes de sélection des investissements, un certain nombre de contraintes doivent être levées et nécessitent une analyse préalable pour :

- ***choisir la durée du projet*** : plus la période retenue sera longue, plus la rentabilité sera élevée ;
- ***évaluer les flux futurs*** (tableaux d'amortissements des investissements, calcul des CAF d'exploitation, calcul de la valeur résiduelle et calcul des prévisions du BFRE) ;
- ***évaluer le coût du projet*** (capital investi) ;
- ***choisir le taux d'actualisation***.

A Le calcul des dotations aux amortissements des immobilisations (DAP)

D'un point de vue de l'analyse financière, la base amortissable est la valeur d'entrée de l'immobilisation (prix d'achat HT net de rabais, remises et escomptes de règlement + coûts nécessaires à sa mise en service). La durée d'amortissement est la durée probable d'utilisation de l'immobilisation ; le mode d'amortissement est le mode le mieux adapté. Si le bien est amorti selon le mode linéaire, l'annuité d'amortissement est obtenue par le rapport de la valeur de l'immobilisation sur sa durée d'utilisation. ***Les projets d'investissements étudiés commenceront systématiquement en début d'exercice***.

$$\text{DAP} = \frac{\text{Valeur de l'immobilisation}}{\text{Durée d'utilisation}}$$

B Le calcul de valeur résiduelle

La valeur résiduelle (ou valeur terminale) correspond :

- soit à la valeur nette comptable du bien : VNC = Valeur d'entrée – Cumul d'amortissement en fin de projet ;
- soit à la valeur vénale nette d'IS. *Cette valeur est fournie au candidat et ne doit pas donner lieu à un ajustement fiscal lié à l'impôt sur les éventuelles plus-values.*

C Le calcul de la capacité d'autofinancement d'exploitation (CAF)

La CAF d'exploitation représente le flux net potentiel de trésorerie secrété à partir des opérations d'exploitation liées au projet d'investissement.

Chiffre d'affaires HT (CA HT)
– Coûts variables
= Marge sur coût variable (ou Taux de MCV × CA HT)
– Frais fixes (hors DAP)
= Excédent brut d'exploitation (ou Taux d'EBE × CA HT)
– DAP
= Résultat d'exploitation avant IS
– IS
= Résultat d'exploitation après IS
+ DAP
= CAF d'exploitation

REMARQUE

Deux situations peuvent se présenter dans le cas d'un résultat avant IS négatif :
- soit l'entreprise a d'autres activités bénéficiaires, générant des bénéfices suffisants pour absorber les pertes inhérentes au projet : la perte sera imputée sur les bénéfices générés par les autres activités. On calcule un « IS négatif » correspondant à une économie d'IS ;
- soit l'entreprise n'a pas d'autres activités bénéficiaires : la perte sera imputée sur les bénéfices futurs générés par l'activité.

APPLICATION CORRIGÉE

À partir des résultats avant IS sur un horizon de 3 ans, calculer le résultat après IS dans les deux hypothèses suivantes :

Hypothèse 1 : l'entreprise dispose d'autres activités bénéficiaires ;

Hypothèse 2 : l'entreprise n'a pas d'autres activités bénéficiaires.

Éléments	Année 1	Année 2	Année 3
RE avant IS (€)	– 150	– 300	600

Correction

Hypothèse 1 : l'entreprise dispose d'autres activités bénéficiaires

Éléments	Année 1	Année 2	Année 3	Total
RE avant IS	– 150	– 300	600	
– IS (25 %)	(– 37,5)	(– 75)	150	37,5
= RE après IS	– 112,5	– 225	450	

Hypothèse 2 : l'entreprise n'a pas d'autres activités bénéficiaires

Éléments	Année 1	Année 2	Année 3	Total
RE avant IS	– 150	– 300	600	
– IS (25 %)	0	0	(600 – 150 – 300) × 25 % = 37,5	37,5
= RE après IS	– 150	– 300	562,5	

Dans les deux cas, l'IS total payé est identique. Seule sa répartition diffère dans le temps.

D Le calcul de la variation du besoin en fonds de roulement d'exploitation (BFRE)

En cas d'investissement de capacité ou de lancement d'un nouveau produit, il existe un BFRE additionnel engendré par le supplément d'activité.

Le BFRE peut être déterminé selon différentes méthodes. Voici la première :

BFRE = Stocks + Créances clients – Dettes fournisseurs

Le BFRE peut également être exprimé en pourcentage du CA HT, comme dans la formule suivante :

BFRE = % CA HT

Le BFRE peut être exprimé en jours de CA HT, comme suit :

BFRE = BFRE en jours de CA HT × CA HT / 360

La variation du BFRE est obtenue par le calcul suivant :

Années	BFRE	VAR BFRE
1	X	X
2	Y	Y – X
3	Z	Z – Y

Z représente la ***récupération du BFRE***.

E Le capital investi

Il est rare qu'un projet d'investissement se limite à l'achat d'une seule immobilisation. Doivent être pris en compte les coûts accessoires d'achat, le BFR additionnel, les coûts d'opportunité (immobilisations internes appartenant à l'entreprise nécessaires pour la réalisation du projet). Si l'installation du nouvel investissement implique une réorganisation occasionnant une charge supplémentaire ou bien engendre l'arrêt ou le ralentissement des activités existantes, ces éléments doivent être pris en compte.

Capital investi =

Investissement (Prix d'acquisition + Coûts directement attribuables + Coûts d'opportunité)

\+ VAR BFRE de la première année

– Valeur vénale nette d'IS des immobilisations anciennes cédées

REMARQUE

Les dépenses engagées antérieurement (frais d'étude préalables à la réalisation du projet) ne doivent pas être retenues dans la mesure où elles ne pourront pas être récupérées si le projet n'est pas retenu.

F La détermination des flux de trésorerie d'exploitation (FTE) générés par le projet

Le tableau des flux de trésorerie d'exploitation se présente comme suit si l'on considère un projet d'investissement à réaliser début N+1 étudié sur un horizon à 3 ans :

Éléments	Début N+1	Fin N+1	FinN+2	Fin N+3
CAF d'exploitation		+	+	+
+ VR des immobilisations anciennes cédées	+			
+ Récupération du BFRE				+
+ VR des immobilisations acquises				+
– Investissement	–			
– Variation du BFRE	–	–	–	
= Flux de trésorerie d'exploitation (FTE)				

Les FTE correspondent aux liquidités réelles dégagées par l'exploitation ; ils diffèrent de la CAF d'exploitation en raison de la variation du BFRE, de la récupération du BFRE et de la valeur vénale.

III Le choix du taux d'actualisation

Table des abréviations :

CP : capitaux propres — Rc : coût des capitaux propres

DF : dettes financières — Rd : coût de la dette

A Le taux d'actualisation

Le taux d'actualisation retenu, ou taux de rejet, est le ***taux minimum exigé*** (espéré, attendu) ***par les actionnaires***, compte tenu du risque encouru. Il constitue le plancher pour lequel l'entreprise accepte ou rejette le projet. Il doit en effet être supérieur ou égal au coût du financement du projet d'investissement.

Si le projet est très risqué, les actionnaires exigeront un taux d'actualisation supérieur au coût des capitaux, la différence représentant une prime de risque qui rémunère le risque pris.

B Le coût du capital

Si le projet est proche de ce que fait déjà l'entreprise et supporte un risque identique à celui de l'activité de l'entreprise et si son financement ne modifie pas sensiblement la structure financière existante, le taux d'actualisation retenu est le coût du capital (ou taux de rendement requis par les investisseurs) correspondant au ***coût moyen pondéré de l'ensemble des capitaux investis (CMPC)*** mis à disposition de l'entreprise par ses actionnaires et ses prêteurs. Le coût du capital représente ce que coûte en moyenne à l'entreprise chaque euro investi. Il peut être utilisé comme taux d'actualisation des FNT d'un investissement dans la mesure où il représente le taux attendu par ceux qui vont financer cet investissement, ces derniers souhaitant être rémunérés à la hauteur du capital.

Les conditions pour que le coût du capital soit utilisé comme taux d'actualisation sont les suivantes :
- l'investissement doit présenter le même niveau de risque que le risque actuel ;
- le projet ne doit pas modifier le niveau d'endettement de l'entreprise et donc son risque financier.

Le risque de l'entreprise doit donc être proche du risque d'exploitation et du risque d'endettement :

$$\text{CMPC} = \text{Rc} \times \frac{\text{CP}}{\text{CP} + \text{DF}} + \text{Rd}\,(1 - \text{Taux d'IS}) \times \frac{\text{DF}}{\text{CP} + \text{DF}}$$

REMARQUE

Le coût des capitaux propres est déterminé par un modèle actuariel (modèle d'Irving Fisher et de Gordon Shapiro) qui consiste à déterminer la valeur d'un bien en actualisant les revenus futurs engendrés par ce bien.

Le calcul sera abordé au Chapitre 15 La structure de financement (Partie 3 Politique de financement).

APPLICATION CORRIGÉE

La structure de financement de la société FINA est la suivante :
- Capitaux propres : 600 000 € ;
- Dettes financières : 400 000 € (emprunt remboursable au taux annuel de 3 %).

Le coût des capitaux propres est de 10 %. Le taux d'IS est de 25 %.

Calculer le coût du capital.

Correction

CMPC = 10 % × (600 000 / 1 000 000) + 3 % (1 – 0,25) × (400 000 / 1 000 000) = 6,9 %

IV Les critères financiers de sélection des projets d'investissement

Plusieurs critères de sélection peuvent être utilisés. Leur choix dépend de ce que l'entreprise cherche à mesurer :
- *la valeur actuelle nette* mesure la richesse créée par le projet ;
- *le taux interne de rentabilité* mesure le taux de rentabilité du projet ;
- *l'indice de profitabilité* mesure l'avantage procuré par le projet ;
- *le délai de récupération du capital investi* mesure le délai de récupération de la mise de fonds initiale, donc le risque du projet.

A La valeur actuelle nette (VAN)

La valeur actuelle nette repose sur l'hypothèse du ***réinvestissement des flux de trésorerie au taux d'actualisation***. La VAN représente la différence entre la valeur actualisée des *cash flows* prévus et le montant du capital engagé dans le projet. C'est un ***critère de référence pour déterminer la rentabilité d'un projet d'investissement***.

La VAN met en évidence la création de valeur d'un projet. Le projet d'investissement doit répondre aux exigences de rentabilité des investisseurs et doit permettre de créer de la valeur au-delà de la rentabilité exigée. Elle est égale à la différence entre la valeur actualisée des flux de trésorerie d'exploitation (FTE) au taux d'actualisation (i) et le montant des capitaux engagés dans le projet sur un horizon de n années :

$$\text{VAN} = -\text{Capital investi} + \text{FTE}_1 (1 + i)^{-1} + \text{FTE}_2 (1 + i)^{-2} + \ldots + \text{FTE}_N (1 + i)^{-n}$$

Si les FTE sont constants :

$$\textbf{VAN} = -\,\textbf{Capital investi} + \textbf{FTE} \times \frac{1-(1+i)^{-n}}{i}$$

Un projet pour lequel la VAN est positive doit être retenu ; à l'inverse, si la VAN est négative, le projet doit être rejeté.

Cependant, il existe certaines ***limites*** à l'utilisation du critère de la VAN, elles portent sur le choix du taux d'actualisation. Plus le taux est élevé, plus la VAN sera faible.

B Le taux de rentabilité interne (TRI)

Le taux de rentabilité interne ***correspond au*** taux d'actualisation qui rend la VAN égale à zéro, c'est-à-dire le ***taux (t) qui permet à l'investisseur de récupérer exactement le montant du capital investi*** :

$$\textbf{VAN} = -\,\textbf{Capital investi} + \textbf{FTE}_1\,(1+t)^{-1} + \textbf{FTE}_2\,(1+t)^{-2} + \ldots + \textbf{FTE}_N\,(1+t)^{-n} = 0$$

On trouve (t) par interpolation.

Si le TRI (t) est supérieur au taux d'actualisation (i), le projet est accepté ; à l'inverse, si le TRI (t) est inférieur au taux d'actualisation (i), le projet est refusé.

Le TRI est généralement compris entre 0 % et 15 % ; un TRI inférieur à 5 % est considéré comme mauvais ; il est correct s'il est compris entre 5 % et 10 % et très bon s'il excède 0 % ; il dépend du secteur d'activité, chaque secteur ayant des TRI différents.

Cependant, il existe certaines ***limites*** à l'utilisation du critère du TRI. Il suppose par exemple que le réinvestissement des flux de trésorerie générés par le projet à ce même taux ; or, il est peu probable que les flux soient réinvestis à ce taux jusqu'à l'échéance lorsque le TRI est élevé et éloigné des taux de rendement du marché.

C L'indice de profitabilité (IP)

L'indice de profitabilité consiste à ***rapporter la VAN au montant de l'investissement initial***. L'IP permet de ***mettre en évidence la valeur actuelle obtenue pour un euro investi***. Un IP de 2 signifie qu'1 € de capital investi rapporte 2 €.

$$\textbf{IP} = \frac{\textbf{VAN}}{\textbf{Capital investi}} + 1$$

Si l'IP est supérieur à 1, le projet est accepté ; à l'inverse, si l'IP est inférieur à 1, le projet est rejeté.

L'IP ne renseigne pas sur la création de valeur, ce qui constitue ***une limite à son utilisation***.

D Le délai de récupération du capital investi ou «*pay-back*»

Le délai de récupération du capital investi (DRCI) permet de déterminer en combien de temps sera récupéré le capital investi, donc de ***déterminer la date du retour sur investissement.***

Le DRCI est déterminé à partir des FTE actualisés cumulés :

Éléments	Fin N+1	Fin N+2	Fin N+3
FTE	FTE_1	FTE_2	FTE_3
FTE actualisés au taux i	$FTE_1\ (1 + i)^{-1} = FTE_1'$	$FTE_2\ (1 + i)^{-2} = FTE_2'$	$FTE_3\ (1 + i)^{-3} = FTE_3'$
FTE actualisés au taux i	FTE_1'	$FTE_1' + FTE_2'$	$FTE_1' + FTE_2' + FTE_3'$

Si le capital investi est compris entre le cumul des FTE fin N+2 et le cumul des FTE fin N+3, il sera rentabilisé dans une période comprise entre 2 et 3 ans.

On trouve le délai par interpolation.

L'investissement est considéré comme rentable si le délai est inférieur à un délai de référence arbitrairement fixé par l'entreprise. Plus le délai est court, plus vite le capital investi sera récupéré et moins le projet sera risqué.

Cependant, le DRCI privilégie les investissements de court terme qui ne sont pas forcément les plus rentables ; cela constitue ***une limite à son utilisation***. De plus, ce critère ne doit pas être utilisé seul car il privilégie les projets présentant des FTE élevés sur les premières années, les FTE de début de période subissant moins le poids de l'actualisation.

APPLICATION CORRIGÉE

La société CAL souhaite investir début N+1 dans un projet de 350 K€. Évaluer la rentabilité du projet à partir des informations suivantes.

Résultats prévisionnels (K€)

Éléments	N+1	N+2	N+3	N+4
CA HT	6600	7820	9000	10400
– Charges variables	2640	3128	3600	4160
= MCV	3960	4692	5400	6240
– Frais fixes décaissables	5000	5000	5000	5000
– DAP	1200	1200	1200	1200
= Résultat d'exploitation avant IS	– 2240	– 1508	– 800	40

On supposera que l'entreprise dégagera des bénéfices dans d'autres activités.

Évaluation du BFRE (K€)

Éléments	N+1	N+2	N+3	N+4
BFRE	550	650	750	850

Le taux d'actualisation est de 10 % ; le taux d'IS est de 25 %.

Correction

Rentabilité du projet

CAF d'exploitation (K€)

Éléments	N+1	N+2	N+3	N+4
Résultat d'exploitation avant IS	– 2240	– 1508	– 800	40
– IS (25 %)	– (– 560)	– (– 377)	– (– 200)	– 10
= RE après IS	– 1680	– 1131	– 600	30
+ DAP	+ 1200	+ 1200	+ 1200	+ 1200
= CAF d'exploitation	**– 480**	**69**	**600**	**1230**

Variation du BFRE (K€)

Éléments	BFRE	VAR BFRE
N+1	550	550
N+2	650	100
N+3	750	100
N+4	850	100

Tableau des FTE (K€)

Éléments	Début N+1	Fin N+1	Fin N+2	Fin N+3	Fin N+4
CAF d'exploitation		– 480	69	600	1230
Récupération du BFRE					850
Investissement	– 350				
VAR BFRE	– 550	– 100	– 100,0	– 100	
FTE	**– 900**	**– 580**	**– 31**	**500**	**2080**

VAN 10 % = – 900 – 580 $(1,10)^{-1}$ – 31 $(1,10)^{-2}$ + 500 $(1,10)^{-3}$ + 2080 $(1,10)^{-4}$ = 343 K€

TRI t : – 900 – 580 $(1 + t)^{-1}$ – 31 $(1 + t)^{-2}$ + 500 $(1 + t)^{-3}$ + 2080 $(1 + t)^{-4}$ = 0 ; on trouve t = 17,09 %.

IP = (343 / 900) + 1 = 1,38

La VAN est positive, le TRI est supérieur au taux d'actualisation et l'IP est supérieur à 1 ; le projet est rentable.

E Le choix des critères financiers de sélection

Le choix des critères dépend des objectifs de l'entreprise : la VAN mesure la rentabilité du projet alors que le délai de récupération mesure la liquidité du projet. Il est donc conseillé d'utiliser plusieurs critères afin de leur donner un sens par référence aux objectifs de l'entreprise :
- ***si les montants des investissements sont de montants identiques, les deux critères à retenir sont la VAN et le TRI, l'IP n'est donc pas un critère pertinent ;***
- ***si les montants des investissements sont de montants différents, les deux critères à retenir sont le TRI et l'IP ; la VAN n'est donc pas un critère pertinent.***

V Les critères globaux

A Les finalités des critères globaux

Dans le calcul de la VAN, les FTE sont réinvestis chaque année au taux d'actualisation ; dans le calcul du TRI, ils sont réinvestis au taux du TRI. Or, dans la réalité, les flux ne sont pas forcément réinvestis à ces taux. De plus, les critères financiers de sélection peuvent aboutir à des résultats contradictoires dans le choix de plusieurs projets d'investissement.

Pour pallier à ces inconvénients, les critères globaux reposent sur l'utilisation d'un taux de placement pour les FTE dégagés chaque année, qui sont capitalisés jusqu'à la fin du projet réalisé. Cette somme capitalisée est ensuite actualisée au coût du capital et comparée au capital investi.

Les critères globaux permettent ainsi :
- d'éviter que le taux de rémunération des ressources ne serve à la fois de taux d'actualisation et de taux de placement des excédents de trésorerie ;
- d'éviter, lorsque le TRI est élevé, de poser l'hypothèse de réinvestissement des flux positifs à ce taux ;
- d'apprécier les projets à taux de rentabilité multiples ;
- de départager les critères simples lorsqu'ils sont discordants.

B Le calcul des critères globaux

1 La valeur actuelle nette globale (VANG)

Le calcul de la VANG repose sur la capitalisation des FTE à un taux de réinvestissement t' (valeur acquise en fin de projet), puis sur l'actualisation de cette valeur au taux d'actualisation (i) pour être comparée au capital investi.

Pour un projet sur un horizon de 3 ans :

$$\text{Valeur acquise (VA)} = FTE_1\,(1 + t')^2 + FTE_2\,(1 + t')^1 + FTE_3\,(1 + t')^0$$
$$\text{VANG} = -\text{Capital investi} + \text{VA}\,(1 + i)^{-3}$$

Selon le critère de la VAN, les flux sont réinvestis au taux d'actualisation, à savoir le coût du capital (CMPC) ; selon le critère du TRI, les flux sont réinvestis à un taux égal au TRI. Si les taux sont élevés, il est peu probable que l'entreprise soit en mesure de réinvestir les flux à ces taux ; pour pallier à ce problème, la VANG tient compte d'un réinvestissement des flux à un taux de réinvestissement plus proche de la réalité.

La VANG est donc inférieure à la VAN si les flux sont réinvestis à un taux inférieur.

Un projet pour lequel la VANG est positive doit être retenu.

2 Le taux de rentabilité interne global (TRIG)

VANG et TRIG sont liés. Le TRIG (t) correspond au taux d'actualisation qui rend la VANG égale à zéro :

$$\text{VANG} = -\text{Capital investi} + \text{VA}\,(1 + t)^{-3} = 0$$

On trouve t par interpolation.

Le réinvestissement des flux à un taux inférieur au TRI est considéré comme destructeur de valeur ; le TRIG sera inférieur au TRI.

Si le TRIG est supérieur au taux d'actualisation (i), le projet est accepté.

3 L'indice de profitabilité global (IPG)

L'IPG est calculé à partir de la VANG, au même titre que l'IP est déterminé à partir de la VAN :

$$\text{IPG} = \frac{\text{VANG}}{\text{Capital investi}} + 1$$

Si l'IPG est supérieur à 1, le projet est accepté.

APPLICATION CORRIGÉE

La société RICHOU envisage un projet d'investissement début N+1 de 1 000 000 € HT. L'étude du projet a été réalisée sur 3 ans. Le BFRE est estimé à 32 500 € la 1re année.

Les FTE ont été calculés et se présentent comme suit :

Éléments	Fin N+1	Fin N+2	Fin N+3
FTE	343 000	399 000	889 500

La VAN du projet au taux d'actualisation de 10 % est de 277 365 €.

Calculer la VANG si les flux sont réinvestis au taux de 5 %.

Correction

Valeur acquise = 343 000 $(1,05)^2$ + 399 000 $(1,05)^1$ + 889 500 $(1,05)^0$ = 1 686 607,50

VANG 10 % = – (1 000 000 + 32 500) + 1 686 607,50 $(1,10)^{-3}$ = 234 673

La VANG est inférieure à la VAN puisque les flux de trésorerie sont réinvestis à un taux inférieur au taux minimum exigé par les actionnaires. Même en réinvestissant les flux à ce taux, la VANG est largement positive ; le projet est rentable.

VI Le choix entre plusieurs projets

Pour choisir entre plusieurs projets mutuellement exclusifs (c'est-à-dire ne pouvant pas être réalisés en même temps), on retiendra le projet qui a :
- la VAN la plus élevée ;
- le TRI le plus élevé ;
- l'IP le plus élevé ;
- la VANG la plus élevée ;
- le TRIG le plus élevé ;
- l'IPG le plus élevé.

L'étude de projets mutuellement exclusifs porte sur des projets dont les durées sont identiques. L'utilisation des arbres de décision et des probabilités relève du référentiel du DSCG.

VII Le récapitulatif des étapes dans la détermination de la rentabilité d'un investissement

Les étapes nécessaires pour déterminer la rentabilité d'un investissement sont résumées ci-après :

<table>
<tr><th>Étapes</th><th>Éléments</th><th>Chronologie des étapes</th></tr>
<tr><td>Étape 1</td><td>DAP</td><td>Vo / Durée d'utilisation</td></tr>
<tr><td>Étape 2</td><td>VV
VNC</td><td>Donnée
Vo – (Vo / Durée d'utilisation) × Durée du projet</td></tr>
<tr><td>Étape 3</td><td>CAF</td><td>Chiffre d'affaires HT
– Coûts variables
= MCV
– Charges fixes (hors DAP)
= EBE
– DAP
= RE avant IS
– IS
= RE net d'IS
+ DAP
= CAF d'exploitation</td></tr>
<tr><td>Étape 4</td><td>Variation BFRE</td><td></td></tr>
<tr><td>Étape 5</td><td>FTE</td><td>
<table>
<tr><th>Éléments</th><th>0</th><th>1</th><th>2</th><th>3</th></tr>
<tr><td>CAF d'exploitation</td><td></td><td>+</td><td>+</td><td>+</td></tr>
<tr><td>Valeur résiduelle de l'immobilisation</td><td></td><td></td><td></td><td>+</td></tr>
<tr><td>Récupération BFRE</td><td></td><td></td><td></td><td>+</td></tr>
<tr><td>VV de l'ancien matériel</td><td>+</td><td></td><td></td><td></td></tr>
<tr><td>Investissement</td><td>–</td><td></td><td></td><td></td></tr>
<tr><td>VAR BFRE</td><td>–</td><td>–</td><td>–</td><td></td></tr>
<tr><td>FTE</td><td></td><td></td><td></td><td></td></tr>
</table>
</td></tr>
<tr><td>Étape 6</td><td>Critères</td><td>Calcul de VAN, TRI, IP, DRCI.</td></tr>
</table>

VIII Les critères de sélection non financiers

D'autres critères d'évaluation peuvent rentrer en ligne de compte : la taille du projet, le niveau de risque (risque économique, risque environnemental, risque social, risque organisationnel, risque technologique), la durée du projet, la cohérence avec la stratégie de l'entreprise. L'utilisation de ces critères permet de leur donner un sens par référence aux objectifs de l'entreprise.

La taille du projet	La décision d'investir, c'est-à-dire d'immobiliser des capitaux à long terme, est une décision importante à laquelle l'entreprise se trouve confrontée. Selon la stratégie de l'entreprise, on ne traitera pas de la même façon l'investissement s'il s'agit de l'achat d'une machine ou de l'acquisition d'une filiale.
Le niveau de risque	*Risque économique* : le marché existe-t-il ? Le prix de vente est-il acceptable ? La politique de distribution suivra-t-elle ? *Risque environnemental* : le projet est-il compatible avec les nouvelles normes de l'environnement ? A-t-il des conséquences climatiques favorables ou défavorables ? Émet-il des déchets toxiques ou non ? Y a-t-il un risque écologique ? *Risque social* : le personnel sera-t-il assez compétent ? Trouvera-t-on les qualifications nécessaires ? La réaction du personnel au projet sera-t-elle favorable ou défavorable ? *Risque organisationnel* : le nouveau projet s'insérera-t-il dans l'organisation actuelle ou faudra-t-il envisager une restructuration ? L'entreprise devra-t-elle se soumettre à de nouvelles réglementations ? *Risque technologique* : d'autres investissements seront-ils plus performants dans un avenir proche ?
La durée du projet	Plus le délai de récupération du capital investi est élevé, plus le risque est accru, compte tenu de l'incertitude quant à l'avenir.
La cohérence stratégique de l'entreprise	La décision d'investir est liée aux objectifs généraux de l'entreprise (croissance, innovation, diversification).

APPLICATION CORRIGÉE 1 : Critères de sélection financiers d'un projet d'investissement – Critères globaux

La SA MANAT envisage début N+1 des investissements qui concernent le développement d'une nouvelle activité.

Le projet d'investissement s'élève à 250 000 €. L'excédent brut d'exploitation généré est estimé à 75 000 € en N+1 puis devrait augmenter de 10 % en N+2, puis de 5 % en N+3 et se stabiliser ensuite. Les dotations aux amortissements annuelles représentent 35 000 €. La valeur vénale nette d'impôt est estimée en fin d'année N+5 à 75 000 € par magasin.

La rentabilité attendue est de 12 %. Le taux d'IS est de 25 %.

1. Évaluer les flux nets de trésorerie générés par l'exploitation de la nouvelle activité pour les années N+1 à N+5. Calculer la VAN, le TRI et l'IP.

2. Calculer les critères globaux dans l'hypothèse d'un réinvestissement des flux de trésorerie au taux de 10 %.

3. Indiquer si le projet doit être retenu au regard des critères utilisés par l'entreprise.

Correction

1. Évaluation des flux nets de trésorerie d'exploitation, calcul de la VAN, du TRI et de l'IP

Dotations aux amortissements : 35 000

Valeur vénale : 75 000

CAF d'exploitation

Éléments	N+1	N+2	N+3 à N+5
EBE	75 000	82 500	86 625
– DAP	– 35 000	– 35 000	– 35 000
= Résultat d'exploitation avant IS	40 000	47 500	51 625
– IS (25 %)	– 10 000	– 11 875	– 12 906
= RE après IS	30 000	35 625	38 719
+ DAP	35 000	35 000	35 000
= CAF d'exploitation	**65 000**	**70 625**	**73 719**

Tableau des FTE

Éléments	Début N+1	Fin N+1	Fin N+2	Fin N+3	Fin N+4	Fin N+5
CAF d'exploitation		65 000	70 625	73 719	73 719	73 719
Valeur vénale						75 000
Investissement	– 250 000					
FTE	**– 250 000**	**65 000**	**70 625**	**73 719**	**73 719**	**148 719**

VAN 12 % = $-250\,000 + 65\,000\,(1,12)^{-1} + 70\,625\,(1,12)^{-2} + 73\,719\,(1,12)^{-3} + 73\,719\,(1,12)^{-4} + 148\,719\,(1,12)^{-5} = 48\,047$

TRI t : $-250\,000 + 65\,000\,(1+t)^{-1} + 70\,625\,(1+t)^{-2} + 73\,719\,(1+t)^{-3} + 73\,719\,(1+t)^{-4} + 148\,719\,(1+t)^{-5} = 0$

t = 18,58 %

IP = (48 047 / 250 000) + 1 = 1,19

La VAN est positive, le TRI est supérieur au taux d'actualisation et l'IP est supérieur à 1. Le projet est rentable.

2. Calcul des critères globaux

Valeur acquise VA 10 % = $65\,000\,(1,1)^4 + 70\,625\,(1,1)^3 + 73\,719\,(1,1)^2 + 73\,719\,(1,1)^1 + 148\,719\,(1,1)^0 = 508\,178$

VANG 12 % = $-250\,000 + 508\,178\,(1,12)^{-5} = 38\,354$

TRIG t : $-250\,000 + 508\,178\,(1+t)^{-5} = 0$; t = 15,24 %

IPG = (38 354 / 250 000) + 1 = 1,15

3. Validation du projet

La VANG est positive, le TRIG est supérieur au taux d'actualisation et l'IPG est supérieur à 1. Le projet est acceptable.

APPLICATION CORRIGÉE 2 : Rentabilité et risque d'un projet d'investissement

La société MÉTAL fait l'acquisition, début N+1, d'un équipement d'une valeur de 420 000 € HT, amortissable en linéaire sur 4 ans. Sa valeur vénale nette d'IS est de 180 000 € en fin de projet. Le nombre de produits vendus la 1re année est de 2 000 produits. Une augmentation de 5 % est prévue pour la 2e année puis pour la 3e année. Les quantités vendues sont ensuite identiques. Le prix de vente unitaire est de 350 €. Le coût variable représente 70 % du CA HT. Les charges de structure (hors DAP) sont de 80 000 € par an. Le BFRE est de 10 % du CA HT. Le projet est étudié sur 4 ans.

Le taux d'actualisation est de 10 %. Le taux d'IS est de 25 %.

1. Présenter les flux nets de trésorerie liés à l'investissement pour les années N+1 à N+4.

2. Calculer la VAN.

3. Analyser le risque économique du projet en N+1.

4. Conclure.

Correction

1. Présentation des flux nets de trésorerie liés à l'investissement

Dotations aux amortissements : 420 000 / 4 = 105 000

Valeur vénale : 180 000

CAF d'exploitation

Éléments	N+1	N+2	N+3 à N+4
Chiffre d'affaires	700 000	735 000	771 750
– Coûts variables (70 %)	– 490 000	– 514 500	– 540 225
= MCV (30 %)	210 000	220 500	231 525
– Charges fixes	– 80 000	– 80 000	– 80 000
= EBE	130 000	140 500	151 525
– DAP	– 105 000	– 105 000	– 105 000
= Résultat d'exploitation avant IS	25 000	35 500	46 525
– IS (25 %)	– 6 250	– 8 875	– 11 631
= RE après IS	18 750	26 625	34 894
+ DAP	105 000	105 000	105 000
= CAF d'exploitation	**123 750**	**131 625**	**139 894**

Variation du BFRE

Éléments	BFRE (10 % du CA HT)	VAR BFRE
N+1	70 000	70 000
N+2	73 500	3 500
N+3	77 175	3 675
N+4	77 175	0

Présentation des flux nets de trésorerie

Éléments	Début N+1	Fin N+1	Fin N+2	Fin N+3	Fin N+4
CAF d'exploitation		123750	131625	139894	139894
Valeur vénale					180000
Récupération du BFRE					77175
Investissement	– 420000				
VAR BFRE	– 70000	– 3500	– 3675		
FTE	**– 490000**	**120250**	**127950**	**139984**	**397069**

2. Calcul de la VAN

VAN 10 % = – 490000 + 120250 $(1,10)^{-1}$ + 127950 $(1,10)^{-2}$ + 139894 $(1,10)^{-3}$ + 397069 $(1,10)^{-4}$ = 101370

La VAN est positive, le projet est rentable.

3. Analyse du risque économique du projet en N+1

Seuil de rentabilité = (80000 + 105000) / 0,30 = 616667

Marge de sécurité = 700000 – 616667 = 83333

Indice de sécurité = 83333 / 700000 = 11,90 %

Levier opérationnel = 210000 / 25000 = 8,40

4. Conclusion

Le seuil de rentabilité est le chiffre d'affaires minimum à atteindre pour que la marge sur coût variable couvre les frais fixes. La société fera des pertes si son CA HT reste inférieur à 616667 €. Il suffit que son chiffre d'affaires soit inférieur de 11,9 % aux prévisions pour que l'entreprise réalise des pertes. Si son chiffre d'affaires diminue de 1 %, son résultat d'exploitation diminuera de 8,4 %. Le risque d'exploitation de ce projet semble élevé. L'entreprise risque de réaliser des pertes si elle n'atteint pas le chiffre d'affaires prévu, ce qui est d'autant plus probable si ses prévisions sont trop optimistes.

APPLICATION CORRIGÉE 3 : Compte de résultat différentiel – Rentabilité d'un projet d'investissement – Coût du capital

La société SUPEN envisage un projet d'investissement qui suppose l'acquisition d'un équipement pour un montant de 1200000 € amortissable en linéaire sur 5 ans.

Les prévisions d'exploitation pour les 5 prochains exercices sont les suivantes : Chiffre d'affaires annuel prévisionnel : 1500000 € ; Charges variables annuelles d'exploitation : 780000 € ; Charges fixes annuelles hors amortissements : 360000 €.

Le BFRE prévisionnel est évalué à partir des principales composantes exprimées en jours de chiffre d'affaires hors taxes : Stocks : 12 jours de CA HT ; Créances d'exploitation : 42 jours de CA HT et Dettes d'exploitation : 18 jours de CA HT.

La valeur de cession de l'équipement au terme du projet est estimée à 200000 € nette d'IS.

Le coût des capitaux propres de l'entreprise est de 10 %. Le taux d'IS est de 25 %.

1. Présenter le compte de résultat différentiel. Calculer le seuil de rentabilité d'exploitation, l'indice de sécurité et le levier opérationnel. Déterminer la VAN du projet. En déduire le TRI sans faire de calcul. Conclure sur l'opportunité de ce projet.

2. Calculer le coût du capital sachant que la société souhaite financer son investissement à hauteur de 80 % par autofinancement et le solde par emprunt, remboursable au taux annuel de 2 %.

Correction

1. Compte de résultat différentiel, seuil de rentabilité d'exploitation, indice de sécurité, levier opérationnel, VAN du projet, TRI et conclusion

Dotations aux amortissements : 1 200 000 / 5 = 240 000

Compte de résultat différentiel :

Chiffre d'affaires	1 500 000
– Coûts variables	– 780 000
= Marge sur coût variable	720 000
– Charges fixes	(360 000 + 240 000) = – 600 000
= Résultat d'exploitation	**120 000**

Valeur vénale : 200 000

CAF d'exploitation

Éléments	N+1 à N+5
Chiffre d'affaires	1 500 000
– Coûts variables	– 780 000
= MCV	720 000
– Charges fixes	– 360 000
= EBE	360 000
– DAP	– 240 000
Résultat d'exploitation avant IS	120 000
– IS (25 %)	– 30 000
= RE après IS	90 000
+ DAP	240 000
= CAF d'exploitation	**330 000**

Variation du BFRE : Stocks + Clients – Fournisseurs = 12 + 42 – 18 = 36 jours de CAHT

Éléments	BFRE	VAR BFRE
N+1	150 000	150 000
N+2	150 000	0
N+3	150 000	0
N+4	150 000	0
N+5	150 000	0

Tableau des FTE

Éléments	Début N+1	Fin N+1	Fin N+2	Fin N+3	Fin N+4	Fin N+5
CAF d'exploitation		330 000	330 000	330 000	330 000	330 000
Valeur vénale						200 000
Récupération du BFRE						150 000
Investissement	– 1 200 000					
Variation du BFRE	– 150 000					
FTE	**– 1 350 000**	**330 000**	**330 000**	**330 000**	**330 000**	**680 000**

VAN 10 % = – 1 350 000 + 330 000 $(1{,}10)^{-1}$ + 330 000 $(1{,}10)^{-2}$ + 330 000 $(1{,}10)^{-3}$ + 330 000 $(1{,}10)^{-4}$ + 680 000 $(1{,}10)^{-5}$ = 118 281

Le TRI est supérieur à 10 % car la VAN est positive. Le projet est rentable.

2. Coût du capital

Le taux d'actualisation pouvant être retenu est le coût du capital, obtenu en faisant la moyenne pondérée du coût des capitaux propres et du coût de la dette (capitaux investis).

CMPC = (10 % × 0,80) + 2 % × (1 – 0,25) × 0,20 = 8,3 %

APPLICATION CORRIGÉE 4 : Choix entre plusieurs projets

La société GAMA envisage d'effectuer un programme d'investissement début N+1 et hésite entre deux projets. Elle vous soumet les caractéristiques de ces deux investissements afin que vous l'aidiez à faire son choix.

Caractéristiques du projet A

Prix d'acquisition HT	Terrain : 90 000 € Local industriel : 140 000 € amorti en linéaire sur 20 ans Machine : 70 000 € amortie en linéaire sur 4 ans
Chiffre d'affaires	Le CAHT est estimé à 240 000 € la première année. Il sera en progression de 2 % chaque année.
Durée de vie du projet	4 ans
Frais fixes (hors amortissement)	30 000 € HT
Taux de charges variables HT	40 % du CAHT
Valeur résiduelle nette d'IS	200 000 €

Caractéristiques du projet B

Prix d'acquisition HT	Montant global (terrain, local et machine) : 360 000 € auquel s'ajoute en début de période une variation de BFR de 40 000 €
Durée de vie du projet	4 ans
Indice de profitabilité	1,38

Informations communes aux deux projets : le BFR représente 60 jours de CAHT ; le taux d'actualisation retenu est de 10 % ; le taux de l'impôt sur les bénéfices est de 25 %.

1. Pourquoi la société n'a-t-elle pas retenu comme critère de sélection d'un projet d'investissement la VAN ?

2. Calculer l'indice de profitabilité du projet A. D'après ce critère, lequel de ces deux projets la société doit-elle retenir ?

Correction

1. Choix des critères

La VAN mesure l'avantage, en valeur absolue, d'un projet d'investissement mais elle ne permet pas de comparer des projets lorsque les capitaux investis sont de montants différents. Les critères de sélection financiers retenus sont le TRI et l'IP.

2. Indice de profitabilité du projet et choix de projets

Dotations aux amortissements : (140 000 / 20) + (70 000 / 4) = 24 500

Valeur vénale : 200 000

CAF d'exploitation :

Éléments	N+1	N+2	N+3	N+4
Chiffre d'affaires	240 000	244 800	249 696	254 690
= MCV (60 %)	144 000	146 880	149 818	152 814
– Charges fixes	– 30 000	– 30 000	– 30 000	– 30 000
= EBE	114 000	116 880	119 818	122 814
– DAP	– 24 500	– 24 500	– 24 500	– 24 500
= Résultat d'exploitation avant IS	89 500	92 380	95 318	98 314
– IS (25 %)	– 22 375	– 23 095	– 23 829,50	– 24 578,50
= RE après IS	67 125	69 285	71 488,50	73 735,50
+ DAP	24 500	24 500	24 500	24 500
= CAF d'exploitation	**91 625**	**93 785**	**95 988,50**	**98 235,50**

Variation du BFRE (60 j de CA HT)

Éléments	BFRE	VAR BFRE
N+1	40 000	40 000
N+2	40 800	800
N+3	41 616	816
N+4	42 448	832

Tableau des FTE

Éléments	Début N+1	Fin N+1	Fin N+2	Fin N+3	Fin N+4
CAF d'exploitation		91 625	93 785	95 988,50	98 235,50
Valeur vénale					200 000
Récupération du BFRE					42 448
Investissement	– 300 000				
VAR BFRE	– 40 000	– 800	– 816	– 832	
FTE	**– 340 000**	**90 825**	**92 969**	**95 156,50**	**340 683,50**

VAN 10 % = – 340 000 + 90 825 $(1,10)^{-1}$ + 92 969 $(1,10)^{-2}$ + 95 156,50 $(1,10)^{-3}$ + 340 683,50 $(1,10)^{-4}$ = 123 586

IP = (123 586 / 340 000) + 1 = 1,36

La VAN est positive et l'IP est supérieur à 1, le projet A est rentable.

L'IP du projet B est supérieur à l'IP du projet A ; le projet B sera donc retenu.

APPLICATION CORRIGÉE 5 : Rentabilité d'un projet d'investissement – Récupération du capital investi

Les dirigeants de la société BTP envisagent d'investir début N+1 dans un matériel pour accroître la capacité de production. L'investissement est de 8 000 € HT, amortissable en linéaire sur 5 ans.

Les dirigeants prévoient de réaliser le chiffre d'affaires HT supplémentaire suivant :

N+1	N+2	N+3	N+4	N+5
20 000 €	10 % de plus qu'en N+1	20 % de plus qu'en N+1	30 % de plus qu'en N+3	Identique à l'année précédente

Les charges d'exploitation (hors DAP) s'élèvent à 65 % du CA HT Les charges d'entretien sont de 3 000 € HT la 1re année, en augmentation de 27 % par an pour les années suivantes. La valeur vénale est nulle. Le BFRE est de 45 jours de CA HT.

Le coût du capital est de 10 %. Le taux d'IS est de 25 %.

Les dirigeant de l'entreprise exigent un délai de récupération du capital investi inférieur à 4 ans.

Quel est le montant de capital investi ? Calculer la valeur nette actualisée. Indiquer si le projet doit être retenu au regard des critères utilisés par l'entreprise.

Correction

Dotations aux amortissements : 8 000 / 5 = 1 600

Valeur vénale : 0

CAF d'exploitation

Éléments	N+1	N+2	N+3	N+4	N+5
Chiffre d'affaires	20 000	22 000	24 000	31 200	31 200
– Coûts variables (65 %)	– 13 000	– 14 300	– 15 600	– 20 280	– 20 280
– Charges d'entretien	– 3 000	– 3 810	– 4 839	– 6 146	– 7 805
= EBE	4 000	3 890	3 561	4 774	3 115
– DAP	– 1 600	– 1 600	– 1 600	– 1 600	– 1 600
= Résultat d'exploitation avant IS	2 400	2 290	1 961	3 174	1 515
– IS (25 %)	– 600	– 572,50	– 490,25	– 793,50	– 378,75
= RE après IS	1 800	1 717,50	1 470,70	2 380,50	1 136,25
+ DAP	1 600	1 600	1 600	1 600	1 600
= CAF d'exploitation	**3 400**	**3 317,50**	**3 070,75**	**3 980,50**	**2 736,25**

Variation du BFRE

Éléments	BFRE (45 j de CA HT)	VAR BFRE
N+1	2 500	2 500
N+2	2 750	250
N+3	3 000	250
N+4	3 900	900
N+5	3 900	0

Tableau des FTE

Éléments	Début N+1	Fin N+1	Fin N+2	Fin N+3	Fin N+4	Fin N+5
CAF d'exploitation		3 400	3 317,50	3 070,75	3 980,50	2 736,25
Récupération du BFRE						3 900
Investissement	– 8 000					
VAR BFRE	– 2 500	– 250	– 250	– 900		
FTE	**– 10 500**	**3 150**	**3 067,50**	**2 170,75**	**3 980,50**	**6 636,25**

Capital investi, VAN et DRCI

Capital investi = 8 000 + 2 500 = 10 500

VAN 10 % = – 10 500 + 3 150 $(1{,}10)^{-1}$ + 3 067,50 $(1{,}10)^{-2}$ + 2 170,75 $(1{,}10)^{-3}$ + 3 980,50 $(1{,}10)^{-4}$ + 6 636,25 $(1{,}10)^{-5}$ = 3 369

La VAN est positive, le projet est rentable.

Éléments	Fin N+1	Fin N+2	Fin N+3	Fin N+4	Fin N+5
FTE	3 150	3 067,50	2 170,75	3 980,50	6 636,25
FTE actualisés (10 %)	2 864	2 535	1 631	2 719	4 120
Cumul	2 864	5 399	7 030	9 749	13 869

Vérification : 13 869 – 10 500 = 3 369 = VAN

Le capital investi sera récupéré entre la 4ᵉ et la 5ᵉ année ; DRCI = 4 + (10 500 – 9 449) / (13 869 – 9 449) = 4,24, soit 4 ans et 2,88 mois (2 mois et 26 jours), donc le 26 mars N+5.

PARTIE 3

LA POLITIQUE DE FINANCEMENT

Selon le programme officiel de l'examen, cette partie va vous permettre d'exploiter les opportunités des différents modes de financement en respectant l'équilibre financier de l'entreprise et en tenant compte des informations délivrées par les marchés financiers.

Elle va également vous permettre de faire des prévisions sur l'équilibre de la trésorerie à moyen terme et d'apprécier la cohérence entre investissements et choix de financement.

Chapitre 12

LES MODES DE FINANCEMENT

Selon le programme officiel de l'examen, ce chapitre va vous permettre de différencier les modes de financement selon leur coût, leur origine et le risque supporté par les bailleurs de fonds.

Vous développerez ainsi les compétences suivantes :
- *Distinguer les modes de financement et évaluer leur coût respectif ;*
- *Déterminer et valoriser le montant des engagements financiers de l'entreprise ;*
- *Calculer et comparer les coûts des différents moyens de financement en intégrant l'impôt sur les bénéfices ;*
- *Identifier une ou plusieurs solutions de financement.*

I Les différents modes de financement

Dans le cadre de la création ou du développement d'une entreprise, divers moyens existent pour obtenir des financements.

A Le financement par fonds propres

1 L'autofinancement

L'autofinancement est la ***part de la CAF qui n'est pas distribuée***. Il suppose la mise en réserve des résultats en vue de remplacer les immobilisations existantes et de financer la croissance. Les établissements de crédit n'accordent un emprunt pour financer un équipement que si l'entreprise finance une partie de la valeur du projet par fonds propres (au moins 30 %).

L'autofinancement ***favorise et augmente l'indépendance financière de l'entreprise***, réduisant ainsi le risque lié à l'endettement. La hausse des capitaux propres provoque une hausse de la valeur des actions, générant une plus-value potentielle dans le cas d'une éventuelle cession à terme.

L'autofinancement ***suppose toutefois une rentabilité suffisante***. Il peut conduire à des investissements non rentables, voire démesurés, et engendrer des coûts d'agence. Il constitue une source de financement onéreuse (augmentation du taux de rentabilité des capitaux propres exigé par les actionnaires, égal au taux sans risque, majoré d'une prime de risque).

2 L'augmentation de capital

L'augmentation de capital peut être effectuée par ***émission d'actions ou de nouvelles parts sociales***. Elle peut être réalisée par apports en numéraire, en nature ou par incorporation de réserves. Cette dernière entraîne une distribution d'actions gratuites aux actionnaires proportionnellement au nombre d'actions qu'ils détiennent.

Elle ne constitue pas un véritable mode de financement car il s'agit d'un simple transfert comptable entre les réserves et le capital. Son objectif est de ***donner une meilleure image financière de la société grâce à un capital plus important*** et de répondre aux exigences des banques qui peuvent exiger, en cas de prêts à accorder, que les sommes inscrites en réserves soient transférées dans le capital afin d'éviter que ces sommes soient distribuées aux actionnaires sous forme de dividendes. L'augmentation de capital peut également être effectuée par augmentation de la valeur nominale des titres dès lors que les actionnaires ou les associés ont donné leur consentement.

L'augmentation de capital ***augmente la garantie des tiers***. Mais elle constitue une source de financement onéreuse (hausse des dividendes à verser) ; compte tenu du risque économique, les actionnaires vont exiger un taux de rémunération supérieur à celui exigé par les prêteurs. Elle suppose également la capacité des actionnaires à recapitaliser et peut provoquer des effets de dilution du capital et une perte du contrôle de la société en cas de nouveaux actionnaires ou associés, lorsque les actionnaires anciens ne sont pas prêts à souscrire les nouvelles actions ou parts sociales. Il en résulte une baisse du bénéfice par action (effet dilutif de l'augmentation de capital). Toutefois, les fonds levés seront réinvestis par la société, entraînant une hausse du résultat (effet relutif de l'augmentation de capital).

3 Les aides publiques

Les aides publiques sont attribuées par l'État, les régions ou les communes et peuvent prendre diverses formes, comme les subventions d'équipement ou les subventions d'investissement, destinées à l'acquisition d'immobilisations ou au financement des activités à long terme (recherche et développement).

Les subventions d'investissement permettent de gonfler les ressources propres et ne génèrent aucun remboursement. En revanche, l'option pour leur étalement entraîne une imposition latente de la quote-part de subvention virée au résultat et impacte la CAF.

B Le financement par quasi-fonds propres

1 Les prêts subordonnés

On distingue :

- les ***prêts participatifs*** qui représentent des emprunts dont le remboursement est laissé à l'initiative de l'emprunteur. La rémunération est fixée mais peut être indexée ;
- les ***avances conditionnées*** qui représentent, elles, des emprunts accordés par l'État dont le remboursement est conditionné par l'aboutissement d'un projet (avances couvrant des dépenses de R&D à rembourser à l'aboutissement du projet). Ces emprunts ***peuvent être considérés comme des capitaux propres*** puisque leur remboursement n'est qu'éventuel.

2 Les comptes-courants d'associés bloqués

Les comptes-courants d'associés bloqués sont des comptes sur lesquels des fonds sont laissés par les associés, pour une durée déterminée, à la disposition de la société. C'est une source de financement onéreuse (rémunération à verser aux associés tant que la trésorerie de l'entreprise n'est pas suffisante pour rembourser les avances).

3 Les titres hybrides donnant accès au capital

Les titres hybrides donnant accès au capital sont qualifiés de quasi-fonds propres en raison de leur composante « obligation » associée à une composante « action », liée à la possibilité d'exercer un droit de conversion ou un droit de souscription.

L'intérêt d'émettre ce type d'obligations est de permettre à l'émetteur de bénéficier d'un taux inférieur à celui d'un emprunt obligataire classique. La société est toutefois exposée à un risque de dilution à terme lors de l'exercice des bons. L'intérêt pour le souscripteur est de pouvoir exercer ses bons lors d'une future augmentation de capital et de pouvoir réaliser une plus-value si le cours de l'action s'apprécie.

On distingue différentes catégories d'obligations donnant accès au capital :

- ***les obligations à bons de souscription d'actions*** (OBSA), obligations auxquelles sont attachés un ou plusieurs bons de souscriptions d'actions, donnant le droit de souscrire à des actions nouvelles de la société émettrice, à un prix et dans les conditions fixées par le contrat d'émission. L'investisseur peut soit exercer ses bons et souscrire les actions au prix fixé par le contrat d'émission des OBSA, soit acheter les actions sur le marché au cours du marché à la date d'achat. Il peut revendre ses bons ou les conserver dans la perspective d'une plus-value future sur ses bons. Les bons de souscription sont des produits spéculatifs et risqués ; ils représentent un effet de levier non négligeable ;
- ***les obligations à bons de souscription d'actions remboursables*** (OBSAR), obligations auxquelles sont attachés un ou plusieurs bons de souscription d'actions remboursables, donnant le droit de souscrire à des actions remboursables, à un prix et dans les conditions fixées par le contrat d'émission ;

- ***les obligations remboursables en actions*** (ORA), obligations dont le remboursement s'effectue obligatoirement en actions de la société émettrice, selon une parité fixée dans le contrat d'émission. La parité n'est pas modifiable pendant la durée de l'emprunt, sauf circonstances exceptionnelles (fusions, variations de capital, etc.). Elles n'ont aucun caractère spéculatif. L'obligataire perçoit une rémunération fixe jusqu'à l'échange ;
- ***les obligations convertibles en actions*** (OCA) sont des obligations permettant à leurs détenteurs de convertir, à tout moment, leurs obligations en actions de la société émettrice, selon une parité fixée dans le contrat d'émission. L'obligataire perçoit une rémunération fixe jusqu'à la conversion. La conversion résulte de la volonté de l'obligataire et non celle de l'émetteur. L'investisseur réalisera la conversion s'il anticipe une hausse du cours de l'action, s'il désire une prise de participation plus importante ou s'il estime que la rentabilité sera plus importante en terme de dividendes par rapport aux coupons des obligations.

4 Les titres de créances négociables

Les titres de créances négociables (TCN) sont des titres représentant un droit de créance émis au gré de l'émetteur pour une durée déterminée. Les TCN sont négociables sur un marché réglementé. On distingue les ***billets de trésorerie***, les ***certificats de dépôt*** et les ***bons à moyen terme négociables***.

C Le financement par emprunts

1 Les crédits bancaires à moyen et long terme

Les emprunts contractés auprès des établissements de crédit sont qualifiés d'indivis dans la mesure où il y a un bénéficiaire et donc indivisibilité de la ressource allouée. On distingue les crédits à moyen terme (de 2 à 7 ans) et les crédits à long terme (supérieurs à 7 ans).

Les principales modalités de remboursement sont les remboursements par amortissements constants, par annuités constantes et *in fine*.

Le recours à l'endettement permet de conserver le contrôle de l'entreprise. La société bénéficie de l'effet de levier tant que le taux de l'emprunt n'excède pas celui de la rentabilité économique. Mais l'endettement réduit l'autonomie financière de l'entreprise ainsi que le BPA (baisse du résultat de l'exercice du fait de la hausse des charges d'intérêts). Il constitue une source de financement onéreuse (charges d'intérêts et remboursements du capital à verser aux échéances). Le risque global est accru (risque financier en sus du risque économique).

2 Les emprunts obligataires

Une obligation est un titre de créance représentant la part d'un emprunt émis par l'État, une collectivité publique, une entreprise nationale ou une société privée. Les ***emprunts obligataires*** peuvent être à taux fixe ou à taux variable. Les obligations sont classées par les agences de notation en fonction de la qualité de l'émetteur. Les principales modalités de remboursement sont les remboursements par amortissements constants, par annuités constantes et *in fine*.

3 Le crédit-bail

Le ***crédit-bail*** correspond à une location, assortie d'une option d'achat à un prix déterminé à l'avance ; en fin de contrat, l'entreprise peut lever l'option et acheter le bien ou restituer le bien.

Il supprime tout ou partie des décaissements initiaux et n'obère pas la capacité d'endettement de l'entreprise. Mais elle constitue une source de financement onéreuse (dépôt de garantie et redevances à verser aux échéances). Le crédit-bail est considéré comme un endettement indirect ; il n'impacte pas directement la structure financière d'une entreprise, excepté s'il est retraité (voir Chapitre 3).

4 Les prêts interentreprises

Depuis 2016, la loi *Macron* offre la possibilité aux entreprises d'être créancières ou débitrices les unes des autres. Les SARL et sociétés par actions peuvent, sous conditions, prêter des fonds à des micro-entreprises, PME ou entreprises de taille intermédiaire (ETI).

5 Le *crowdfunding*

Le ***crowdfunding*** est un financement participatif dans la mesure où des fonds sont récoltés auprès d'un large public en vue de financer un projet créatif ou entrepreneurial, via internet. Ce financement peut prendre plusieurs formes : don, prêt, souscription de titres de capital.

La plateforme de *crowfunding* par prêts (avec ou sans intérêt) doit justifier d'un statut réglementé. Depuis le 1er octobre 2014, les plateformes de prêts doivent avoir le statut d'« intermédiaires en financement participatif » (IFP).

II Les intérêts et les limites des différents modes de financement

Les intérêts et les limites des principaux modes de financement sont résumés dans le tableau suivant :

Modes de financement	Intérêts	Limites
Autofinancement	Assure l'indépendance financière de l'entreprise vis-à-vis des banques et des fournisseurs Accroît la capacité d'endettement de l'entreprise Réduit l'endettement, donc le poids des charges financières Permet d'assurer une liquidité immédiate Permet d'économiser les frais liés à une augmentation de capital ou à un emprunt	Suppose une rentabilité suffisante Limite les distributions des dividendes (actionnaires lésés) Ne permet pas de bénéficier de l'effet de levier dégagé par l'endettement Peut inciter à réaliser des investissements inutiles
Augmentation de capital	Augmente la garantie des tiers Ne génère aucun remboursement ultérieur Permet de bénéficier d'économies d'impôts sur les frais d'augmentation de capital	Peut provoquer un effet de dilution du capital et une perte de contrôle de la société en cas de nouveaux actionnaires Financement coûteux : frais, dividendes à verser Suppose la capacité des actionnaires à recapitalise
Apports en comptes courants	Financement souple : remboursement des avances uniquement lorsque la trésorerie le permet	Financement coûteux : rémunération à verser aux actionnaires tant que le montant des avances ne leur est pas remboursé
Emprunt	Faible taux d'endettement proposé par la banque Permet de bénéficier de l'effet de levier si le taux de rentabilité économique est supérieur au taux d'endettement Permet de bénéficier d'économies d'impôts sur les intérêts et les frais d'émission de l'emprunt	Nécessite une capacité d'emprunt au départ Financement coûteux : frais de gestion, intérêts, remboursement du capital Diminue la rentabilité de l'entreprise (intérêts) Réduit l'autonomie financière Augmente la dépendance financière vis à vis des banques Implique un risque financier : une baisse de la rentabilité économique due à un retournement de la conjoncture économique provoquera une diminution de la rentabilité financière et conduira à un effet de massue si la rentabilité économique devient inférieure au taux d'endettement

Crédit-bail	Supprime les décaissements initiaux liés à l'achat du bien N'obère pas la capacité d'endettement de l'entreprise Permet de faire face à l'obsolescence et à la revente des biens Permet de bénéficier d'économies d'impôts sur les redevances	Financement coûteux : frais de gestion, loyers Diminue la rentabilité de l'entreprise (redevances)
Crowdfunding	Mise en place simple et rapide Développe la notoriété de l'entreprise Financement moins coûteux qu'un emprunt bancaire classique Réduit la dépendance aux banques	Plateformes nombreuses et de qualités inégales Financement plus coûteux que l'emprunt bancaire Nécessite une certaine disponibilité pour motiver les futurs ambassadeurs Peut provoquer une dilution des actions selon l'importance de la levée de fonds (cas d'un investissement participatif) Financement encore orienté vers les start-up Montants levés pas encore suffisamment importants

III Le coût net du financement par emprunt

A Les modalités de remboursement de l'emprunt

1 L'emprunt indivis

Table des abréviations :

A : Amortissement de l'emprunt
a : Annuité de l'emprunt
i : Taux d'endettement
n : Durée de l'emprunt

Il existe différentes modalités de remboursement de l'emprunt indivis :

Emprunt remboursable par annuités constantes	$a = Vo \times \frac{i}{1-(1+i)^{-n}}$ A = a – Intérêts
Emprunt remboursable par amortissements constants	$A = \frac{Vo}{n}$ a = A + Intérêts
Emprunt remboursable in fine	A = 0 ; la dernière année : A = Vo a = Intérêts ; la dernière année : a = Vo + Intérêts

2 L'emprunt obligataire

Table des abréviations :

c : Valeur du coupon = C x i
C : Valeur nominale
E : Prix d'émission
i : Taux facial
n : Durée de l'emprunt
N : Nombre d'obligations émises
R : Valeur de remboursement

*Seul le remboursement **in fine** est étudié.*

Emprunt remboursable *in fine*	A = 0 ; la dernière année : A = N × R a = Intérêts ; la dernière année : a = (N × R) + Intérêts

B Les étapes préalables à la détermination du coût du financement de l'emprunt indivis

1 L'établissement du tableau d'amortissement de l'emprunt

Emprunt remboursable par amortissements constants

Années	Capital début (1)	Intérêts (2)	Amortissements (3)	Annuités (4)	Capital fin (5)
N+1	Vo	(1) × i	A = Vo / n	(2) + (3)	(1) – (3)

Emprunt remboursable par annuités constantes

Années	Capital début (1)	Intérêts (2)	Annuités (3)	Amortissements (4)	Capital fin (5)
N+1	Vo	(1) × i	$Vo \times i / [1 - (1 + i)^{-n}]$	(3) – (2)	(1) – (4)

Emprunt remboursable *in fine*

Années	Capital début (1)	Intérêts (2)	Amortissements (3)	Annuités (4)	Capital fin
N+1	Vo	(1) × i	0	(2) + (3)	Vo

Dernière année	Vo	(1) × i	Vo	(2) + (3)	0

2 La détermination du coût de l'emprunt par les flux nets de trésorerie

Les intérêts et les frais de dossier constituent des charges déductibles et génèrent une économie d'IS. Le tableau des flux nets de trésorerie (FNT) se présente comme suit si l'on considère un emprunt réalisé début N+1 remboursable sur 3 ans :

Éléments	Début N+1	Fin N+1	Fin N+2	Fin N+3
Emprunt	+			
– Intérêts		–	–	–
+ Économie d'IS sur intérêts (1)		+	+	+
– Frais d'assurance		–	–	–
+ Économie d'IS sur frais d'assurance (1)		+	+	+
– Frais de dossier (1)	–			
+ Économie d'IS sur frais de dossier		+		
– Remboursement de l'emprunt (A)		–	–	–
= FNT	**FNT_0**	**FNT_1**	**FNT_2**	**FNT_3**

(1) Taux d'IS × Intérêts ; Taux d'IS × Frais de dossier ; Taux d'IS × frais d'assurance

3 Le coût de l'emprunt

Le coût de l'emprunt (ou taux actuariel ou coût de l'endettement) représente le taux de revient (t), tel que le montant encaissé est égal aux sommes décaissées en contrepartie. Il représente le coût du capital en cas de financement par emprunt. Il est déterminé en résolvant l'équation suivante :

$$FNT_0 + FNT_1 (1 + t)^{-1} + FNT_2 (1 + t)^{-2} + FNT_3 (1 + t)^{-3} + \ldots + FNT_n (1 + t)^{-n} = 0$$

On trouve t par interpolation.

REMARQUE

En l'absence de frais de dossier, de frais d'assurance, t correspond au taux de l'emprunt net d'IS. Il est donc indépendant du mode de remboursement de l'emprunt.

$$t = i \times (1 - \text{Taux d'IS})$$

APPLICATION CORRIGÉE

La société ECOV a décidé début N+1 de réaliser un investissement dont le coût d'acquisition est estimé à 150 000 €, amortissable en linéaire sur 6 ans. L'entreprise souhaite financer le projet par un emprunt de 150 000 € remboursable par amortissement constant sur 5 ans au taux de 2 %. Le taux d'IS est de 25 %.

Déterminer le coût de l'emprunt par les FNT.

Correction

Tableau d'amortissement de l'emprunt

A = 150 000 / 5 = 30 000

Éléments	Capital début	Intérêts	Amortissements	Annuités
N+1	150 000	3 000	30 000	33 000
N+2	120 000	2 400	30 000	32 400
N+3	90 000	1 800	30 000	31 800
N+4	60 000	1 200	30 000	31 200
N+5	30 000	600	30 000	30 600

Tableau des FNT

Éléments	Début N+1	Fin N+1	Fin N+2	Fin N+3	Fin N+4	Fin N+5
Emprunt	150 000					
Intérêts		– 3 000	– 2 400	– 1 800	– 1 200	– 600
Économie IS sur intérêts (25 %)		750	600	450	300	150
Amortissement de l'emprunt		– 30 000	– 30 000	– 30 000	– 30 000	– 30 000
FNT	**150 000**	**– 32 250**	**– 31 800**	**– 31 350**	**– 30 900**	**– 30 450**

Coût du financement t

$150\,000 - 32\,250\,(1 + t)^{-1} - 31\,800\,(1 + t)^{-2} - 31\,350\,(1 + t))^{-3} - 30\,900\,(1 + t)^{-4} - 30\,450\,(1 + t)^{-5} = 0$; on trouve t = 1,5 %.

Vérification : 2 % (1 – 0,25) = 1,5 %

C Les étapes préalables à la détermination du coût du financement de l'emprunt obligataire

1 L'établissement du tableau d'amortissement de l'emprunt obligataire

Seul le remboursement in fine *est étudié.*

Années	Capital début (1)	Intérêts (2)	Amortissements (3)	Annuités (4)	Capital fin
N+1	N × R	N × C × i	0	(2) + (3)	N × R
---	---	---	0	(2) + (3)	
Dernière année	N × R	N × C × i	N × R	(2) + (3)	0

2 La détermination du coût de l'emprunt par les flux nets de trésorerie

Les intérêts, les frais de dossier et l'amortissement des primes de remboursement constituent des charges déductibles et génèrent une économie d'IS.

Le tableau des flux nets de trésorerie (FNT) se présente comme suit si l'on considère un emprunt réalisé début N+1 remboursable *in fine* sur 3 ans :

Éléments	Début N+1	Fin N+1	Fin N+2	Fin N+3
Emprunt (N × E)	+			
– Intérêts		–	–	–
+ Économie d'IS sur intérêts (1)		+	+	+
– Frais d'émission	–			
+ Économie d'IS sur frais d'émission (1)		+		
+ Économie d'IS sur la DAP de la prime de remboursement (2)		+	+	+
– Remboursement de l'emprunt		0	0	– NR
= **FNT**	**FNT_0**	**FNT_1**	**FNT_2**	**FNT_3**

(1) Taux d'IS × Intérêts ; Taux d'IS × Frais d'émission ; on négligera ici les frais d'assurance.
(2) Taux d'IS × [N × (R – E) / n] (cas où la prime est amortie sur la durée de l'emprunt)

3 Le coût de l'emprunt (t)

Le coût de l'emprunt (ou taux actuariel ou coût de l'endettement) représente le taux pour lequel la somme perçue par l'entreprise est égale à la somme des flux versé en contrepartie. Il est indépendant du mode de remboursement.

Il est déterminé de la même façon que pour un emprunt indivis, en résolvant l'équation suivante :

$$FNT_0 + FNT_1 (1 + t)^{-1} + FNT_2 (1 + t)^{-2} + FNT_3 (1 + t)^{-3} + \ldots + FNT_n (1 + t)^{-n} = 0$$

On trouve t par interpolation.

En l'absence de frais de dossier, t correspond au taux d'endettement net d'IS, sous réserve d'une prime de remboursement égale à zéro (prix de remboursement égal au prix d'émission).

APPLICATION CORRIGÉE

La société ECOV a décidé début N+1 de financer un projet en émettant 10 000 obligations de valeur nominale 100 €, émises à 100 € et remboursables au prix de 110 €, *in fine* sur 5 ans au taux de 2 %. Le taux d'IS est de 25 %. La prime de remboursement est amortie sur la durée de l'emprunt.

Déterminer le coût de l'emprunt par les FNT.

Correction

Tableau d'amortissement de l'emprunt

Éléments	Capital début	Intérêts (1)	Amortissements	Annuités
N+1	1 100 000	20 000	0	20 000
N+2	1 100 000	20 000	0	20 000
N+3	1 100 000	20 000	0	20 000
N+4	1 100 000	20 000	0	20 000
N+5	1 100 000	20 000	1 100 000	1 120 000

(1) 10 000 × 100 × 2 % = 20 000

Tableau des FNT

Éléments	Début N+1	Fin N+1	Fin N+2	Fin N+3	Fin N+4	Fin N+5
Emprunt (1)	1 000 000					
Intérêts		– 20 000	– 20 000	– 20 000	– 20 000	– 20 000
Économie IS sur intérêts (2)		5 000	5 000	5 000	5 000	5 000

Amortissement de l'emprunt		– 0	– 0	– 0	– 0	– 1 100 000
Économie IS sur amortissement de la prime (3)		5 000	5 000	5 000	5 000	5 000
FNT	**1 000 000**	**– 10 000**	**– 10 000**	**– 10 000**	**– 10 000**	**– 1 110 000**

(1) 10 000 × 100 = 1 000 000
(2) 25 % (20 000) = 5 000
(3) 25 % × 10 000 (110 – 100) / 5 = 5 000

Coût du financement t

$1\,000\,000 - 10\,000\,(1+t)^{-1} - 10\,000\,(1+t)^{-2} - 10\,000\,(1+t)^{-3} - 10\,000\,(1+t)^{-4} - 1\,110\,000\,(1+t)^{-5} = 0$; on trouve t = 2,89 %.

Remarque : Si le prix de remboursement est égal au prix d'émission (100 €), le tableau des FNT serait le suivant :

Éléments	Début N+1	Fin N+1	Fin N+2	Fin N+3	Fin N+4	Fin N+5
Emprunt (1)	1 000 000					
Intérêts		– 20 000	– 20 000	– 20 000	– 20 000	– 20 000
Économie IS sur intérêts (2)		5 000	5 000	5 000	5 000	5 000
Amortissement de l'emprunt		– 0	– 0	– 0	– 0	– 1 000 000
FNT	**1 000 000**	**– 15 000**	**– 15 000**	**– 15 000**	**– 15 000**	**– 1 015 000**

(1)10 000 × 100 = 1 000 000
(2) 50 000 × 25 % = 5 000

Coût du financement t

$1\,000\,000 - 15\,000\,(1+t)^{-1} - 15\,000\,(1+t)^{-2} - 15\,000\,(1+t)^{-3} - 15\,000\,(1+t)^{-4} - 1\,015\,000\,(1+t)^{-5} = 0$; on trouve t = 1,5 %.

Vérification : 2 % (1 – 0,25) = 1,5 %

IV Le coût net du financement par crédit-bail

A La détermination des flux nets de trésorerie

Les redevances, les frais de dossier et l'amortissement de l'option d'achat constituent des charges déductibles et génèrent une économie d'IS ; en revanche, le financement induit une perte d'économie d'IS sur l'amortissement du bien qui n'est pas acquis.

Le tableau des flux nets de trésorerie (FNT) se présente comme suit si l'on considère un crédit-bail signé début N+1 pour une durée de 2 ans avec une option d'achat à l'issue des 2 ans, amortissable sur 1 an :

Éléments	Début N+1	Fin N+1	Fin N+2	Fin N+3
– Dépôt de garantie	–			
– Redevances versées début de période	–	–	–	
+ Économie d'IS sur redevances (1)		+	+	+
– Frais de dossier	–			
+ Économie d'IS sur frais de dossier (1)		+		
– Option d'achat			–	
+ Économie d'IS sur la DAP de l'option d'achat (2)				+
+ Récupération du dépôt de garantie			+	
+ Économie sur le prix d'achat du bien financé par crédit-bail (3)	+			
– Perte d'économie d'IS sur la DAP de l'immobilisation financée par crédit-bail (4)		–	–	–
= FNT	**FNT_0**	**FNT_1**	**FNT_2**	**FNT_3**

(1) Taux d'IS × Redevance ; Taux d'IS × Frais de dossier
(2) Taux d'IS × (Valeur de l'option / Durée d'utilisation résiduelle)
(3) Valeur du bien financé par crédit-bail
(4) Taux d'IS × (Valeur du bien financé par crédit-bail / Durée d'utilisation)

B Le calcul du coût du crédit-bail par les flux nets de trésorerie

Le coût du crédit-bail (ou taux actuariel) représente le coût du capital en cas de financement par crédit-bail ; il est déterminé de la même façon que pour un emprunt, en résolvant l'équation suivante :

$$FNT_0 + FNT_1 (1 + t)^{-1} + FNT_2 (1 + t)^{-2} + FNT_3 (1 + t)^{-3} + \ldots + FNT_n (1 + t)^{-n} = 0$$

On trouve t par interpolation.

APPLICATION CORRIGÉE

La société ECOV a décidé de réaliser un investissement dont le coût d'acquisition est estimé à 150 000 €, amortissable en linéaire sur 5 ans. L'entreprise souhaite financer l'intégralité du projet par un crédit-bail sur 4 ans ; un dépôt de garantie de 10 000 € est versé à la souscription ; les redevances annuelles sont de 34 200 € et sont versées en début de période ; le prix de la levée de l'option d'achat est de 30 000 €. L'entreprise envisage de lever l'option d'achat à l'issue de la période de location et d'exploiter le matériel jusqu'au terme de sa durée d'utilisation. Le taux d'IS est de 25 %.

Déterminer le coût du crédit-bail par les FNT.

Correction

Tableau des FNT

Éléments	Début N+1	Fin N+1	Fin N+2	Fin N+3	Fin N+4	Fin N+5
Dépôt de garantie	– 10000					
Loyers	– 34200	– 34200	– 34200	– 34200		
Économie IS sur loyers (1)		8550	8550	8550	8550	
Option d'achat					– 30000	
Économie IS sur DAP de l'option (2)						7500
Récupération Dépôt de garantie					10000	
Économie sur prix d'achat	150000					
Perte d'économie IS sur DAP du bien (3)		– 7500	– 7500	– 7500	– 7500	– 7500
FNT	**105800**	**– 33150**	**– 33150**	**– 33150**	**– 18950**	**0**

(1) 34200 × 25 % = 8550

(2) 25 % × 30000 / (5 – 4) = 7500

(3) 25 % × 150000 / 5 = 7500

Coût du financement t

$105800 - 33150\,(1 + t)^{-1} - 33150\,(1 + t)^{-2} - 33150\,(1 + t)^{-3} - 18950\,(1 + t)^{-4} - 0\,(1 + t)^{-5} = 0$; on trouve t = 5,03 %.

V La comparaison des coûts des différents moyens de financement

Les coûts respectifs des différents modes de financement sont comparés. Le mode de financement retenu sera celui qui conduit au ***coût le plus faible***. Un coût du capital d'un financement mixte (CMPC) supérieur au coût actuariel de l'emprunt ou du crédit-bail est la conséquence d'un coût des capitaux propres élevé.

Si le coût de l'emprunt est plus faible que le coût du crédit-bail, il est plus judicieux de retenir l'emprunt pour le financement d'un projet d'investissement, et réciproquement.

Lorsque l'emprunt ne finance que partiellement un projet d'investissement (financement mixte par autofinancement et par emprunt), et nécessite un financement par fonds propres important, il est nécessaire de déterminer le coût moyen des sources de financement :

$$\textbf{CMPC du financement par emprunt} = R_c \times \frac{CP}{\text{Capitaux investis}} + Rd\,(1 - \text{Taux d'IS}) \times \frac{DF}{\text{Capitaux investis}}$$

R_c = Coût des capitaux propres ; CP = Capitaux propres ; Rd = Taux d'endettement ; DF = Dettes financières (montant emprunté)

Le financement par crédit-bail, nécessitant un recours aux fonds propres, correspondant aux loyers versés en début de période et au dépôt de garantie versé à la signature du contrat, nécessite également de déterminer le CMPC du financement par crédit-bail :

$$\textbf{CMPC du financement par crédit-bail} = R_c \times \frac{CP}{\text{Capitaux investis}} + RCB \times \frac{DF}{\text{Capitaux investis}}$$

R_c = Coût des capitaux propres ; CP = Loyers début de période + Dépôt de garantie ; RCB = Coût du crédit-bail par les FNT ; DF = Valeur du bien financé par crédit-bail – CP

Le mode de financement permettant de minimiser le coût moyen des sources de financement du projet d'investissement est celui pour lequel le CMPC est le plus faible ; ainsi, si le CMPC du financement par emprunt est plus élevé que le CMPC du financement par crédit-bail, il est conseillé au dirigeant d'opter pour le financement par crédit-bail. Ce dernier n'impacte pas la structure financière de l'entreprise, seul le résultat de l'exercice est impacté (loyers). Toutefois, si le crédit-bail est retraité (approche économique et harmonisation des comparaisons interentreprises), il aura une incidence sur les ratios d'endettement qui seront moins favorables, au même titre que le recours à l'emprunt.

Si l'entreprise ne souhaite pas retenir le crédit-bail comme mode de financement, elle pourra retenir un financement intégral par emprunt, sous réserve que les ratios d'endettement et de capacité de remboursement soient corrects.

REMARQUE

Il est possible de déterminer la valeur actuelle nette du financement ; dans ce cas, le mode de financement retenu sera celui qui a la valeur actuelle nette la plus élevée.

VI Le taux de rendement actuariel et le taux de revient

A Le taux de rendement actuariel ou taux effectif global (TEG)

Le ***taux de rendement actuariel (t)*** est le taux d'actualisation tel que la somme versée soit équivalente à la suite d'annuités. Il est calculé avant impôt.

On trouve t par interpolation.

a) Emprunt indivis

Terminologie :

Vo = montant de l'emprunt

a_1, a_2, … = annuités

$$Vo = a_1 (1 + t)^{-1} + a_2 (1 + t)^{-2} + \ldots + a_n (1 + t)^{-n}$$

$$\text{Si } a = \text{constante} : Vo = a \times \frac{1 - (1 + t)^{-n}}{t}$$

b) Emprunt obligataire remboursable in fine

Terminologie :

E = prix d'émission

c = coupon unitaire

R = prix de remboursement

$$E = c \times \frac{1 - (1 + t)^{-n}}{t} + R (1 + t)^{-n}$$

c) Crédit-bail

Terminologie :

Vo = valeur du bien financé par crédit-bail

DG = dépôt de garantie

Versement des redevances début de période :

$$Vo = DG + \text{Redevance} + \text{Redevance} (1 + t)^{-1} + \ldots + \text{Redevance} (1 + t)^{-(n-1)} + (\text{Prix de l'option} - DG) \times (1 + t)^{-n}$$

Versement des redevances fin de période :

$$Vo = DG + \text{Redevance} (1 + t)^{-1} + \ldots + \text{Redevance} (1 + t)^{-n} + (\text{Prix de l'option} - DG) \times (1 + t)^{-n}$$

B Le taux de revient actuariel

Le ***taux de revient actuariel (t)*** est le taux d'actualisation tel que la somme nette versée soit équivalente à la suite d'annuités. Il est calculé avant impôt.

On trouve t par interpolation.

a) Emprunt indivis

$$\text{Vo} - \text{Frais d'émission} = a_1 (1 + t)^{-1} + a_2 (1 + t)^{-2} + \ldots + a_n (1 + t)^{-n}$$

$$\text{Si } a = \text{constante : Vo} - \text{Frais d'émission} = a \times \frac{1 - (1 + t)^{-n}}{t}$$

b) Emprunt obligataire remboursable in fine

$$\text{E} - \text{Frais d'émission} = c \times \frac{1 - (1 + t)^{-n}}{t} + R (1 + t)^{-n}$$

c) Crédit-bail

Versement des redevances début de période :

$$\text{Vo} - \text{Commissions} = \text{DG} + \text{Redevance} + \text{Redevance} (1 + t)^{-1} + \ldots + \text{Redevance} (1 + t)^{-(n-1)} + (\text{Prix de l'option} - \text{DG}) \times (1 + t)^{-n}$$

Versement des redevances fin de période :

$$\text{Vo} - \text{Commissions} = \text{DG} + \text{Redevance} (1 + t)^{-1} + \ldots + \text{Redevance} (1 + t)^{-n} + (\text{Prix de l'option} - \text{DG}) \times (1 + t)^{-n}$$

VII Le calcul des flux nets de trésorerie du projet global

Le calcul des FNT du projet global est nécessaire pour être capable de choisir entre l'emprunt et l'autofinancement ou entre le crédit-bail et l'autofinancement. La VAN et le TRI des FNT du projet global pourront être comparés à la VAN et au TRI de l'autofinancement.

A La détermination des flux nets de trésorerie d'un projet d'investissement financé par emprunt

1 Le calcul de la capacité d'autofinancement liée au financement

La CAF est déterminée, sur la durée du projet, par le calcul suivant :

Chiffre d'affaires HT (CA HT)
– Coûts variables
= Marge sur coût variable (ou Taux de MCV × CA HT)
– Frais fixes (hors DAP)
= Excédent brut d'exploitation (ou Taux d'EBE × CA HT)
– Dotation aux amortissements des immobilisations (DAP)
– Intérêts (et frais de dossier la 1re année)
= Résultat avant IS
– IS
= Résultat après IS
+ Dotation aux amortissements des immobilisations (DAP)
= CAF liée au financement

REMARQUE

Il est possible de calculer la CAF liée au financement à partir de la CAF d'exploitation :

CAF liée au financement = CAF d'exploitation – Intérêts nets d'IS

2 La détermination des flux nets de trésorerie du projet global

Le tableau des FNT se présente comme suit si l'on considère un projet d'investissement financé par un emprunt début N+1 remboursable sur 3 ans :

Éléments	Début N+1	Fin N+1	Fin N+2	Fin N+3
CAF liée au financement		+	+	+
+ Valeur vénale des immobilisations anciennes cédées	+			
+ Récupération du BFRE				+
+ Valeur vénale des immobilisations acquises				+
+ Emprunt	+			
– Investissement	–			
– VAR BFRE	–	–	–	
– Amortissement de l'emprunt (A)		–	–	–
= FNT du projet global	**FNT_0**	**FNT_1**	**FNT_2**	**FNT_3**

B La détermination des flux nets de trésorerie d'un projet d'investissement financé par crédit-bail

1 Le calcul de la capacité d'autofinancement liée au financement

La CAF est déterminée, sur la durée du projet, par le calcul suivant :

Chiffre d'affaires HT (CA HT)
– Coûts variables
= Marge sur coût variable (ou Taux de MCV × CA HT)
– Frais fixes (hors DAP)
= Excédent brut d'exploitation (ou Taux d'EBE × CA HT)
– Redevances crédit-bail
– DAP de l'option d'achat à l'issue du contrat
= Résultat avant IS
– IS
= Résultat après IS
+ DAP (uniquement à la levée de l'option)
= CAF liée au financement

2 La détermination des flux nets de trésorerie du projet global

Le tableau des FNT se présente comme suit si l'on considère un projet d'investissement financé par un crédit-bail signé début N+1 sur une durée de 2 ans avec levée d'option en fin de contrat :

Éléments	Début N+1	Fin N+1	Fin N+2	Fin N+3
CAF		+	+	+
– Dépôt de garantie	–			
+ Valeur vénale des immobilisations acquises (*)				+
+ Récupération du BFRE				+
– Option d'achat			–	
+ Récupération du dépôt de garantie			+	
– VAR BFRE	–	–	–	
= FNT du projet global	**FNT_0**	**FNT_1**	**FNT_2**	**FNT_3**

(*) Cas où la valeur vénale du bien acquis en fin de contrat est significative à l'issue du projet étudié.

Si la redevance est versée début de période, elle figurera en début d'année N+1.

REMARQUE
Suite à la modification des flux d'exploitation du fait du financement par crédit-bail (pertes d'amortissement de l'immobilisation), il est préconisé d'effectuer un calcul direct de la VAN ajustée (voir ci-après).

C La comparaison des différents moyens de financement

Les critères de sélection financier sont la VAN et le TRI.

$$VAN = FNT_0 + FNT_1 (1 + i)^{-1} + FNT_2 (1 + i)^{-2} + FNT_3 (1 + i)^{-3} + \ldots + FNT_n (1 + i)^{-n} = 0$$
$$TRI (t) : FNT_0 + FNT_1 (1 + t)^{-1} + FNT_2 (1 + t)^{-2} + FNT_3 (1 + t)^{-3} + \ldots + FNT_n (1 + t)^{-n} = 0$$

Le mode de financement retenu sera celui qui conduit à la VAN et au TRI les plus élevés. Si la VAN ou le TRI du financement est supérieur à la VAN ou au TRI avant le financement, il existe un effet de levier positif, s'accompagnant d'une amélioration de la rentabilité financière (ou rentabilité des capitaux propres). A contrario, l'effet de levier est négatif et induit une baisse de la rentabilité financière.

Si la VAN du projet global d'un investissement financé par emprunt est supérieure à la VAN lié au seul projet d'investissement, il sera préférable de retenir l'emprunt plutôt que l'autofinancement ; l'entreprise bénéficie en effet d'un effet de levier car sa rentabilité économique est supérieure au coût de l'endettement.

Les banques exigent le plus souvent une hypothèque afin de se protéger en cas de risque de défaillance de l'entreprise, tout en permettant à l'entreprise de rester propriétaire du bien ; les frais d'hypothèque augmenteront le coût de revient de l'emprunt, au même titre que les frais de dossier et d'assurance.

VIII Le calcul direct de la valeur actuelle nette d'un projet global ou VAN ajustée (méthode plus simple pour la détermination des FNT du projet global)

Les FTE sont ajoutés aux FNT déterminés lors du calcul du coût du financement et permettent d'obtenir les FNT du projet global, quel que soit le mode de financement.

Éléments	Début N+1	Fin N+1	Fin N+2	Fin N+3
FTE				
+ FNT liés au coût du financement				
= FNT du projet global				

La ***VAN de base*** mesure la valeur créée par la décision d'investissement dans l'hypothèse d'un financement exclusif par capitaux propres.

La ***VAN du financement*** mesure la valeur créée par la décision de financement.

La ***VAN du projet global*** (ou ***VAN ajustée***) mesure la création de valeur totale de l'entreprise. Elle est à retenir dans les cas complexes lorsque, par exemple, les flux de financement modifient les flux d'exploitation (perte d'amortissement lors d'un financement par crédit-bail). Elle permet de surmonter la difficulté liée à la détermination du coût moyen du capital.

VAN ajustée = VAN de base + VAN du financement

Conclusion : entre endettement et autofinancement, quel est le bon choix pour financer un projet d'investissement ?

Sur le plan financier, le crédit-bail est souvent plus onéreux, mais c'est un mode de financement particulièrement adapté aux biens à obsolescence rapide, nécessitant d'être renouvelés régulièrement. Si la conjoncture est favorable (taux d'intérêt faible), une entreprise aura tendance à s'endetter, lui permettant ainsi de bénéficier d'un effet de levier. Toutefois, certaines entreprises peuvent éprouver des difficultés à s'endetter (jeunes entreprises ne disposant pas de flux de trésorerie excédentaires, méfiance des banques vis-à-vis des entreprises ayant des difficultés de trésorerie, charges fixes plus élevées (intérêts) qui augmentent le seuil de rentabilité, etc.). D'autres entreprises privilégieront une augmentation de capital afin de conserver leur capacité d'endettement et de pouvoir saisir ultérieurement d'autres opportunités d'investissement; la prise de risque sera moindre, excepté le risque de dilution du capital.

IX Le récapitulatif des étapes dans la détermination des flux nets de trésorerie d'un projet global

A Le financement par emprunt indivis

<table>
<tr><th>Étapes</th><th>Éléments</th><th>Méthodologie des étapes</th></tr>
<tr><td>Étape 1</td><td>DAP de l'immobilisation</td><td>Vo / Durée d'utilisation</td></tr>
<tr><td>Étape 2</td><td>Valeur vénale
VNC</td><td>Donnée
Vo – (Vo / Durée d'utilisation) × Durée du projet</td></tr>
<tr><td>Étape 3</td><td>CAF d'exploitation</td><td>CA
– CV
= MCV
– FF hors DAP
= EBE
– DAP
= RE avant IS
– IS
= RE net d'IS
+ DAP
= CAF d'exploitation</td></tr>
<tr><td>Étape 4</td><td>Variation du BFRE</td><td></td></tr>
<tr><td>Étape 5</td><td>FTE</td><td><table>
<tr><th>Éléments</th><th>0</th><th>1</th><th>2</th><th>3</th></tr>
<tr><td>CAF d'exploitation</td><td></td><td>+</td><td>+</td><td>+</td></tr>
<tr><td>VV ou VNC</td><td></td><td></td><td></td><td>+</td></tr>
<tr><td>Récupération BFRE</td><td></td><td></td><td></td><td>+</td></tr>
<tr><td>VV de l'ancien matériel</td><td>+</td><td></td><td></td><td></td></tr>
<tr><td>Investissement</td><td>–</td><td></td><td></td><td></td></tr>
<tr><td>VAR BFRE</td><td>–</td><td>–</td><td>–</td><td></td></tr>
<tr><td>FTE</td><td></td><td></td><td></td><td></td></tr>
</table></td></tr>
<tr><td>Étape 6</td><td>Tableau d'amortissement de l'emprunt</td><td>À établir selon le mode d'amortissement retenu</td></tr>
</table>

<table>
<tr><td>Étape 7</td><td>FNT liés au coût du financement</td><td>
<table>
<tr><th>Éléments</th><th>0</th><th>1</th><th>2</th><th>3</th></tr>
<tr><td>Emprunt</td><td>+</td><td></td><td></td><td></td></tr>
<tr><td>Intérêts</td><td></td><td>–</td><td>–</td><td>–</td></tr>
<tr><td>Économie d'IS / Emprunt</td><td></td><td>+</td><td>+</td><td>+</td></tr>
<tr><td>Frais de dossier</td><td>–</td><td></td><td></td><td></td></tr>
<tr><td>Économie d'IS sur frais</td><td></td><td>+</td><td></td><td></td></tr>
<tr><td>Amortissement emprunt A</td><td></td><td>–</td><td>–</td><td>–</td></tr>
<tr><td>FNT liés au coût du financement</td><td></td><td></td><td></td><td></td></tr>
</table>
Calcul du coût de l'emprunt
Plus le coût est faible, plus le financement est intéressant</td></tr>
<tr><td>Étape 8</td><td>FNT du projet global</td><td>
<table>
<tr><th>Éléments</th><th>0</th><th>1</th><th>2</th><th>3</th></tr>
<tr><td>FTE</td><td></td><td></td><td></td><td></td></tr>
<tr><td>+ FNT liés au coût du financement</td><td></td><td></td><td></td><td></td></tr>
<tr><td>= FNT du projet global</td><td></td><td></td><td></td><td></td></tr>
</table>
</td></tr>
<tr><td>Étape 9</td><td>Critères</td><td>Calcul de la VAN et du TRI à comparer avec l'autofinancement
Retenir le financement qui a la VAN ou le TRI le plus élevé</td></tr>
</table>

B Le financement par crédit-bail

<table>
<tr><th>Étapes</th><th>Éléments</th><th>Méthodologie des étapes</th></tr>
<tr><td>Étape 1</td><td>DAP de l'immobilisation</td><td>Vo / Durée d'utilisation</td></tr>
<tr><td>Étape 2</td><td>Valeur vénale
VNC</td><td>Donnée
Vo – (Vo / Durée d'utilisation) × Durée du projet</td></tr>
<tr><td>Étape 3</td><td>CAF d'exploitation</td><td>CA
– CV
= MCV
– FF hors DAP
= EBE
– DAP
= RE avant IS
– IS
= RE net d'IS
+ DAP
= CAF d'exploitation</td></tr>
<tr><td>Étape 4</td><td>Variation du BFRE</td><td></td></tr>
</table>

Étape 5

FTE

Éléments	**0**	**1**	**2**	**3**
CAF d'exploitation		+	+	+
VV ou VNC				+
Récupération BFRE				+
VV de l'ancien matériel	+			
Investissement	–			
VAR BFRE	–	–	–	
FTE				

Étape 6

FNT liés au coût du financement

Éléments	**0**	**1**	**2**	**3**
Dépôt de garantie (DG)	–			
Loyers versés	–	–	–	
Économie d'IS sur loyers		+	+	+
Frais de dossier	–			
Économie d'IS sur frais		+		
Option d'achat			–	
Économie d'IS sur DAP de l'option d'achat				+
Récupération du DG			+	
Économie sur prix d'achat du bien	+			
Perte d'économie d'IS sur DAP de l'immobilisation		–	–	–
FNT liés au coût du financement				

Calcul du coût du crédit-bail
Plus le coût est faible, plus le financement est intéressant

Étape 7

FNT du projet global

Éléments	**0**	**1**	**2**	**3**
FTE				
+ FNT liés au coût du financement				
= FNT du projet global				

Étape 8

Critères

Calcul de la VAN et du TRI à comparer avec l'autofinancement
Retenir le financement qui a la VAN ou le TRI le plus élevé

APPLICATION CORRIGÉE 1 : Coût du capital – Coût du financement par emprunt et par crédit-bail – Rentabilité du projet global

Le directeur financier de la société NAVAR a décidé de retenir le coût du capital comme taux d'actualisation. La structure de financement est la suivante : 6000000 € de capitaux propres et 4000000 € de dettes financières. Le montant des charges d'intérêt s'élève à 80000 € pour N. Le coût des capitaux propres est estimé à 12 %. Le taux d'IS est de 25 %.

1. Calculer le coût net d'IS des capitaux empruntés et le coût du capital.

Le directeur financier retient finalement un taux d'actualisation de 8 %. Il souhaite réaliser un investissement début N+1, évalué à 400000 €, amortissable en linéaire sur 5 ans. Les ventes prévisionnelles sont de N+1 à N+5, respectivement de 150000 €, 210000 €, 240000 €, 240000 € et 180000 €. Le taux de marge sur coût variable est de 60 %. Les charges fixes annuelles (hors DAP) sont de 13000 €. Le BFRE en jours de CA HT est de 60 jours.

2. Calculer les flux de trésorerie nets générés par l'investissement. Déterminer la VAN du projet. Commenter.

Le directeur financier a finalement décidé de réaliser un autre investissement d'un montant de 560000 €. Le BFRE lié à ce nouvel investissement est de 40000 €. L'étude des FTE a été réalisée pour ce nouvel investissement et s'élèvent respectivement à 148000 €, 162000 €, 188000 €, 182000 € et 174000 € de N+1 à N+5. Le directeur financier s'interroge sur le choix du financement :

- un emprunt de 240000 €, remboursable par amortissements constants, à terme échu, au taux annuel de 2 % sur 5 ans ;
- un contrat de crédit-bail sur 3 ans à hauteur de 240000 €, par versement en début de période de trois redevances annuelles de 75000 € chacune et une option de rachat en fin de 3e année pour 60000 €, amortissable sur 2 ans.

3. Déterminer le coût (taux actuariel) de l'emprunt et du crédit-bail en précisant les FNT. Le directeur ayant retenu l'emprunt, calculer les FNT du projet global et déterminer la VAN. Justifier l'intérêt du recours à l'emprunt.

Correction

1. Coût net d'IS des capitaux empruntés et coût du capital

Taux d'endettement = 80000 / 4000000 = 2 %

Coût de l'emprunt net d'IS = 2 % (1 – 0,25) = 1,5 %

CMPC = [12 % × 6000000 / (6000000 + 4000000)] + [1,5 % × 4000000 / (6000000 + 4000000)] = 7,8 %

2. Flux de trésorerie nets générés par l'investissement, VAN du projet et commentaire

Dotations aux amortissements : 400000 / 5 = 80000

Valeur vénale : 0

CAF d'exploitation

Éléments	N+1	N+2	N+3 à N+4	N+5
Chiffre d'affaires	150000	210000	240000	180000
– Coûts variables (40 %)	– 60000	– 84000	– 96000	– 72000
= MCV (60 %)	90000	126000	144000	108000

– Charges fixes décaissables	– 13000	– 13000	– 13000	– 13000
= EBE	77000	113000	131000	95000
– DAP	– 80000	– 80000	– 80000	– 80000
= Résultat d'exploitation avant IS	– 3000	33000	51000	15000
– IS	– (– 750)	– 8250	– 12750	– 3750
= RE après IS	– 2250	24750	38250	11250
+ DAP	80000	80000	80000	80000
= CAF d'exploitation	**77750**	**104750**	**118250**	**91250**

Variation du BFRE (60 j de CA HT)

Éléments	BFRE	VAR BFRE
N+1	25000	25000
N+2	35000	10000
N+3	40000	5000
N+4	40000	0
N+5	30000	– 10000

Tableau des FTE

Éléments	Début N+1	Fin N+1	Fin N+2	Fin N+3	Fin N+4	Fin N+5
CAF d'exploitation		77750	104750	118250	118250	91250
Récupération du BFRE						30000
Investissement	– 400000					
VAR BFRE	– 25000	– 10000	– 5000		+ 10000	
FTE	**– 425000**	**67750**	**99750**	**118250**	**128250**	**121250**

VAN 9 % = – 425000 + 67750 $(1{,}08)^{-1}$ + 99750 $(1{,}08)^{-2}$ + 118250 $(1{,}08)^{-3}$ + 128250 $(1{,}08)^{-4}$ + 121250 $(1{,}08)^{-5}$ = – 6090

La VAN est négative, le projet n'est pas acceptable.

3. Coût (taux actuariel) de l'emprunt et du crédit-bail en précisant les FNT ; FNT du projet global et VAN ; justification de l'intérêt du recours à l'emprunt

Choix entre l'emprunt et le crédit-bail

Tableau d'amortissement de l'emprunt

A = 240000 / 5 = 48000

Éléments	Capital début	Intérêts	Amortissements
N+1	240000	4800	48000
N+2	192000	3840	48000
N+3	144000	2880	48000
N+4	96000	1920	48000
N+5	48000	960	48000

Tableau des FNT liés au coût du financement par emprunt

Éléments	Début N+1	Fin N+1	Fin N+2	Fin N+3	Fin N+4	Fin N+5
Emprunt	240000					
Intérêts		– 4800	– 3840	– 2880	– 1920	– 960
Économie IS sur intérêts		1200	960	720	480	240
Amortissement de l'emprunt		– 48000	– 48000	– 48000	– 48000	– 48000
FNT	**240000**	**– 51600**	**– 50880**	**– 50160**	**– 49440**	**– 48720**

Coût du financement t

$240000 - 51600\,(1 + t)^{-1} - 50880\,(1 + t)^{-2} - 50160\,(1 + t)^{-3} - 49440\,(1 + t)^{-4} - 48720\,(1 + t)^{-5} = 0$; on trouve t = 1,5 %

Vérification : 2 % (1 – 0,25) = 1,5 %

Tableau des FNT liés au coût du financement par crédit-bail

Éléments	Début N+1	Fin N+1	Fin N+2	Fin N+3	Fin N+4	Fin N+5
Loyers	– 75000	– 75000	– 75000			
Économie IS sur loyers (1)		18750	18750	18750		
Option d'achat				– 60000		
Économie IS sur DAP de l'option (2)					7500	7500
Économie sur prix d'achat	240000					
Perte d'économie IS sur DAP du bien (3)		– 12000	– 12000	– 12000	– 12000	– 12000
FNT	**165000**	**– 68250**	**– 68250**	**– 53250**	**– 4500**	**– 4500**

(1) 75000 × 25 % = 18750

(2) 25% (60000 / 2) = 7500

(3) 25 % (240000 / 5) = 12000

Coût du financement t

$165000 - 68250\,(1 + t)^{-1} - 68250\,(1 + t)^{-2} - 53250\,(1 + t)^{-3} - 4500\,(1 + t)^{-4} - 4500\,(1 + t)^{-5} = 0$; on trouve t = 9,77 %.

Le coût de l'emprunt étant plus faible que celui du crédit-bail, le financement par emprunt est plus intéressant.

Choix entre l'emprunt et l'autofinancement

Tableau des FNT du projet global

Éléments	Début N+1	Fin N+1	Fin N+2	Fin N+3	Fin N+4	Fin N+5
FTE (1)	– 600 000	148 000	162 000	188 000	182 000	174 000
FNT liés au coût de l'emprunt	240 000	– 51 600	– 50 080	– 50 160	– 49 440	– 48 720
FNT du projet global	**– 360 000**	**96 400**	**111 920**	**137 840**	**132 560**	**125 280**

(1) Capital investi = 560 000 + 40 000 = 600 000

VAN 8 % du projet d'investissement :

$-600000 + 148000\,(1{,}08)^{-1} + 162000\,(1{,}08)^{-2} + 188000\,(1{,}08)^{-3} + 182000\,(1{,}08)^{-4} + 174000\,(1{,}08)^{-5} = 77363$

VAN 9 % du projet global :

$-360000 + 96400\,(1{,}08)^{-1} + 111920\,(1{,}08)^{-2} + 137840\,(1{,}08)^{-3} + 132560\,(1{,}08)^{-4} + 125280\,(1{,}08)^{-5} = 117334$

La VAN du projet global est supérieure ; en recourant à l'emprunt, la société bénéficie d'un effet de levier favorable en améliorant sa rentabilité financière.

APPLICATION CORRIGÉE 2 : Coût du financement par emprunt – Rentabilité du projet global

Un projet d'investissement est envisagé pour le début de l'année N+1 par les dirigeants de l'entreprise PRIVO. L'investissement serait de 180 000 € HT, composé d'un bâtiment et de matériels. Les amortissements annuels sont respectivement de 25 500 €, 24 275 €, 23 479 €, 23 373 € et 23 373 € de N+1 à N+5.

Les données prévisionnelles sont les suivantes :

	N+1	N+2	N+3	N+4	N+5
Quantités	30 000	32 000	33 000	35 000	35 000
Prix de vente unitaire	4,50 €	4,50 €	4,50 €	4,50 €	4,50 €
Coût variable unitaire	1 €	1 €	1 €	1 €	1 €
Coûts fixes annuels (hors DAP)	63 000 €	63 000 €	63 000 €	63 000 €	63 000 €

La valeur résiduelle en fin de projet est estimée à 60 000 €. Le BFRE est de 10 jours de CA HT. Le taux d'IS est de 25 %.

1. Calculer la VAN au taux de 9 %.

2. Les flux de trésorerie sont réinvestis au taux de 5 %. Calculer la VANG et le TRIG.

3. Commenter les résultats obtenus et apprécier l'opportunité de réaliser un tel investissement.

Pour financer cet investissement de 180 000 €, l'entreprise retient la solution suivante : un apport de 80 000 € complété par un emprunt pour le solde, remboursable par annuités constantes sur 5 ans au taux de 3 %.

4. Calculer le coût de revient de l'emprunt à partir des FNT.

5. Préciser les FNT du projet global et calculer la VAN. Conclure sur l'opportunité de financer l'investissement par autofinancement ou par emprunt.

Correction

1. Calcul de la VAN au taux de 9 %

Valeur vénale : 60 000

CAF d'exploitation

	N+1	N+2	N+3	N+4 à N+5
Chiffre d'affaires	135 000	144 000	148 500	157 500
– Coûts variables	– 30 000	– 32 000	– 33 000	– 35 000
= MCV (40 %)	105 000	112 000	115 500	122 500
– Charges fixes fixes	– 63 000	– 63 000	– 63 000	– 63 000
– DAP	– 25 500	– 24 275	– 23 479	– 23 373
= RE avant IS	16 500	24 725	29 021	36 127
– IS (25 %)	– 4 125	– 6 181,25	– 7 255,25	– 9 031,75
= RE après IS	12 375	18 543,75	21 765,75	27 095,25
+ DAP	25 500	24 275	23 479	23 373
= CAF d'exploitation	**37 875**	**42 818,75**	**45 244,75**	**50 468,25**

Variation du BFRE (10 j de CA HT)

	BFRE	VAR BFRE
N+1	3 750	3 750
N+2	4 000	250
N+3	4 125	125
N+4	4 375	250
N+5	4 375	0

Tableau des FTE

Éléments	Début N+1	Fin N+1	Fin N+2	Fin N+3	Fin N+4	Fin N+5
CAF d'exploitation		37 875	42 819	45 245	50 468	50 468
Valeur vénale						60 000
Récupération du BFRE						4 375
Investissement	– 180 000					
VAR BFRE	– 3 750	– 250	– 125	– 125		
FTE	**– 183 750**	**37 625**	**42 694**	**45 120**	**50 468**	**114 843**

VAN 9 % = $- 183\,750 + 37\,625\,(1{,}09)^{-1} + 42\,694\,(1{,}09)^{-2} + 45\,120\,(1{,}09)^{-3} + 50\,468\,(1{,}09)^{-4} + 114\,843\,(1{,}09)^{-5} = 31\,937$

2. Calcul de la VANG et du TRIG

$VA = 37625\,(1,05)^4 + 42694\,(1,05)^3 + 45120\,(1,05)^2 + 50468\,(1,05)^1 + 114843\,(1,05)^0 = 312736$

$VANG = -\,183750 + 312736\,(1,09)^{-5} = 19507$

TRIG (t) : $-\,183750 + 312736\,(1 + t)^{-5} = 0$; on trouve t = 11,22 %.

3. Commentaire

La VAN est positive, la VANG est positive ; le TRIG est supérieur au taux d'actualisation. Le projet est donc rentable.

4. Calcul du coût de revient de l'emprunt à partir des FNT

Tableau d'amortissement de l'emprunt

$a = 100000 \times 0,03 / (1 - 1,03)^{-5} = 21835$

Éléments	Capital début	Intérêts	Amortissements	Annuités
N+1	100 000	3 000	18 835	21 835
N+2	81 165	2 435	19 400	21 835
N+3	61 765	1 853	19 982	21 835
N+4	41 783	1 253	20 582	21 835
N+5	21 200	636	21 200	21 835

Tableau des FNT

	Début N+1	Fin N+1	Fin N+2	Fin N+3	Fin N+4	Fin N+5
Emprunt	100 000					
– Intérêts		– 3 000	– 2 435	– 1 853	– 1 253	– 636
+ Éco IS sur intérêts		+ 750	+ 609	+ 463	+ 313	+ 159
– Remboursement A		– 18 835	– 19 400	– 19 982	– 20 582	– 21 200
= FNT	**100 000**	**– 21 085**	**– 21 226**	**– 21 372**	**– 21 522**	**– 21 677**

Coût du financement ou taux actuariel net d'IS t

$100000 - 21085\,(1 + t)^{-1} - 21226\,(1 + t)^{-2} - 21372\,(1 + t)^{-3} - 21522\,(1 + t)^{-4} - 21677\,(1 + t)^{-5} = 0$;

on trouve t = 2,25 %.

Vérification : 3 % (1 – 0,25) = 2,25 %.

5. FNT du projet global et calcul de la VAN ; conclusion

Choix entre emprunt et autofinancement

Éléments	Début N+1	Fin N+1	Fin N+2	Fin N+3	Fin N+4	Fin N+5
FTE	– 183 750	37 625	42 694	45 120	50 468	114 843
FNT liés au coût du financement	100 000	– 21 085	– 21 226	– 21 372	– 21 522	– 21 677
FNT du projet global	**– 83 750**	**16 540**	**21 468**	**23 748**	**28 946**	**93 166**

VAN 9 % = – 83 750 + 16 540 $(1{,}09)^{-1}$ + 21 468 $(1{,}09)^{-2}$ + 23 748 $(1{,}09)^{-3}$ + 28 946 $(1{,}09)^{-4}$ + 93 166 $(1{,}09)^{-5}$ = 48 889

La VAN du projet global est de 48 889 €, elle est supérieure à 31 937 €. En ayant recours à l'emprunt, l'entreprise bénéficie d'un effet de levier.

APPLICATION CORRIGÉE 3

Avant de réaliser l'investissement, le dirigeant de la société RESS souhaite se pencher sur le financement de son projet d'investissement, estimé à 1 500 000 €, amortissable sur 5 ans. Il s'interroge sur le choix du financement.

Un financement mixte : l'investissement serait financé à 60 % par emprunt bancaire, le complément serait autofinancé. L'emprunt serait remboursable *in fine* sur 5 ans à terme échu au taux fixe annuel de 1,5 %.

Un financement intégral par crédit-bail : le contrat de crédit-bail serait sur 4 ans, par versement en début de période d'un dépôt de garantie de 60 000 € et de quatre redevances annuelles de chacune 360 000 €, avec une option de rachat en fin de quatrième année pour 150 000 € amortissable sur le reste de la durée d'utilisation.

La valeur de l'action de la société RESS est estimée à 20 €. Le dividende unitaire est de 5 €. Le taux d'IS est de 25 %.

1. Calculer le taux de revient de l'emprunt indivis.

2. Calculer le taux de revient du financement par crédit-bail.

3. Conclure.

Correction

1. Taux de revient de l'emprunt indivis

En l'absence de frais de dossier, le coût de l'emprunt correspond au taux d'endettement net d'IS.

t = 1,5 % (1 – 0,25) = **1,125 %**

2. Taux de revient du financement par crédit-bail (K€)

Éléments	Début N+1	Fin N+1	Fin N+2	Fin N+3	Fin N+4	Fin N+5
Dépôt de garantie	– 60					
Redevances	– 360	– 360	– 360	– 360		
Économie d'IS sur loyers (1)		+ 90	+ 90	+ 90	+ 90	
Option d'achat					– 150	
Économie d'IS sur DAP de l'option (1)						+ 37,5
Récupération du DG					+ 60	
Économie sur prix d'achat	+ 1 500					
Perte d'économie IS sur DAP du bien (2)		– 75	– 75	– 75	– 75	– 75
FNT	**1 080**	**– 345**	**– 345**	**– 345**	**– 75**	**– 37,5**

(1) 25 % (360) = 90

(2) 25 % × [150 / (5 – 4)] = 37,5

(3) 25 % (1 500 / 5) = 75

Taux de revient du crédit-bail (t) : $1\,080 - 345\,(1 + t)^{-1} - 345\,(1 + t)^{-2} - 345\,(1 + t)^{-3} - 75\,(1 + t)^{-4} - 37{,}5\,(1 + t)^{-5} = 0$; on trouve t = **2,78 %**.

3. Conclusion

Le coût de l'emprunt est plus faible que le coût du crédit-bail ; il serait donc plus judicieux de retenir l'emprunt pour le financement du projet d'investissement. Cependant, l'emprunt ne finance le projet qu'à hauteur de 60 %, le reste étant autofinancé. Il s'avère nécessaire de déterminer le CMPC des deux financements.

Coût du capital du financement mixte par emprunt :

Coût des capitaux propres = 5 / 20 = 25 %

Capitaux propres = 40 %

Dettes financières = 60 %

CMPC = (25 % × 0,4) + 1,5 % (1 – 0,25) x 0,60 = **10,675 %**

Coût du capital du financement mixte par crédit-bail :

Coût des capitaux propres = 5 / 20 = 25 %

Capitaux propres = 360 + 60 = 420

Dettes financières = 1 500 – 420 = 1 080

CMPC = (25 % × 420 / 1 500) + (2,78 % × 1 080 / 1 500) = **9 %**

Il s'avère que le financement mixte (autofinancement et emprunt) est plus coûteux que le financement par crédit-bail, ce qui était prévisible face à un coût des capitaux propres élevé. Il est donc conseillé au dirigeant de financer son projet d'investissement par crédit-bail ; à défaut, il pourrait le financer intégralement par emprunt, sous réserve que les ratios d'endettement et de capacité de remboursement soient corrects.

Chapitre 13

LES MARCHÉS FINANCIERS

Selon le programme officiel de l'examen, ce chapitre va vous permettre, après avoir resitué le marché financier comme un mode de financement direct au sein de l'économie, de déterminer l'apport des marchés financiers en matière de politique de financement et d'information financière de qualité.

Vous développerez ainsi les compétences suivantes :
- *Mettre en évidence les grands principes d'organisation ;*
- *Identifier les produits du marché financier ;*
- *Identifier les principales sources de notation financière et de cotation des titres ;*
- *Expliquer la cote des actions et des obligations ;*
- *Justifier la variation des prix des titres en fonction des taux d'intérêt de marché et de l'information.*

I Le marché financier

A La définition et la structure du marché financier

Le marché financier est le marché sur lequel s'échangent des titres (actions, obligations, produits dérivés) :
- le ***marché des actions*** permet la négociation de titres de propriété des entreprises cotées ;
- le ***marché des obligations*** permet aux entreprises, aux États et aux institutions financières d'emprunter des capitaux sur le moyen et long terme.

Les marchés sont organisés en vue d'assurer aux investisseurs une information financière de qualité et une allocation efficiente des ressources. Ils mettent en relation les demandeurs (entreprises émettrices d'actions, d'obligations ou autres titres) et les investisseurs disposant de fonds qu'ils acceptent de mettre à disposition des demandeurs et dont ils attendent une rémunération.

Les opérateurs qui interviennent sur les marchés financiers sont :
- le ***spéculateur***, qui accepte de prendre des risques ;
- le ***hedger***, qui cherche à réaliser des opérations sécurisées et qui intervient sur le marché pour se couvrir ;
- l'***arbitragiste*** qui réagit très rapidement aux décalages momentanés des prix et qui exploite à son profit tous les déséquilibres ; c'est lui qui assure la liquidité et l'efficience du marché.

B Les marchés réglementés et les marchés de gré à gré

Les produits s'échangent sur deux marchés : les marchés réglementés et les marchés de gré à gré.

1 Les marchés réglementés

a La définition et l'évolution du marché réglementé

Un marché réglementé est un lieu d'échange sur lequel les négociations obéissent à un certain nombre de règles ; le respect de ces règles est contrôlé par un régulateur qui surveille en particulier les conditions d'accès au marché et d'admission à la cotation, l'organisation des transactions, les modalités d'enregistrement et de publicité des négociations.

Euronext est un exemple de ***marché réglementé***. En 2000, Euronext est créé, issu de la fusion des bourses de Paris, Bruxelles et Amsterdam ; en 2002, Euronext fusionne avec la bourse de Lisbonne et acquiert le marché des dérivés à Londres (Liffe). En 2005, est créé un marché réglementé unique, au sein duquel les sociétés cotées sont classées par ordre alphabétique et sont identifiables grâce à un critère de capitalisation permettant de distinguer les petites valeurs (capitalisation boursière < 150 millions d'euros), les moyennes valeurs (entre 150 millions et 1 milliard d'euros) et les grandes valeurs (> 1 milliard d'euros). En 2006, Euronext et NYSE (New York Stock Exchange) fusionnent et sont introduits en bourse en 2007. NYSE Euronext englobe cinq marchés de la bourse de New York et détient en Europe les bourses de Bruxelles, Amsterdam, Lisbonne et Paris (via sa filiale Euronext Paris) ainsi que le Liffe. En 2013, l'opérateur boursier américain intercontinental Exchange (ICE), société américaine spécialisée sur les marchés dérivés, fait une OPA sur NYSE Euronext, pour le scinder en deux et se sépare en 2014 de la partie Euronext en la remettant en bourse comme une société indépendante. Désormais, Euronext est une société cotée sur ses propres marchés à Paris, Amsterdam et Bruxelles.

Parallèlement, afin de faciliter l'accès au marché pour les valeurs moyennes et petites, Euronext propose d'autres compartiments de marché qui sont non réglementés :

- ***Euronext Growth*** (initialement appelé Alternext lors de sa création en 2005 par Euronext) est créé en 2017. Il est dédié aux PME de tous les secteurs d'activité de la zone euro, qui souhaitent accéder au marché financier avec une certaine souplesse. C'est un marché régulé et organisé mais non réglementé. Il est soumis à des règles de cotation adaptées aux spécificités des PME et il répond à des règles d'admission et de fonctionnement plus souples que sur le marché réglementé. L'entrée sur ce marché se fait à un coût moindre ;
- ***Euronext Access*** (initialement appelé *marché gris*) est créé en 2017. Les entreprises de taille moyenne trop petites pour entrer sur le second ou le nouveau marché sont cotées sur ce marché. Il s'agit d'un marché non réglementé et les règles sont encore plus souples que sur Euronext Growth.

S'agissant de marchés organisés, ils sont encadrés par l'AMF et la société de marché Euronext ; les actions sont émises sur le marché primaire et s'échangent au comptant sur le marché secondaire.

b Les règles de fonctionnement du marché réglementé français

Les règles sont décidées par une autorité de marché. Pour garantir un bon fonctionnement, deux acteurs ont un rôle majeur :

- l'***Autorité des marchés financiers*** (AMF) : organisme public indépendant, l'AMF est chargée du bon fonctionnement des marchés, du contrôle des opérations financières des sociétés cotées et de l'information financière. Elle dispose également d'un pouvoir de sanction en cas d'infraction à ces règles ;
- ***Euronext Paris SA*** : société privée issue de la fusion des bourses européennes de Bruxelles, Amsterdam, Lisbonne et Paris, *Euronext Paris SA* est chargée de veiller au bon déroulement de la cotation des valeurs et d'assurer la promotion de la place parisienne en France et à l'étranger.

2 Les marchés de gré à gré

Un marché de gré à gré représente une plateforme privée où aucun engagement contractuel n'existe. Les transactions sont conclues directement entre le vendeur et l'acheteur (par exemple, entre deux banques). Il n'y a aucun intermédiaire entre les deux parties.

Le marché de gré à gré le plus important est celui des devises.

3 Les intérêts et les limites des marchés réglementés et des marchés de gré à gré

Le marché réglementé a pour avantages principaux la liquidité des titres, l'égalité de traitement de l'ensemble des acteurs, la sécurité des transactions (garantie des livraisons aux acheteurs et des règlements aux vendeurs). Toutefois, les contrats négociés sur ces marchés ne conviennent pas toujours aux besoins des entreprises qui s'adressent alors à leurs banques pour souscrire des contrats de gré à gré.

Les produits proposés sur les marchés de gré à gré sont infinis et parfaitement adaptés aux besoins du risque à couvrir (montant, échéance, etc.). Le cadre réglementaire est moins restrictif que dans un marché réglementé. Les frais de transactions sont réduits. Toutefois, à l'échéance des contrats, les investisseurs sont exposés au risque de faillite de l'acheteur (risque de ne pas payer) ou du vendeur (risque de ne pas livrer les titres).

II L'introduction en bourse

A La définition de l'introduction en bourse

L'introduction en bourse est la première admission des valeurs mobilières aux négociations sur un marché réglementé. Elle est réalisée conformément aux règles fixées par Euronext et l'AMF. Elle peut prendre différentes formes :
- cession des titres existants ;
- augmentation du capital ouverte au public ;
- augmentation de capital ouverte aux salariés.

1 Les conditions d'admission et les procédures d'introduction

Pour être introduite en bourse, la société doit choisir le marché boursier sur lequel elle souhaite s'introduire : *Euronext, Euronext Growth, Euronext Access*. Un intermédiaire financier dénommé ***PSI (prestataire de services en investissement)***, membre des marchés d'Euronext, conseille les dirigeants des sociétés tout au long du processus d'introduction afin de proposer un prix d'introduction attrayant au public sans moins-values pour les anciens actionnaires.

Il existe différentes techniques d'introduction :
- l'***offre à prix ferme*** (OPF) : le prix est fixé à l'avance ;
- l'***offre à prix minimal*** (OPM) : un prix minimal est fixé ;
- l'***offre à prix ouvert*** (OPO) : une fourchette de prix indicative est fournie.

2 Les intérêts et les limites de l'introduction en bourse

L'introduction en bourse permet de :
- valoriser la société ;
- rendre liquide les titres détenus par les actionnaires ;
- accorder des actions aux salariés ;
- obtenir des fonds pour investir, financer le besoin en fonds de roulement ou se désendetter ;
- diversifier l'actionnariat ;
- apporter une certaine notoriété à la société.

En revanche, il existe également des limites à l'introduction en bourse :
- les coûts supportés par la société sont onéreux (diffusion obligatoire de l'information avant et après l'introduction en bourse) ;
- l'introduction en bourse peut entraîner une dilution du bénéfice par action et une dilution du pouvoir décisionnel et du contrôle de la société.

B Les composantes du marché financier

Au sein du marché financier, on distingue le *marché primaire* et le *marché secondaire*.

1 Le marché primaire

Le ***marché primaire*** ou ***marché du neuf*** est le marché d'émission des nouveaux titres. Il concerne aussi bien les actions que les obligations. L'émission des emprunts obligataires est réservée à l'État, aux institutions financières et aux sociétés par actions ainsi qu'aux SARL (sous conditions).

2 Le marché secondaire

Dès lors que les émissions de titres sont terminées, les titres sont négociables sur le marché secondaire ou marché de l'occasion, marché où s'échangent les titres déjà émis et cotés.

C L'organisation du marché des actions

1 La cotation des actions

La cotation des actions consiste à confronter quotidiennement l'offre et la demande exprimées au cours d'une séance. Les titres sont cotés chaque jour, en continu ou au *fixing*, selon le nombre de transactions :

- ***cotation assistée en continu*** (tout au long de la journée de 9 h 01 à 17 h 25) pour les valeurs les plus actives, c'est-à-dire celles qui font l'objet de négociations importantes. L'ordinateur sert les ordres au fur et à mesure de leur arrivée (*ordres au fil de l'eau*) ;
- ***cotation par fixages*** (une ou deux fois par jour à 10 h 30 ou à 16 h) pour les valeurs moins actives.

Les offres et les demandes formulées par les acheteurs et les vendeurs sont centralisées sur le système informatique de la Bourse. Les cotations peuvent être suspendues provisoirement en vue d'assurer la sérénité du Marché ou pour limiter les fluctuations des cours en cas d'écarts trop importants sur une valeur lors d'une même séance.

Les cours d'ouverture et de clôture servent de base au calcul des ***indices boursiers***, indicateurs représentatifs d'un marché et d'un secteur d'activité. L'indice français le plus connu est le CAC 40. La cotation est une cotation assistée en continu pour les 40 principales valeurs de sociétés choisies parmi les 100 premières pour lesquelles les volumes d'échanges de titres sont les plus importants.

2 Les ordres passés sur le marché boursier

Les différents types d'ordre sont les suivants :

- ***ordre à cours limité*** : il consiste à fixer un cours limite au-dessus ou en dessous duquel l'achat ou la vente ne pourront être réalisés (garantie d'un cours maximum lors des achats et d'un cours minimum lors des ventes ;
- ***ordre à la meilleure limite*** : il est exécuté au meilleur prix lors de son arrivée sur le marché. Il peut être exécuté totalement, partiellement sur plusieurs cours successifs ou pas de tout ;
- ***ordre au marché*** : il ne comporte aucune limite de prix. Il est prioritaire sur les offres à la meilleure limite et sur les ordres à cours limité ;
- ***ordre stop*** : il peut être un ordre à seuil de déclenchement ou un ordre à plage de déclenchement :
  - *l'ordre à seuil de déclenchement* consiste à donner le cours précis à partir duquel on veut que l'opération soit réalisée. Il se déclenche dès que le prix de l'action atteint la valeur donnée par l'opérateur,
  - *l'ordre à plage de déclenchement* stipule une fourchette de cours. C'est un ordre à seuil de déclenchement auquel s'ajoute une limite de prix au-delà de laquelle l'ordre ne doit plus être passé.

3 Le service à règlement différé

Le système de paiement par défaut est le règlement au comptant. Le service à règlement différé (SRD) permet de différer le dénouement d'une transaction à la fin du mois boursier. Il n'est autorisé que pour les valeurs éligibles au SDR (capitalisation boursière de 1 milliard d'euros et volume quotidien de capitaux échangés d'au moins 100 000 euros). De plus, l'investisseur doit disposer de garanties suffisantes. La capacité d'investissement au SDR est fonction de la nature des actifs détenus en portefeuille (taux de couverture d'au moins 40 % pour les actions).

Le SDR permet aux investisseurs, non seulement de bénéficier d'un effet de levier, mais aussi d'effectuer des ventes à découvert (vendre à crédit des titres que l'on ne détient pas avec la promesse de les racheter à une date ultérieure, opération intéressante si la valeur du titre a diminué entre la date de la vente et celle de l'achat).

En revanche, il génère des commissions spécifiques librement fixées par les intermédiaires financiers.

L'organisation des marchés financiers est davantage développée dans l'ouvrage Les Carrés DSCG UE 2 Finance (chez le même éditeur).

III La théorie de l'efficience du marché

La théorie financière s'intéresse à l'équilibre des marchés et repose sur l'***hypothèse de l'efficience des marchés (HEM)***, formulée comme hypothèse fondamentale à de nombreux modèles de finance des marchés.

Un marché est efficient lorsque les conditions suivantes sont réunies :
- ***rationalité des opérateurs*** : les opérateurs cherchent à maximiser le gain qu'ils peuvent réaliser pour un niveau de risque donné ;
- ***libre circulation des informations*** : la même information est diffusée instantanément à tous les opérateurs ;
- ***réaction instantanée des opérateurs*** ;
- ***gratuité de l'information*** : l'information est accessible gratuitement à tous les opérateurs ;
- ***absence de coûts de transaction et d'impôts*** : les opérateurs peuvent agir librement sur le marché sans que des coûts viennent annuler leurs gains potentiels ;
- ***atomicité des opérateurs*** : aucun opérateur ne doit pouvoir influencer le marché par sa simple intention d'acheter ou vendre une masse importante d'actions. Les opérateurs ont leurs propres opinions et ne s'imitent pas lorsqu'ils prennent une décision ;
- ***liquidité*** : le prix de l'actif ne doit pas pouvoir varier pour des problèmes de liquidité. Les décisions des investisseurs mènent à un prix d'équilibre.

Si les anticipations des investisseurs sont ***rationnelles***, c'est-à-dire fondées sur toute l'information pertinente disponible, les prix reflètent à tout moment la meilleure estimation possible de la vraie valeur de l'actif, dite ***valeur fondamentale*** ou ***valeur intrinsèque***.

Le cours de l'action est donc la meilleure estimation de sa valeur et ne varie que lorsque cette valeur change suite à la survenance d'une information nouvelle.

Toutefois, il existe des ***imperfections du marché***. En effet, le marché anticipe mieux les mouvements de hausse que les mouvements de baisse de l'économie ; c'est en partie ce qui explique les krachs boursiers. De plus, le marché est irrationnel, ce qui engendre des bulles spéculatives.

IV La cotation des titres

A L'évaluation d'une action

Table des abréviations :
D : Dividendes à venir
g : Taux de croissance des dividendes
n : période retenue
Rc : Coût des capitaux propres
Rt : Rentabilité du titre
V : Valeur actuelle d'une action

Plusieurs modalités existent pour évaluer une action : le cours en bourse et l'actualisation des dividendes.

1 Le cours en bourse d'une action et la capitalisation boursière

Le cours d'une action résulte de l'offre et de la demande sur le marché financier. Les investisseurs anticipent la rentabilité en fonction des résultats publiés par les sociétés et des perspectives économiques.

La capitalisation boursière est la valorisation d'une entreprise à partir de son cours boursier.

Capitalisation boursière = Nombre d'actions × Cours en bourse

2 La valeur d'une action fondée sur l'actualisation des dividendes

Selon les modèles d'Irving Fisher et de Gordon et Shapiro, le rendement repose sur l'actualisation des dividendes, de l'année (1) à l'année (n) au coût des capitaux propres (Rc).

$$Vo = D_1\,(1 + Rc)^{-1} + D_2\,(1 + Rc)^{-2} + D_3\,(1 + Rc)^{-3} + \ldots + D_n\,(1 + Rc)^{-n}$$

Pour un horizon à l'infini : $$Vo = \frac{D}{Rc}$$

Si les dividendes croissent à un taux annuel constant (g) :

$$Vo = D \times \frac{1 - [(1 + g)^1\,(1 + Rc)^{-1}]^n}{Rc - g}$$

Pour un horizon à l'infini : $$Vo = \frac{D}{Rc - g}$$

REMARQUE

Si le dividende à venir n'est pas donné, il est égal au dernier dividende versé multiplié par (1 + g).

APPLICATION CORRIGÉE

Le taux de rendement requis par les actionnaires est de 11 %.

1. Calculer la valeur de l'action X au 31/12/N dans les hypothèses suivantes :
– le dividende anticipé est de 12 € ;
– le dividende anticipé pour N+1 est de 12,24 € et le taux de croissance annuel du dividende est de 2 %.

2. Sachant que le cours de l'action est de 120 € et que le dividende anticipé est de 12,24 €, déterminer le taux de croissance des dividendes.

Correction

1. Calcul de la valeur de l'action

Vo = 12 / 0,11 = 109,09 €

Vo = 12,24 / (0,11 – 0,02) = 136 €

2. Taux de croissance des dividendes

Vo = 120 = 12,24 / (0,11 – g) ; on trouve g = 0,8 %.

Le marché sous-évalue l'action car il anticipe un taux de croissance des dividendes inférieur à celui retenu par l'entreprise.

Il existe des ***limites*** à ces modèles. En effet, ils reposent sur des hypothèses figées et restrictives ; ils impliquent que le taux de rentabilité exigé par les actionnaires soit supérieur au taux de croissance des dividendes ; ils présentent le risque de surévaluer la valeur des entreprises si le taux de croissance appliqué est élevé à l'infini.

3 Le *Price Earning Ratio*

Le *Price Earning Ratio* (PER) est un indicateur utilisé en analyse boursière. Il représente le rapport du cours de l'action sur le bénéfice par action. Il varie selon les secteurs d'activité ainsi qu'en fonction de la conjoncture boursière. Il permet de mettre en évidence les actions surcotées ou sous-cotées et de prendre les décisions d'achat ou de vente qui s'imposent.

$$\text{PER} = \frac{\text{Cours de l'action}}{\text{Bénéfice net par action}}$$

$$\text{PER} = \frac{\text{Capitalisation boursière}}{\text{Bénéfice net}}$$

Des PER moyens sont publiés par secteur d'activité et permettent d'évaluer la valeur d'une action par rapport aux prix des titres de sociétés de même secteur. Un PER faible correspond à des valeurs en déclin ; un PER élevé correspond à des valeurs en croissance. Plus le PER est faible, plus le cours de l'action est faible par rapport au bénéfice dégagé ; plus le PER est élevé, plus le cours de l'action est important par rapport au bénéfice dégagé.

Pour être pertinent, le PER doit être comparé au PER du secteur d'activité :
- si le PER est élevé, le titre est surévalué, la décision d'un opérateur sera de se porter vendeur de titres ;
- si le PER est faible, le titre est sous-évalué, la décision d'un opérateur sera de se porter acheteur de titres.

La formule est la suivante :

$$\text{PER relatif} = \frac{\text{PER}}{\text{PER du secteur d'activité}}$$

Si le PER est inférieur à 1, les perspectives de croissance de l'entreprise sont mauvaises ; un PER relatif supérieur à 1 signifie que le marché anticipe de bonnes perspectives de croissance de l'entreprise.

B L'évaluation d'une obligation

Table des abréviations :

c : Coupon (c = C x i)
C : Valeur nominale
E : Valeur d'émission ; émission au pair si E = C
i : Taux d'intérêt nominal ou facial fixe
n : durée de vie de l'emprunt obligataire
R : Valeur de remboursement : remboursement au pair si R = C
t : Taux actuariel
Vo : Valeur actuelle d'une obligation

1 La cotation d'une obligation

Les obligations sont cotées en pourcentage de la valeur nominale au pied du coupon, c'est-à-dire hors intérêts courus. Cela permet de comparer entre elles des obligations émises à des dates différentes et de valeurs nominales différentes.

$$\text{Vo} = \text{Cotation en \%} \times \frac{C}{100}$$

$$\text{Cotation en \%} = \frac{\text{Cours de l'obligation} \times 100}{C}$$

2 Le taux de rendement actuariel brut (TRAB) ou *Yield to Matury*

Afin de comparer différentes obligations, l'investisseur dispose du taux de rendement actuariel brut qui permet de refléter la valeur actuelle des paiements futurs. Le TRAB correspond au taux pour lequel la somme versée par l'investisseur est égale aux sommes perçues en contrepartie (coupon + valeur de remboursement). Il correspond au taux de rendement détenu par un investisseur qui conserve son obligation jusqu'à son échéance.

Taux de rendement actuariel à l'émission d'un emprunt obligataire remboursable *in fine*

$$E = c \times \frac{1 - (1 + t)^{-n}}{t} + R\,(1 + t)^{-n}$$

On trouve t par interpolation.

Lorsque le prêteur supporte des frais d'émission, ces frais amputent le prix d'émission

$$E - \text{Frais d'émission} = c \times \frac{1 - (1 + t)^{-n}}{t} + R\,(1 + t)^{-n}$$

Pour choisir entre plusieurs obligations, l'investisseur retiendra l'emprunt obligataire qui a le taux de rendement le plus élevé.

Un prix d'émission inférieur au pair et un prix de remboursement supérieur au pair sont des facteurs de majoration du taux actuariel par rapport au taux facial.

3 La valeur d'une obligation

La valeur d'une obligation est égale aux flux actualisés qu'elle engendre.

L'étude est limitée aux emprunts obligataires remboursables *in fine*.

Valeur d'une obligation à l'émission

$$Vo = E = c \times \frac{1 - (1 + t)^{-n}}{t} + R\,(1 + t)^{-n}$$

Valeur d'une obligation à une date d'échéance quelconque

$$Vo = c \times \frac{1 - (1 + t)^{-n}}{t} + R\,(1 + t)^{-n'}$$

n' = durée de vie restante entre la date d'échéance concernée et la date de remboursement

Valeur d'une obligation à l'instant (α)

Cotation en % à l'instant (α) = Cotation au pied du coupon à l'instant (α) + Coupon couru

$$Vo = \frac{\text{Cotation en \%} \times C}{100}$$

Coupon couru (%) = i × n' / 365

n' = Nombre de jours entre la date d'échéance antérieure et la date à l'instant (α) + 3 jours ouvrés pour la livraison des titres

APPLICATION CORRIGÉE

À partir de l'extrait de presse en date du 09/03/N concernant un emprunt de la Caisse d'Épargne, vérifier le coupon couru et déterminer la valeur de l'obligation au 09/03/N.

Valeur	Cours précédent %	Cours du jour %	Coupon couru %	Date du prochain coupon
5,20 % – 21/07 Nominal 762,25 €	105,35	105,45	3,334	21/07/N

Correction

Coupon couru

Nombre de jours du 21/07/N–1 au 09/03/N = (31 – 21) + 31 + 30 + 31 + 30 + 31 + 31 + 28 + 9 + 3 jours ouvrés pour la livraison des titres = 234 jours.

Coupon couru (%) = 5,2 % × 234 / 365 = 3,334 %

Coupon unitaire = 3,334 % (762,5) = 25,42 €

Valeur de l'obligation

Vo au 09/03/N = 105,45 % + 3,334 % = 108,78 % = 108,78 × 762,25 / 100 = 829,21 €

4 La relation entre le cours des obligations et les taux d'intérêt

Le cours d'une obligation dépend des taux d'intérêt. Si les taux d'intérêt augmentent, les nouvelles obligations émises sur le marché apparaissent plus attractives car elles offrent un taux de rendement plus élevé que les obligations anciennes, ce qui provoque une baisse du cours des obligations anciennes ; si les taux d'intérêt baissent, les nouvelles obligations sont émises à un rendement moindre que les anciennes, ce qui provoque une hausse du cours des obligations anciennes.

Le cours des obligations évolue donc en sens inverse des taux d'intérêt du marché obligataire. Lorsque le taux augmente, la valeur de l'obligation diminue. À l'inverse, si le taux diminue, la valeur de l'obligation augmente.

Le détenteur d'une obligation supporte un ***risque de taux***. En effet, en cas de hausse du taux du marché, il sera tenté de vendre rapidement son obligation, au risque de percevoir un prix inférieur au prix de remboursement à l'échéance. Le degré d'exposition d'une obligation aux conséquences d'une fluctuation des taux est mesuré par la ***sensibilité*** du titre et sa ***duration***. Ces notions sont abordées dans le référentiel de l'UE 2 du DSCG *(voir du même auteur chez le même éditeur, Carré DSCG 2 Finance, 8e éd. 2022)*.

5 Les principales sources de notation financière

La notation des obligations consiste à apprécier le risque de défaut de l'émetteur d'une obligation. Des agences de notation (agence de *rating*), comme *Standard and Poor's* et *Fitch*, ainsi que *Moody's*, évaluent la solidité financière des sociétés en appréciant leurs performances, leur organisation, la cohérence de leurs politiques d'investissement et de financement, afin de mesurer précisément le risque de non remboursement des dettes que présente l'emprunteur. Elles attribuent des notes en fonction de la capacité de remboursement des sociétés (remboursement du capital et paiement des coupons). La notation est exprimée avec un *rating* (attribution d'une lettre) et non avec une note numérique. Chaque agence possède son propre système de notation. Les notes s'échelonnent de AA+ à D, (ou Aaa à C) selon les agences de *rating*. Elles sont importantes dans la mesure où elles déterminent le taux auquel l'émission d'un emprunt obligataire peut être réalisée ; elles sont déterminantes pour les entreprises cherchant un financement ou émettant des obligations sur le marché ; elles ont donc un impact non négligeable sur l'appréciation d'un titre et sur les conditions négociées lors d'une opération de financement ; plus le risque est élevé, plus le taux exigé sera important.

Outre les agences de notation, les banques établissent des notations financières de leurs clients afin d'adapter leur politique de prêts selon la solvabilité de leurs clients ou d'adapter le taux des prêts accordés. Certaines entreprises de taille importante disposent d'un service spécifique pour noter leurs clients et leurs fournisseurs. Les notes sont numériques et vont de 10 à 100.

APPLICATION CORRIGÉE 1 : Taux actuariel

Le 04/03/N, sur le site boursier, vous récupérez les informations d'un emprunt obligataire dont les caractéristiques sont les suivantes :
Date d'émission : 04/03/N–1 ; C = 20 € ; R = 22 €, i = 5 %, remboursement *in fine* le 03/03/N+6 ; versement du 1er coupon le 03/03/N.
Le cours actuel de l'obligation est de 102 %.

Quel est le taux actuariel ?

Correction

Taux actuariel

Maturité de l'emprunt du 03/03/N au 03/03/N+6 : 7 ans

Après le versement du 1er coupon il reste 6 ans.

Coupon unitaire (c) = 20 × 5 % = 1 €

Valeur d'émission = 102 % × 20 = 20,4 €

$20{,}4 = [1 \times (1 - (1 + t)^{-6}) / t] + 22\ (1 + t)^{-6}$; on trouve t = 6 %.

APPLICATION CORRIGÉE 2 : Taux actuariel d'une obligation coupon zéro

La valeur d'une obligation coupon zéro, dont la maturité est de 2 ans, est de 90,50 €. La valeur nominale est de 100 €. Le remboursement est au pair.

Quel est le taux actuariel ?

Correction

Taux actuariel : $90{,}50 = 0 + 100\ (1 + t)^{-2}$; on trouve t = 5,12 %.

APPLICATION CORRIGÉE 3 : Taux actuariel – Valeur d'une obligation à une date donnée

Le 02/01/N–3, la société RUN a émis 6 000 obligations de valeur nominale 100 €, au prix de 98 €, remboursables *in fine* le 31/12/N+4 à 104 % du pair. La date de jouissance est le 01/01/N–3. Les intérêts sont versés le 31/12 de chaque année. Le taux facial est de 6,3 %. Le taux actuariel est de 7,02 % à l'émission.

Le 01/06/N, la société JEREM a souscrit 750 obligations RUN ; la cotation des obligations au pied du coupon est de 114,25 %.

1. Vérifier le taux de rendement actuariel brut à l'émission.

2. Calculer le prix d'une obligation RUN coupon couru inclus à la date du 01/06/N.

Correction

1. Taux de rendement actuariel

Maturité de l'emprunt du 31/12/N–3 au 31/12/N+4 : 8 ans

Coupon unitaire (c) = 100 × 6,3 % = 6,30 €

À l'émission : $E = 98 = [6{,}3 \times (1 - (1 + t)^{-8}) / t] + 104\ (1 + t)^{-8}$; on trouve t = 7,02 %.

2. Valeur de l'obligation au 1er juin

Nombre de jours du 01/01/N au 1/06/N : 31 + 28 + 31 + 30 + 31 + 3 j ouvrés pour la livraison des titres = 154 j

Coupon couru (%) = 6,3 % × 154 / 365 = 2,66 %

Vo au 01/06/N = 114,25 % + 2,66 % = 116,91 % = 116,91 × 100 / 100 = 116,91 €

APPLICATION CORRIGÉE 4: Valeur d'une obligation à une date donnée

Le 01/09/N, sur le site boursier, vous récupérez les informations d'un emprunt obligataire dont les caractéristiques sont les suivantes: date d'émission le 01/06/N–1 ; C = 100 €; R = 101 %, i = 6 % ; remboursement *in fine* le 31/05/N+4; versement du 1er coupon le 31/05/N.

Le cours actuel de l'obligation au 01/09/N est de 105 %.

Déterminer le coupon couru au 01/09/N et calculer la valeur de revente d'une obligation à cette date.

Correction

Valeur de l'obligation au 1er septembre N

Coupon unitaire (c) = 100 × 6 % = 6

Nombre de jours du 31/5/N au 01/09/N: 30 + 31 + 31 + 3 j ouvrés pour la livraison des titres = 95 j

Coupon couru (%) = 6 % × 95 / 365 = 1,5616 %

Vo au 01/09/N = 105 % + 1,5616 % = 106,56 % = 106,56 × 100 / 100 = 106,56 €

APPLICATION CORRIGÉE 5: Valeur d'une obligation à une échéance donnée

Monsieur BAR souhaite placer ses excédents de trésorerie en achetant des titres sur le marché obligataire car il le considère moins risqué que le marché des actions. Il a remarqué un emprunt Crédit Agricole, remboursable *in fine* au pair le 31/03/N+4.

Extrait de presse en date du 01/10/N, concernant l'emprunt obligataire du Crédit Agricole:

Nominal	Taux nominal	Cours précédent	Cours du jour	Coupon couru	Date du prochain coupon
1 000 €	4,9 %	98	98,76	2,497	31/03/N+1

1. Vérifier le coupon couru et indiquer le prix payé pour une obligation au 01/10/N.

2. Calculer au taux de 6 % la valeur théorique de marché d'une obligation immédiatement après le versement du coupon le 01/04/N+1. Conclure. Que représente le taux de 6 % ?

Correction

1. Montant du coupon couru et prix payé pour une obligation

Nombre de jours du 1er avril au 30 septembre = 30 + 31 + 30 + 31 + 31 + 30 + 3 jours ouvrés = 186 jours

Coupon couru (%) = 4,9 % × 186 / 365 = 2,497 %

Vo au 01/10/N = 98,76 % + 2,497 % = 101,257 % = 101,257 × 1 000 / 100 = 1 012,57 €

2. Valeur de l'obligation après le paiement du coupon N+1

Valeur de l'obligation après le versement du coupon le 31/03/N+1 ; il reste 3 ans de maturité jusqu'au 31/03/N+4.

Coupon unitaire = 4,9 % (1 000) = 49 €

Vo au 01/04/N+1 = $[49 \times (1 - (1{,}06)^{-3}) / 0{,}06] + 1\,000\,(1{,}06)^{-3}$ = 970,60 €, soit une cotation de: 970,6 × 100 / 1 000 = 97,06 %.

Les cours et les taux varient en sens contraire. Si le cours de l'obligation baisse, cela signifie que les taux longs ont augmenté.

La valeur de l'obligation a diminué car les taux ont augmenté.

Le taux de 6 % représente le TRAB qui est taux du marché obligataire ou le taux requis par les prêteurs.

Chapitre 14

LES CONTRAINTES DE FINANCEMENT

Selon le programme officiel de l'examen, ce chapitre va vous permettre d'intégrer les contraintes de financements existants en fonction du niveau de développement de l'entreprise.

Vous développerez ainsi les compétences suivantes :
- *Construire un bilan financier ;*
- *Estimer les différents équilibres financiers ;*
- *Évaluer le niveau de risque et la soutenabilité de la dette ;*
- *Analyser les garanties des prêteurs et leur incidence sur le coût de la dette.*

I La liquidité de l'actif et l'exigibilité du passif du bilan financier

A La liquidité d'une entreprise

La ***liquidité*** traduit l'aptitude d'une entreprise à faire face à ses échéances, c'est-à-dire que les actifs à moins d'un an doivent être supérieurs aux dettes à moins d'un an. Elle se mesure par les ratios de liquidité générale, de liquidité réduite et de liquidité immédiate.

L'***illiquidité*** est une insuffisance de trésorerie qui se produit lorsque l'entreprise ne peut plus faire face à ses dettes, aussi bien à l'égard de son personnel que de ses autres créanciers.

B La solvabilité d'une entreprise

La ***solvabilité*** traduit l'aptitude d'une entreprise à honorer ses engagements financiers, c'est-à-dire que l'actif réel doit être suffisant pour permettre de payer toutes les dettes à une date donnée. Elle se mesure par les ratios d'autonomie financière et de solvabilité générale.

L'***insolvabilité*** d'une entreprise met en évidence le risque de défaillance ; l'entreprise ne peut pas payer ses dettes par suite d'un manque de liquidité et se trouve en cessation de paiement. La défaillance d'une entreprise peut être causée par une faible rentabilité, des erreurs de gestion, la perte d'un client important, la fragilité de la structure financière.

II La construction du bilan financier

Le bilan financier est un bilan « liquidité – exigibilité », permettant de mettre en évidence la capacité d'une entreprise à honorer ses échéances, l'objectif étant d'évaluer le risque d'illiquidité et d'insolvabilité d'une entreprise :
– les emplois sont classés à l'actif du bilan par ordre de liquidité croissante ;
– les ressources sont classées au passif par ordre d'exigibilité croissante.

A La structure du bilan financier

Le bilan financier peut être schématisé de la façon suivante :

Actif	Passif
Actifs à plus d'un an	Capitaux propres et assimilés
	Dettes à plus d'un an
Actifs à moins d'un an	Dettes à moins d'un an

B Les travaux préparatoires à l'établissement du bilan financier

1 L'actif fictif net

L'actif fictif est un actif *sans valeur*.

Les actifs fictifs suivants doivent être éliminés du bilan :
– les frais d'établissement ;
– les frais de recherche et développement (excepté s'ils ont une valeur marchande et débouchent sur un projet) ;
– le fonds de commerce (non-valeur par prudence selon énoncé) ;
– les CCA incertaines (non-valeurs par prudence selon énoncé) ;
– les charges à répartir sur plusieurs exercices (frais d'émission d'emprunts à étaler) ;
– les primes de remboursement des obligations ;
– les ECA non couverts par une provision pour pertes de change.

2 L'actif réel net

L'actif réel correspond aux biens qui ont une valeur vénale.

Actif net réel = Actif net total – Actif fictif

3 Les retraitements du bilan financier

La construction du bilan financier nécessite le reclassement de certains postes du bilan comptable :
- le bilan est établi ***après affectation du résultat*** ; seule la partie affectée en réserves se trouve dans les capitaux propres ; les dividendes sont affectés aux passifs à moins d'un an ;
- les éléments de l'actif sont inscrits pour leur valeur nette ;
- les biens sont évalués à leur valeur d'utilité (ou valeur vénale) ; la plus ou moins-value correspond à la différence entre la valeur d'utilité et la VNC figurant au bilan ; les éventuelles plus ou moins-values sont ajoutées aux capitaux propres pour l'équilibre du bilan ;
- le stock outil représente un stock considéré comme indispensable au fonctionnement de l'entreprise ; il est donc considéré comme un actif immobilisé ;
- les actifs fictifs sont éliminés de l'actif et en contrepartie des capitaux propres ;
- le capital souscrit non appelé est retranché des capitaux propres ou transféré dans les actifs à moins d'un an si une libération doit avoir lieu à court terme ;
- les provisions pour risques et charges sont affectées aux capitaux propres si elles sont injustifiées ; le cas échéant, elles sont affectées, soit en dettes à plus d'un an, soit en dettes à moins d'un an, selon la date probable de réalisation du risque ou de la charge ;
- les ECP sont intégrés aux capitaux propres lorsqu'ils ne sont pas rattachés aux postes dont ils sont issus ; le cas échéant, ils sont retraités dans les postes concernés conformément aux informations dont nous disposons en annexe ;
- les ECA sont affectés aux postes dont ils sont issus dès lors qu'ils sont couverts par une provision pour perte de change ;
- les ICNE sur emprunts doivent être retraités au niveau du passif exigible ;
- les EENE sont retraités au niveau des créances inférieures à un an et des passifs inférieurs à un an ;
- dans une optique patrimoniale, le crédit-bail n'est pas retraité.

4 La construction du bilan financier

Les retraitements sont réalisés à partir du ***tableau des échéances des créances et des dettes*** et en fonction des informations disponibles.

Le référentiel ne prend pas en compte le retraitement de la fiscalité latente.

<table>
<tr><th></th><th>Actif</th><th>Passif</th><th></th></tr>
<tr><td rowspan="2">Actifs à plus d'1 an</td><td rowspan="2">Actifs à plus d'un an :
Actif immobilisé net
+ Plus values
– Moins-values
– Actif immobilisé < 1 an (voir état des échéances)
+ Créances > 1 an (voir état des échéances)
– Actif immobilisé fictif net
+ Stock-outil</td><td>Capitaux propres et assimilés :
Capitaux propres
– Capital souscrit non appelé (si aucune libération < 1 an)
– Actif fictif net
– Dividendes versés (si bilan avant affectation du résultat)
+ Provisions pour risques et charges non justifiées
+ Comptes courants d'associés (cca) bloqués
+ ECP non rattachés aux postes dont ils sont issus
+ Plus values
– Moins-values</td><td rowspan="2">Capitaux permanents</td></tr>
<tr><td>Dettes à plus d'un an :
Part des dettes > 1 an (voir état des échéances) :
Emprunts obligataires
Emprunts auprès des établissements de crédit
Emprunts et dettes financières divers
– Échéances des emprunts < 1 an (hors découverts)
+ cca assimilés à des dettes > 1 an
+ Autres dettes > 1 an
+ PCA > 1 an
– ICNE sur emprunts
– Découverts bancaires
+ Provisions pour risques et charges justifiées > 1 an</td></tr>
<tr><td>Actifs à moins d'1 an</td><td>Actifs à moins d'un an :
Valeurs d'exploitation :
Stocks nets
– Stock-outil
Valeurs d'exploitation :
Avances et acomptes versés
+ Créances clients nettes
+ Autres créances < 1 an (voir état des échéances)
+ Actif immobilisé < 1 an (voir état des échéances)
– Créances > 1 an (voir état des échéances)
+ CCA < 1 an (sauf si non-valeur)
+ Capital appelé non versé
+ Capital non appelé (si appel des fonds < 1 an)
Valeurs disponibles :
VMP nettes
+ Disponibilités
+ EENE</td><td>Dettes à moins d'un an :
Part des dettes > 1 an (voir état des échéances) :
Avances et acomptes reçus
+ Dettes fournisseurs
+ Dettes fiscales et sociales
+ Dettes sur immobilisations
+ Autres dettes
+ Échéances des emprunts < 1 an (hors découverts)
– cca assimilés à des dettes > 1 an
+ PCA < 1 an
+ Dividendes (si bilan avant affectation du résultat)
+ Provisions pour risques et charges justifiées < 1 an
+ Découverts bancaires
+ ICNE sur emprunts
+ EENE</td><td>Passifs à moins d'1 an</td></tr>
</table>

III Le fonds de roulement financier

Le fonds de roulement financier repose sur la règle de l'équilibre financier : ***les actifs à moins d'un an doivent financer les passifs à moins d'un an***. Il doit donc être positif. C'est un indicateur du risque d'illiquidité ou du risque de faillite (cas où les actifs inférieurs à un an ne peuvent pas honorer les passifs inférieurs à un an).

Le fonds de roulement financier peut être déterminé de deux façons :

Fonds de roulement financier = Actifs < 1 an – Passifs < 1 an

Fonds de roulement financier = Capitaux permanents – Actifs > 1 an

IV Les ratios de liquidité

A Les ratios de liquidité

1 Le ratio de liquidité générale

Le ratio de liquidité générale mesure la capacité de l'entreprise à respecter ses obligations financières à court terme et à survivre à des conditions économiques difficiles. Les banques exigent que ce ratio soit supérieur à 1 ; cela revient à dire que le fonds de roulement financier est positif. Plus le ratio est élevé, plus le risque de faillite est faible.

$$\frac{\text{Actifs à moins d'1 an}}{\text{Passifs à moins d'1 an}}$$

2 Le ratio de liquidité réduite

Le ratio devrait être supérieur à 1, même s'il est en principe inférieur à 1 ; il varie en fonction des crédits consentis aux clients et des crédits obtenus des fournisseurs. Plus le ratio est faible, plus le risque de faillite est élevé.

$$\frac{\text{Créances à moins d'1 an + VMP + Disponibilités}}{\text{Passifs à moins d'1 an}}$$

ATTENTION

Les stocks ne font pas partie des créances à moins d'un an.

3 Le ratio de liquidité immédiate

Le ratio de liquidité immédiate traduit la possibilité de régler les dettes à court terme sans attendre l'encaissement des créances. Il peut être très faible si l'objectif de l'entreprise est d'avoir une trésorerie zéro.

$$\frac{\text{Disponibilités}}{\text{Passifs à moins d'1 an}} \quad \text{ou} \quad \frac{\text{Disponibilités + VMP}}{\text{Passifs à moins d'1 an}}$$

B Les ratios de solvabilité

1 Le ratio d'autonomie financière ou taux d'endettement

Le ratio d'autonomie financière mesure l'indépendance financière de l'entreprise vis-à-vis de ses prêteurs. Plus le ratio est élevé, plus l'entreprise est endettée au regard de ses capitaux ; un ratio inférieur à 1 indique une capacité d'endettement que l'entreprise peut exploiter en cas d'un besoin de financement futur.

$$\frac{\text{Dettes financières}}{\text{Capitaux propres}}$$

2 Le ratio de solvabilité générale

Le ratio de solvabilité générale traduit la capacité de l'actif réel net pour rembourser la totalité de ses dettes. Il doit être inférieur à 1. Plus le ratio est faible, moins l'entreprise est endettée proportionnellement à son bilan et plus le risque financier est faible.

$$\frac{\text{Total des dettes}}{\text{Total de l'actif réel}}$$

Il est possible de calculer le ratio en divisant le total de l'actif réel net par le total des dettes ; l'interprétation du ratio sera inversée.

3 Le ratio de capacité de remboursement

$$\frac{\text{Total des dettes}}{\text{CAF}}$$

Ce ratio indique le délai de remboursement du total des dettes ; on retrouve ce ratio présenté au Chapitre 5, mais ne prenant en compte que les dettes financières (dettes supérieures à 1 an).

REMARQUE

Pour le calcul des ratios de solvabilité, le total des dettes peut être réduit des liquidités (disponibilités + VMP).

V Les principales garanties personnelles et réelles prises par les bailleurs

Le créancier peut se protéger des risques de non-paiement de son débiteur en utilisant soit des ***sûretés réelles*** (le débiteur principal affecte un bien en garantie de son paiement), soit des ***sûretés personnelles*** (une ou plusieurs personnes s'engagent à payer une dette en cas de défaillance de son débiteur).

A Les sûretés réelles

Les sûretés réelles sont constituées par un actif donné en garantie par le débiteur à son créancier. Par exemple, un client souhaitant contracter un emprunt, donnera son fonds de commerce à sa banque, en garantie du paiement des échéances.

1 Le gage

Le ***gage*** est le contrat par lequel le débiteur remet un meuble incorporel ou corporel à son créancier, en garantie du paiement de sa dette, à l'échéance.

Le créancier bénéficie d'un ***droit de suite*** : si le bien est vendu avant complet remboursement, le créancier peut prendre possession de l'objet gagé entre les mains du nouvel acheteur.

Le créancier bénéficie d'un ***droit de préférence*** : si le bien est impayé, le créancier peut faire saisir le bien, le faire vendre aux enchères et se rembourser sur le prix de la cession avant les autres créanciers.

2 L'hypothèque

L'***hypothèque*** est la garantie accordée à un créancier sur un bien immobilier appartenant au débiteur. Elle permet au débiteur de rester propriétaire du bien tout en protégeant le créancier du risque de non paiement. L'hypothèque est une garantie très souvent exigée par la banque dans le cadre d'un crédit immobilier, entraînant des ***frais d'hypothèque***, qui ont pour conséquence d'augmenter le coût de revient actuariel de l'emprunt indivis.

B Les sûretés personnelles

Les sûretés personnelles constituent un engagement personnel du débiteur de régler son créancier, en cas de défaillance de sa part.

1 Le cautionnement

Le ***cautionnement*** est un contrat par lequel une personne appelée « caution » s'engage envers une tierce personne créancière du débiteur principal à payer, en cas de défaillance de sa part.

2 La solidarité commerciale

La ***solidarité commerciale*** est un engagement par lequel un débiteur est solidaire d'un autre débiteur, en cas de défaillance de sa part.

REMARQUE
Une situation financière saine permettra à l'entreprise de limiter, voire de supprimer les garanties exigées.

APPLICATION CORRIGÉE : Bilan financier – Fonds de roulement financier

À partir du bilan de la société ICO et des renseignements complémentaires :

1. Présenter le bilan financier.

2. Calculer le fonds de roulement financier et les ratios de liquidité et de solvabilité.

Bilan au 31/12/N avant affectation du RNC

Actif	Brut	Amort. et dépréciations	Net	PASSIF	Net
Actif immobilisé :	**704 310**	**164 238**	**540 072**	**Capitaux propres :**	**419 658**
Frais d'établissement	7 958	4 775	3 183	Capital	150 000
Frais de recherche et développement	32 490	8 400	24 090	Prime d'émission	23 000
Fonds de commerce	3 800		3 800	Réserves	151 532
Terrains	54 500		54 500	Report à nouveau	61
Constructions	214 030	62 020	152 010	Résultat de l'exercice	60 523
Installations techniques	221 039	78 901	142 138	Subventions d'investissement	3 000

Autres immobilisations corporelles	16422	10142	6280	Provisions réglementées	31542
Immobilisations en cours	37500		37500		
Participations	113041		113041	**Provisions pour risques**	**32621**
Prêts	3530		3530		
				Dettes:	**683567**
Actif circulant:	**614346**	**37235**	**577111**	Emprunts (1)	365290
Stocks	218720	21150	197570	Fournisseurs	240910
Clients	343133	16085	327048	Dettes fiscales et sociales	39122
Autres créances	49929		49929	Autres dettes	5930
Disponibilités	542		542	Dette IS	32122
Charges constatées d'avance	2022		2022	Produits constatés d'avance	193
Comptes de régularisation	**18986**		**18986**	**Comptes de régularisation**	**323**
Charges à répartir	16271		16271	Ecart de conversion Passif	323
Ecart de conversion Actif	2715		2715		
Total	**1337642**	**201473**	**1136169**	**Total**	**1136169**
				(1) Découverts bancaires **(1) dont échéances < 1 an**	**45000** **146116**

Informations complémentaires:

Les frais de recherche et de développement sont sans valeur marchande.

La valeur d'utilité de l'ensemble des immobilisations corporelles est de 630000 €.

Les titres de participation émanent tous de la SA LAY. Le capital de la société LAY est composé de 3600 actions; la société ICO détient 50 % du capital de LAY. La valeur d'utilité du titre est de 70 €.

Le prêt accordé en N sera remboursé en N+1.

On considérera que les ECA ne sont pas des actifs fictifs.

Les créances clients ont généré des EENE de 37360 €.

Toutes les créances sont à moins d'1 an.

Les CCA constituent de véritables créances à moins d'1 an.

Les dividendes à prévoir sont de 25000 €.

Les provisions pour risques et charges concernent un litige qui sera réglé en N+1.

Les ICNE sur emprunts sont de 3500 € en N.

Les concours bancaires sont momentanés.

Seule une partie des dettes financières est à plus d'1 an. Toutes les autres dettes sont à moins d'1 an.

Correction

1. Bilan financier

Actif fictif

Actif fictif = 3 183 + 24 090 + 16 271 = 43 544 € (dont actif fictif immobilisé de 27 273 €)

Plus ou moins-values

Éléments	Valeur d'utilité	VNC bilan	± Values
Immobilisations corporelles	630 000	392 428 (1)	237 572
Titres de participation	126 000 (2)	113 041	12 959
Total			**250 531**

(1) 54 500 + 152 010 + 142 138 + 6 280 + 37 500 = 392 428

(2) 50 % (3 600) × 70 = 126 000 €

Travaux préparatoires à l'établissement du bilan financier

Actif	N	Passif	N
Actifs à plus d'un an :	**759 800**	**Capitaux propres et assimilés :**	**601 968**
Actif immobilisé net	540 072	Capitaux propres	419 658
+ ±Values	+ 250 531	– Capital non appelé	0
– Actif immobilisé < 1 an	– 3 530	– Actif fictif	– 43 544
+ Créances > 1 an	0	– Dividendes versés	– 25 000
– Actif fictif immobilisé net	– 27 273	+ Provisions pour risques et charges sans objet	0
+ Stock-outil	0	+ Comptes courants d'associés bloqués assimilés à des CP	0
		+ ECP non rattachés aux postes dont ils sont issus	+ 323
		+ ± Values	+ 250 531
		Dettes à plus d'un an :	**170 674**
		Emprunts obligataires, emprunts auprès des Ets de Crédit et emprunts et dettes financières divers	365 290
		– ICNE sur emprunts	– 3 500
		– Découverts bancaires < 1 an	– 45 000
		– Échéances < 1 an	– 146 116
		+ Cca assimilés à des dettes > 1 an	0
		+ Autres dettes > 1 an	0
		+ PCA > 1 an	0
		+ Provisions pour risques et charges > 1 an	0
		+ ECP sur dettes > 1 an	0

Actifs à moins d'un an :	**620 716**	**Dettes à moins d'un an :**	**607 874**
Stocks :		Avances et acomptes reçus	0
Stocks nets	197 570	Dettes fournisseurs	240 910
– Stock-outil	0	Dettes fiscales et sociales	39 122
Créances d'exploitation :		Dettes sur immobilisations	0
Avances et acomptes versés	0	Autres dettes	5 930
Créances clients nettes	327 048	Dette IS	32 122
Autres créances nettes < 1 an	49 929	+ PCA < 1 an	193
Capital appelé non versé	0	– Cca assimilés à des dettes < 1 an	0
CCA < 1 an	2 022	+ Échéances < 1 an	+ 146 116
+ ECA non fictifs	2 715	+ Découverts bancaires	+ 45 000
+ Actif immobilisé < 1 an	+ 3 530	+ Dividendes (si bilan avant affectation du résultat)	+ 25 000
– Créances > 1 an	0	+ Provisions pour risques et charges < 1 an	+ 32 621
Valeurs disponibles :		+ ECP sur dettes < 1 an	0
VMP nettes	0	+ ICNE sur emprunts	+ 3 500
Disponibilités	542	**+ EENE**	+ 37 360
+ EENE	+ 37 360		
Total	**1 380 516**	**Total**	**1 380 516**

Bilan financier simplifié

Actifs > 1 an	**759 800**	Capitaux permanents (1)	772 642
Actifs < 1 an	**620 716**	Passifs < 1 an	**607 874**

(1) 601 968 + 170 674 = 772 642

2. Calcul du fonds de roulement financier et des ratios de liquidité et de solvabilité

Fonds de roulement financier

Capitaux permanents – Actifs > 1 an ou Actifs < 1 an – Passif exigible < 1 an

Fonds de roulement financier = 772 642 – 759 800 = 12 842 €

Ratios de liquidité

Liquidité générale : Actifs < 1 an / Dettes < 1 an = 620 716 / 607 874 = 1,02

Liquidité réduite : (Actifs < 1 an – Stocks) / Dettes < 1 an = (620 716 – 197 570) / 607 874 = 0,7

Liquidité immédiate : Valeurs disponibles / Dettes < 1 an = (542 + 37 360) / 607 874 = 0,06

Ratios de solvabilité

Autonomie financière : Capitaux propres / Total des dettes = 170 674 / (170 674 + 607 874) = 0,22

Solvabilité générale : Total Actif net réel / Total des dettes = 1 380 516 / (170 674 + 607 874) = 1,77

Le FDR financier est positif ; la règle de l'équilibre financier est respectée. Les capitaux permanents sont suffisants pour assurer le financement des actifs à plus d'un an. Le ratio de liquidité générale le confirme puisqu'il est supérieur à 1, démontrant la très bonne santé financière de l'entreprise et donc un faible risque financier.

Cependant, l'entreprise ne dispose pas de capitaux propres suffisants pour financer les actifs à plus d'un an, signe d'une autonomie financière peu élevée.

Chapitre 15

LA STRUCTURE DE FINANCEMENT

Selon le programme officiel de l'examen, ce chapitre va vous permettre de caractériser la structure de financement de l'entreprise en prenant en compte la fiscalité, l'endettement financier et le risque de faillite.

Vous développerez ainsi les compétences suivantes :
– Calculer le coût moyen pondéré du capital ;
– Justifier la relation entre structure du financement et valeur de l'entreprise ;
– Analyser la structure de financement d'une organisation.

Table des abréviations :

CP : Capitaux propres
D : Dividendes
DF : Dettes financières
g : Taux de croissance des dividendes
Ra : Taux de rentabilité des actifs économiques
Rc : Coût des capitaux propres (ou taux de rentabilité financière)
Rd : Coût de la dette
Vo : Cours de l'action

I Le coût des capitaux propres

Le coût des capitaux propres est le ***taux de rentabilité requis par les actionnaires***. Il est utilisé pour le calcul du coût du capital.

Le coût des capitaux propres représente la rentabilité financière à partir de la rentabilité économique et du bras de levier.

$$Rc = Ra + \frac{DF}{CP} \times (Ra - Rd)$$

Il peut également être déterminé à partir de modèles actuariels reposant sur l'actualisation des dividendes.
Le modèle d'évaluation des actifs financiers (MEDAF) est abordé en DSCG.

$$Rc = \frac{D}{Vo} + g$$

APPLICATION CORRIGÉE

Le titre A cote 220 €. Le dividende fin N est de 19,80 €.

Calculer le coût des capitaux propres dans les deux hypothèses suivantes :
– hypothèse 1 : le dividende anticipé est constant à l'infini ;
– hypothèse 2 : le taux de croissance des dividendes est de 2 % à l'infini.

Correction

Hypothèse 1

Rc = 19,80 / 220 = 9 %

Hypothèse 2

Rc = (19,80 / 220) + 0,02 = 11 %

II La relation entre le coût moyen pondéré des capitaux investis et le taux requis par les actionnaires

Si un projet d'investissement est proche de ce que fait déjà l'entreprise, si l'entreprise supporte un risque identique à celui de son activité actuelle, et si le financement du projet ne modifie pas sensiblement la structure financière existante, le taux d'actualisation retenu est le coût du capital correspondant au ***coût moyen pondéré de l'ensemble des capitaux*** mis à disposition de l'entreprise par ses actionnaires et ses prêteurs (CMPC). Le coût du capital est aussi un moyen pour analyser le rendement exigé par les apporteurs de capitaux et peut être optimisé en réduisant les primes de risques exigées par ces derniers. Si la mise en œuvre du projet d'investissement est plus ou moins risquée que l'activité actuelle de l'entreprise, le taux d'actualisation retenu doit refléter le risque du projet ; il sera donc plus judicieux de calculer un coût du capital spécifique au projet.

$$\text{CMPC du financement par emprunt} = Rc \times \frac{CP}{CP + DF} + Rd \times (1 - \text{Taux d'IS}) \times \frac{DF}{CP + DF}$$

Le calcul du CMPC du financement par emprunt et du crédit-bail a déjà été appréhendé dans la Partie 2 Politique d'investissement au Chapitre 11 Les projets d'investissement.

III La relation entre la structure du financement et la valeur de l'entreprise

Les théories de Modigliani et Miller relèvent du programme de DSCG. Il s'agit ici de sensibiliser les candidats sur l'existence d'une zone optimale d'endettement qui augmente la rentabilité des fonds propres, sans induire, ni risque de faillite pour les créanciers obligataires, ni hausse du cout des emprunts.

La structure financière désigne la ***combinaison des dettes financières et des capitaux propres auxquels l'entreprise a recours pour son financement***.

Modigliani et Miller se sont interrogés sur l'existence d'une structure financière optimale et ont proposé plusieurs solutions. Les deux premières propositions sont faites dans les conditions d'un marché parfait où les politiques fiscales et de financement sont négligées.

La première proposition établit que la valeur de l'entreprise est indépendante de sa structure financière; autrement dit, il n'existe pas de structure financière optimale. La valeur de l'entreprise endettée est égale à la valeur de l'entreprise non endettée.

Valeur de l'entreprise = Actif économique

La seconde proposition montre que le coût du capital est indépendant de la structure financière de l'entreprise et correspond au taux de rentabilité économique. En considérant toujours que les marchés sont parfaits, Modigliani et Miller étudient l'influence de la fiscalité sur leur modèle et admettent que si la dette augmente, les charges financières augmentent et génèrent une économie d'impôt liée à la déductibilité fiscale des intérêts de la dette. Il en résulte que la valeur de l'entreprise endettée augmente:

Valeur de l'entreprise endettée =
Valeur de l'entreprise non endettée + Économies d'IS liées à la déductibilité des intérêts

Économie d'IS = Dettes financières × Taux d'endettement × Taux d'IS

Sur un horizon à l'infini: Économie d'IS = Dettes financières × Taux d'IS

Lorsque l'endettement augmente, la valeur de l'entreprise augmente.

IV L'incidence du niveau d'endettement et du risque de faillite sur le coût du capital

Si l'endettement augmente, le risque de défaillance de l'entreprise et les risques pris par les actionnaires augmentent, ce qui entraîne une augmentation du taux de rentabilité exigé par les actionnaires, donc une ***diminution du coût du capital.***

Lorsque l'endettement augmente, le coût du capital diminue.

Chapitre 16

LE PLAN DE FINANCEMENT

Selon le programme officiel de l'examen, ce chapitre va vous permettre d'apprécier la pertinence de la politique de financement retenue et sa cohérence avec la politique d'investissement afin d'assurer l'équilibre de la trésorerie sur le moyen terme.

Vous développerez ainsi les compétences suivantes :
– Identifier les étapes de la construction d'un plan de financement ;
– Élaborer un plan de financement ;
– Identifier les modalités d'équilibrage du plan de financement, dans une situation donnée.

I La définition et les finalités du plan de financement

Le plan de financement est prévisionnel, contrairement au tableau de financement qui est rétrospectif.

Le plan de financement est un document prévisionnel établi sur un horizon de 2 à 5 ans.

Le plan de financement regroupe :
– les ressources stables dont disposera l'entreprise (ressources internes comme la CAF, les cessions d'immobilisations, la diminution du BFRE, et ressources externes comme les emprunts, les subventions d'investissement, les apports en capital ou l'augmentation de capital) ;
– les emplois stables auxquels devra faire face l'entreprise : investissements nécessaires pour remplacer ou améliorer l'outil de production, augmentation du BFRE afin de prendre en compte les décalages de paiement liés au cycle d'exploitation, remboursements d'emprunts afin de respecter les engagements financiers de l'entreprise, dividendes afin de récompenser et de fidéliser les actionnaires.

Le plan de financement est un véritable ***outil de gestion prévisionnelle*** et de négociation pour convaincre les apporteurs de fonds externes et pour rassurer les établissements financiers sur les capacités de l'entreprise à rembourser ses dettes. Il permet de :
– vérifier la faisabilité des projets envisagés et de préparer la politique financière, en particulier à moyen terme ;
– juger de la viabilité de l'entreprise ;
– vérifier la pertinence de la stratégie financière de l'entreprise ;
– analyser et mesurer les facteurs d'incertitude ;
– justifier le recours aux financements externes ;

- rechercher les meilleures combinaisons possibles par ajustements successifs ;
- prévoir des difficultés financières ;
- prévenir le risque d'insolvabilité ;
- négocier auprès des banques les concours financiers nécessaires, les emprunts nécessaires pour financer des projets d'investissement.

II Les étapes de la construction du plan de financement

La construction du plan de financement est réalisée en plusieurs étapes.

A L'ébauche du plan de financement

Une première étape consiste à déterminer les besoins à financer par les ressources ordinaires et à mettre en évidence les déséquilibres ; il faut donc procéder à divers ajustements pour obtenir l'équilibre de la trésorerie.

B L'équilibrage du plan de financement

Une seconde étape consiste à :

- ***trouver des ressources supplémentaires*** : augmenter le capital (convaincre les actionnaires), réaliser un apport en compte courant, contracter un emprunt supplémentaire sous réserve d'être accepté par la banque, prévoir un remboursement de l'emprunt sur une durée plus courte pour éviter les frais financiers sur les dernières années, demander des subventions auprès des collectivités locales ou auprès de la société mère ;
- ***diminuer les emplois*** : diminuer le BFRE en réduisant les délais consentis aux clients, en gérant les stocks au plus juste et en augmentant les crédits fournisseurs, limiter la distribution de dividendes (risque de mécontentement probable des actionnaires).

C La remise en cause de l'équilibre

Les différentes mesures prises pour rééquilibrer le plan de financement induisent des modifications du plan de financement qui peuvent compromettre l'équilibre à plus ou moins court terme (dividendes consécutifs à une augmentation de capital, remboursement d'emprunts et intérêts consécutifs à des emprunts plus élevés, etc.).

En cas de déséquilibre trop important, il sera toujours possible de revoir à la baisse la taille du projet, voir abandonner le projet. Avant de prendre une telle décision, des simulations de certains postes permettront de modifier les soldes de trésorerie.

III L'élaboration du plan de financement

A L'élaboration du plan de financement sans tenir compte des financements externes

1 Le calcul de la CAF d'exploitation

La CAF d'exploitation est déterminée par le calcul suivant :

Chiffre d'affaires HT (CA HT)
– Coûts variables
= Marge sur coût variable (ou Taux de MCV × CA HT)
– Frais fixes décaissables (hors DAP)
= Excédent brut d'exploitation (ou Taux d'EBE × CA HT)
– DAP
= Résultat d'exploitation avant IS
– IS
= Résultat d'exploitation après IS
+ DAP
= CAF d'exploitation

2 Le modèle de présentation du plan de financement sans financement externe

Le plan de financement se présente comme suit si l'on considère un horizon à 3 ans :

Éléments	Fin N+1	Fin N+2	Fin N+3
RESSOURCES : CAF d'exploitation Cessions des anciennes immobilisations	 X X	 X	 X
Total (1)			
EMPLOIS : Investissements Variation du BFRE Dividendes distribués (si distribués avant les financements)	 X X X	 X X	 X X
Total (2)			
(1) – (2)			
Trésorerie début			
Trésorerie fin			

Sans financement externe, on obtient un plan déséquilibré.

REMARQUE

Selon l'énoncé, le plan de financement peut être établi en tenant compte ou non du début de la première année. Sauf mention explicite dans l'énoncé, le BFRE n'est pas récupéré en fin de plan car la durée du plan est le plus souvent inférieure aux durées d'utilisation des immobilisations.

APPLICATION CORRIGÉE

La société LICE envisage début N+1, de réaliser un investissement de 3 000 000 €, amorti en linéaire sur 5 ans. Un ancien matériel sera cédé pour 100 000 €.

L'EBE prévisionnel est évalué à 2 100 000 € pour les 3 premières années.

Le BFRE est estimé à 1 000 000 € pour la première année et se stabilisera ensuite.

Le projet est autofinancé en partie avec une trésorerie disponible en début d'investissement de 400 000 €.

Le taux d'IS est de 25 %.

Présenter le plan de financement.

Correction

Dotation aux amortissement (K€) : DAP = 3 000 / 5 = 600

CAF d'exploitation (K€)

Éléments	N+1 à N+3
EBE	2 100
– DAP	– 600
= Résultat avant IS	1 500
– IS (25 %)	– 375
= Résultat après IS	1 125
+ DAP	600
= CAF d'exploitation	**1 725**

Plan de financement (K€)

Éléments	N+1	N+2	N+3
Ressources :			
CAF d'exploitation	1 725	1 725	1 725
Cession ancien matériel	100		
Total (1)	**1 825**	**1 725**	**1 725**

Emplois :			
Investissements	3000		
VAR BFRE	1000		
Total (2)	**4000**	**0**	**0**
FNT (1) – (2)	**– 2175**	**1725**	**1725**
Trésorerie début	400	– 1775	– 50
Trésorerie fin	**– 1775**	**– 50**	**1675**

Le plan est déséquilibré les deux premières années. L'opération d'investissement ne pourra être réalisée que si l'entreprise trouve des financements complémentaires.

B L'élaboration du plan de financement en tenant compte des financements externes

Pour équilibrer le plan de financement, il convient de trouver des ressources supplémentaires (emprunt, augmentation de capital, subventions), qui généreront des emplois supplémentaires (remboursement des emprunts, dividendes).

1 Le calcul de la CAF liée au financement

Chiffre d'affaires HT (CA HT)
– Coûts variables
= Marge sur coût variable (ou Taux de MCV × CA HT)
– Frais fixes décaissables (hors DAP)
= Excédent brut d'exploitation (ou Taux d'EBE × CA HT)
– DAP (sauf sur bien financé par crédit-bail)
– Redevances de crédit-bail
– Intérêts sur emprunts
\+ Quote-part de subvention d'investissement
= Résultat avant IS
– IS
= Résultat après IS
\+ DAP (sauf sur bien financé par crédit-bail)
– Quote-part de subvention d'investissement
= CAF liée au financement

REMARQUE
La CAF à déterminer en tenant compte du financement peut être obtenue rapidement à partir de la CAF initialement calculée avant tout financement.

CAF liée au financement par emprunt = CAF d'exploitation – Intérêts nets d'IS

CAF liée au financement par crédit-bail = CAF d'exploitation – Redevances nettes d'IS – Perte d'économie d'impôt sur DAP de l'immobilisation sans objet

2 Le modèle de présentation du plan de financement avec financements externes

Le plan de financement se présente comme suit si l'on considère un horizon à 3 ans :

Éléments	Fin N+1	Fin N+2	Fin N+3
RESSOURCES :			
CAF liée au financement	X	X	X
VV des anciennes immobilisations cédées	X		
Subventions d'investissement	X		
Emprunts obtenus	X		
Apports en capital	X		
Apports en compte courant associés	X		
Remboursement de prêts accordés		X	X
Récupération du dépôt de garantie (à l'issue du crédit-bail, ici supposée fin N+3)			X
Total (1)			
EMPLOIS :			
Investissements	X		
Option d'achat du crédit-bail (à l'issue du contrat, ici supposée fin N+3)			X
Variation du BFRE	X	X	
Remboursement des emprunts contractés	X	X	X
Remboursement des comptes courants associés (si trésorerie > 0)			
Prêts accordés	X		
Dividendes distribués (décalage sauf si distribution antérieures selon énoncé)		X	X
Versement du dépôt de garantie (crédit-bail)	X		
Total (2)			
(1) – (2)			
Trésorerie début			
Trésorerie fin			

APPLICATION CORRIGÉE 1 : Plan de financement sans financement externe – Plan révisé

L'entreprise BAR envisage début N+1 de réaliser un investissement d'un montant de 540 000 € HT. L'ancien matériel serait cédé début N+1 pour un montant net d'IS de 22 500 €.

Le chiffre d'affaires prévisionnel est constant et s'élève à 1 620 000 €. Le taux de marge sur coût variable est de 30 %. Les charges fixes annuelles d'exploitation sont estimées à 270 000 € (dont 90 000 € de dotations aux amortissements).

Le BFRE est estimé à 100 jours de chiffre d'affaires HT.

Il est prévu de distribuer un dividende de 39 750 € en N+2 et de 36 000 € en N+3.

Le taux d'IS est de 25 %.

Pour financer son investissement, l'entreprise contracterait un emprunt début N de 300 000 €, remboursable sur 5 ans par annuités constantes au taux d'intérêt annuel de 2 % et réaliserait début N+1 une augmentation de capital de 450 000 €.

1. Présenter le plan de financement de N+1 à N+3 sans tenir compte des financements externes.

2. Ajuster le plan de financement en prenant en compte les moyens de financement externes.

3. Commenter les résultats obtenus. Quelles raisons peuvent pousser un dirigeant à privilégier l'emprunt comme mode de financement ?

Correction

1. Présentation du plan de financement sans tenir compte des financements externes

CAF d'exploitation

Éléments	N+1 à N+3
MCV (30 %)	486 000
– Frais fixes (dont DAP)	– 270 000
= Résultat avant IS	216 000
– IS (25 %)	– 54 000
= Résultat après IS	162 000
+ DAP	+ 90 000
= CAF d'exploitation	**252 000**

Variation du BFRE (100 j de CA HT)

Éléments	BFRE	VAR BFRE
N+1	450 000	450 000
N+2	450 000	0
N+3	450 000	0

Plan de financement sans financement externe

Éléments	Fin N	Fin N+1	Fin N+2
Ressources :			
CAF d'exploitation	252 000	252 000	252 000
Cession ancien matériel	22 500		
Total (1)	**274 500**	**252 000**	**252 000**
Emplois :			
Investissements	540 000		
VAR BFRE	450 000		
Dividendes		39 750	36 000
Total (2)	**990 000**	**39 750**	**36 000**
FNT (1) – (2)	**– 715 500**	**212 250**	**216 000**
Trésorerie début	0	– 715 500	– 503 250
Trésorerie fin	**– 715 500**	**– 503 250**	**– 287 250**

Le plan de financement est déséquilibré.

2. Ajustement du plan de financement en tenant compte des moyens de financement externes

Tableau d'amortissement de l'emprunt

Annuité = 300 000 × 0,02 / (1 – $(1,02)^{-5}$) = 63 647,5

Éléments	Capital début	Intérêts	Annuités	Amortissements	Capital fin
N+1	300 000	6 000	63 647,5	57 647,5	242 352,5
N+2	242 352,5	4 847	63 647,5	58 800,5	183 552,0
N+3	183 552,0	3 671	63 647,5	59 976,5	123 575,5
N+4	123 575,5	2 472	63 647,5	61 176,0	62 399,5
N+5	62 399,5	1 248	63 647,5	62 399,5	0

CAF en tenant compte du financement

Éléments	N+1	N+2	N+3
CAF d'exploitation	252 000	252 000	252 000
– Intérêts nets d'IS	– 4 500	– 3 635	– 2 753
= CAF en tenant compte du financement	**247 500**	**248 365**	**249 247**

Plan de financement révisé

Éléments	Fin N	Fin N+1	Fin N+2
Ressources :			
CAF liée au financement	247 500	248 365	249 247
Cession ancien matériel	22 500		
Emprunt	300 000		
Augmentation de capital	450 000		
Total (1)	**1 020 000**	**248 365**	**249 247**
Emplois :			
Investissements	540 000		
VAR BFRE	450 000		
Dividendes		39 750	36 000
Amortissement de l'emprunt	57 647	58 800	59 976
Total (2)	**1 047 647**	**98 550**	**95 976**
FNT (1) – (2)	**– 27 647**	**149 815**	**153 271**
Trésorerie début	0	– 27 647	122 168
Trésorerie fin	**– 27 647**	**122 168**	**275 439**

3. Commentaire

À l'issue des 3 ans, le plan est largement équilibré, et ce grâce à l'augmentation de capital et à l'emprunt contracté en début d'année N+1. L'opération d'investissement s'avère donc intéressante.

Recourir à l'emprunt permet à une entreprise de bénéficier d'un effet de levier à condition que la rentabilité économique soit supérieure au taux d'endettement.

APPLICATION CORRIGÉE 2 : Subvention d'investissement – Plan de financement

La société CARIN prévoit d'investir à hauteur de 151 000 € en N+1 et de 79 000 € en N+2. Les dotations aux amortissements sont respectivement de 80 000 € et de 100 000 € en N+1 et en N+2. Une subvention d'investissement de 60 000 € serait attribuée en N+1 et étalée sur 5 ans.

Le chiffre d'affaires prévisionnel supplémentaire est estimé à 480 000 € en N+1 et à 540 000 € en N+2.

Le résultat avant IS (hors DAP et hors quote-part de subvention) est de 251 000 € en N+1 et de 328 000 € en N+2.

Le BFRE prévisionnel est estimé à 15 % du chiffre d'affaires HT. Le BFRE de N est de 21 000 €.

Aucun nouvel emprunt n'est prévu. Les remboursements d'emprunts antérieurs sont de 80 000 € par an.

Les distributions de dividendes sont estimées à 50 000 € par an.

La trésorerie au 01/01/N+1 est de 65 600 €.

Le taux d'IS est de 25 %.

Présenter le plan de financement pour les années N+1 et N+2. Commenter les résultats obtenus.

Correction

Calcul de la quote-part de subvention : 60 000 / 5 = 12 000

CAF du projet

Éléments	N+1	N+2
Résultat avant IS	251 000	328 000
– DAP	– 80 000	– 100 000
+ Quote-part de subvention	+ 12 000	+ 12 000
= Résultat avant IS	183 000	240 000
– IS (25 %)	– 45 750	– 60 000
= Résultat après IS	137 250	180 000
+ DAP	+ 80 000	+ 100 000
– Quote-part de subvention	– 12 000	– 12 000
= CAF	**205 250**	**268 000**

Variation du BFRE (15 % du CA HT)

Éléments	BFRE	VAR BFRE
N+1 (*)	72 000	51 000
N+2	81 000	9 000

(*) 72 000 – 21 000 = 51 000

Plan de financement

Éléments	N+1	N+2
Ressources :		
CAF	205 250	268 000
Subvention d'investissement	60 000	
Total (1)	**265 250**	**268 000**
Emplois :		
Investissements	151 000	79 000
VAR BFRE	51 000	9 000
Dividendes	50 000	50 000
Amortissement de l'emprunt	80 000	80 000
Total (2)	**332 000**	**218 000**
FNT (1) – (2)	**– 66 750**	**50 000**
Trésorerie début	65 600	– 1 150
Trésorerie fin	**– 1 150**	**48 850**

Malgré une trésorerie de début d'année importante et une subvention de 60 000 €, le plan de financement est déséquilibré la première année. La trésorerie s'équilibre dès l'année N+2, grâce à une forte hausse de la CAF (+ 30,5 %). L'opération d'investissement s'avère donc intéressante.

APPLICATION CORRIGÉE 3 : Plan de financement global de deux projets d'investissement

Monsieur OREL a réalisé l'étude de la rentabilité économique de deux projets d'investissement.

Premier projet : aménagement début N+1 du premier étage de l'immeuble où se trouve son entreprise : coût de l'aménagement 37 000 € HT, amortissable en linéaire sur 10 ans. Le chiffre d'affaires prévisionnel annuel est estimé à 612 000 € en N+1 et à 648 000 € les deux années suivantes. L'EBE est de 59 950 € en N+1 et de 76 150 € en N+2 et en N+3. Le BFRE est estimé à 36 jours de chiffre d'affaires. Il est de 10 800 € en N.

Second projet : aménagement du sous-sol début N+3 : coût de l'aménagement 40 000 €, amortissable en linéaire sur 10 ans. La CAF prévisionnelle est estimée à 27 000 € par an. Le BFRE est estimé à 36 000 €.

Le taux d'IS est de 25 %.

Monsieur OREL a trouvé un financement par emprunt pour le premier projet de 85 000 €, remboursable sur 3 ans par annuités constantes au taux d'intérêt annuel de 2 %. Il pense financer le second projet grâce à la trésorerie dégagée par le premier projet.

1. **Présenter le plan de financement pour les trois premières années en distinguant le début et la fin de l'année N+1.**
2. **Commenter les résultats.**

Correction

1. Plan de financement

Tableau d'amortissement de l'emprunt

Annuité = 85 000 × 0,02 / (1 – (1,02)$^{-3}$) = 29 474

Éléments	Capital début	Intérêts	Annuités	Amortissements	Capital fin
N+1	85 000	1 700	29 474	22 774	57 226
N+2	57 226	1 145	29 474	28 329	28 896
N+3	28 896	578	29 474	28 896	0

CAF du premier projet

Éléments	N+1	N+2	N+3
EBE	59 950	76 150	76 150
– DAP	– 3 700	– 3 700	– 3 700
= Résultat avant IS	56 250	72 450	72 450
– Intérêts	– 1 700	– 1 145	– 578
= Résultat avant IS	54 550	71 035	71 872
– IS (25 %)	– 13 638	– 17 826	– 17 968
= Résultat après IS	40 912	53 479	53 901
+ DAP	3 700	3 700	3 700
= CAF 1er projet	**44 612**	**57 179**	**57 601**

Variation du BFRE (36 j de CA HT)

Éléments	BFRE	VAR BFRE
N+1 (*)	61 200	50 400
N+2	64 800	3 600
N+3	64 800	0

(*) 72 000 – 21 000 = 51 000

Plan de financement

Éléments	Début N+1	Fin N+1	Fin N+2	Fin N+3
Ressources :				
CAF 1er projet		44 612	57 179	57 601
CAF 2e projet			27 000	
Emprunt	85 000			
Total (1)	**85 000**	**44 612**	**84 179**	**57 601**

Emplois :				
Investissement 1	37000			
Investissement 2			40000	
VAR BFRE 1	50400	3600		
VAR BFRE 2			36000	
Amortissement de l'emprunt		22774	28329	28896
Total (2)	**87400**	**26374**	**104329**	**28896**
FNT (1) – (2)	**– 2400**	**18238**	**– 20150**	**28705**
Trésorerie début	0	– 2400	15838	– 4312
Trésorerie fin	**– 2400**	**15838**	**– 4312**	**24393**

2. Commentaire

Le plan est globalement équilibré puisque le solde cumulé de la trésorerie est positif à la fin de la troisième année. Toutefois, il présente un déséquilibre en fin de deuxième année. L'entreprise devrait disposer d'une trésorerie initiale suffisante pour faire face au déséquilibre du début de l'année N+1 et trouver un financement complémentaire en N+2 pour le financement du second projet, à défaut, voire reporter celui-ci d'un an.

APPLICATION CORRIGÉE 4 : Crédit-bail – Plan de financement sans financement externe – Plan révisé

La société SHOE envisage en début d'année N+1 d'acquérir des bâtiments pour 1 000 000 € HT ; le coût des agencements des bâtiments est estimé à 250 000 € HT, les bâtiments et les agencements seraient amortissables en 10 ans selon le mode linéaire. Un matériel informatique d'une valeur de 300 000 € HT serait pris en crédit-bail.

Les prévisions sont les suivantes :

Le chiffre d'affaires est estimé à 1 200 000 € pour N+1, 1 400 000 € pour N+2 et 1 700 000 € pour N+3. L'excédent brut d'exploitation tient compte des redevances de crédit-bail du matériel informatique et est estimé à 20 % du CAHT pour toute la période.

Le BFR prévisionnel est négatif et estimé à moins 10 jours de CAHT.

Il est prévu de verser un dividende annuel de 50 000 € à partir de l'année N+2.

Le financement prévu pour le projet est le suivant :

- un apport en capital pour 750 000 €, entièrement libéré dès le début de N+1 ;
- un emprunt de 240 000 € souscrit début N+1 au taux de 2 %, remboursable à terme échu par amortissements constants sur 4 ans ;
- un financement du matériel informatique par crédit-bail aux conditions suivantes : dépôt de garantie de 15 000 € récupérable en fin de contrat ; versement de 5 loyers annuels de 73 200 € HT payables d'avance ; option d'achat de 2 % de la valeur d'origine du matériel.

La trésorerie début N+1 est estimée à 50 000 €. Le taux d'IS est de 25 %.

1. Présenter le plan de financement initial, sans financement externe pour les années N+1 à N+3.

2. Présenter le plan de financement définitif en intégrant le financement par emprunt et l'apport en capital. Conclure sur la faisabilité du projet.

Correction

1. Présentation du plan de financement sans financement externe

Dotation aux amortissements : (1 000 000 + 250 000) / 10 = 125 000

CAF hors financement par emprunt :

Éléments	N+1	N+2	N+3
Chiffre d'affaires	1 200 000	1 400 000	1 700 000
EBE (20 % du CA)	240 000	280 000	340 000
– Dotations aux amortissements	– 125 000	– 125 000	– 125 000
= Résultat avant impôt	115 000	155 000	215 000
– IS (25 %)	– 28 750	– 38 750	– 53 750
= Résultat après impôt	86 250	116 250	161 250
+ Dotations aux amortissements	125 000	125 000	125 000
= CAF	**211 250**	**241 250**	**286 250**

Variation du BFRE (10 j de CA HT)

Éléments	BFRE	VAR BFRE
N+1	– 33 333	– 33 333
N+2	– 38 889	– 5 556
N+3	– 47 222	– 8 333

Plan de financement initial

Éléments	N+1	N+2	N+3
Ressources			
CAF	211 250	241 250	286 250
Dégagement de FDR	33 333	5 556	8 333
Total ressources (1)	**244 583**	**246 806**	**294 583**
Emplois			
Investissements	1 250 000		
Dépôt de garantie crédit-bail	15 000		
Distribution de dividendes		50 000	50 000
Total emplois (2)	**1 265 000**	**50 000**	**50 000**
FNT (1) – (2)	**– 1 020 417**	**196 806**	**244 583**
Trésorerie initiale	50 000	– 970 417	– 773 611
Trésorerie finale	**– 970 417**	**– 773 611**	**– 529 028**

Le plan de financement fait apparaître une trésorerie fortement négative dès le début de la première année; ce déficit de trésorerie ne se résorbe pas, même si la rentabilité du projet est satisfaisante (hausse de la CAF de 14,2 % puis de 18,7 %). Il faut mettre en place un financement complémentaire.

2. Présentation du plan de financement définitif

Amortissement A = 240 000 / 4 = 60 000

Éléments	Capital début	Intérêts	Amortissements
31/12/N+1	240 000	4 800	60 000
31/12/N+2	180 000	3 600	60 000
31/12/N+3	120 000	2 400	60 000
31/12/N+4	60 000	1 200	60 000

CAF liée au financement par emprunt

Éléments	Fin N+1	Fin N+2	Fin N+3
CAF	211 250	241 250	286 250
– Intérêts nets d'IS	– 3 600	– 2 700	– 1 800
= CAF liée au financement	**207 650**	**238 550**	**284 450**

Plan de financement révisé :

Éléments	Fin N+1	Fin N+2	Fin N+3
Ressources :			
CAF	207 650	238 550	284 450
Emprunt	240 000		
Augmentation de capital	750 000		
Dégagement de FDR	33 333	5 556	8 333
Total ressources (1)	**1 230 983**	**244 106**	**292 783**
Emplois :			
Investissement	1 250 000		
Dépôt de garantie	15 000		
Dividendes		50 000	50 000
Amortissement de l'emprunt	60 000	60 000	60 000
Total emplois (2)	**1 325 000**	**110 000**	**110 000**
FNT (1) – (2)	**– 94 017**	**134 106**	**182 783**
Trésorerie début	50 000	– 44 017	90 089
Trésorerie fin	**– 44 017**	**90 089**	**272 872**

Le plan de financement est désormais équilibré, la trésorerie finale est positive dès la seconde année. Toutefois, compte tenu de l'incertitude inhérente à toute prévision, il faut envisager un montant emprunté supérieur à 240 000 € en N+1 afin d'équilibrer la trésorerie dès la première année, à condition que la société dispose d'une capacité d'endettement suffisante. Il sera possible, au vu du plan de financement, de procéder à un remboursement anticipé de l'emprunt en fin de troisième année.

PARTIE 4

LA TRÉSORERIE

Selon le programme officiel de l'examen, cette partie va vous permettre d'anticiper les mouvements de trésorerie de court terme, de connaître le principe d'équilibrage pour optimiser les modalités de financement des déficits et de placement des excédents sur les marchés financiers.

Chapitre 17

LA GESTION DE TRÉSORERIE

Selon le programme officiel de l'examen, ce chapitre va vous permettre d'anticiper les mouvements de trésorerie de court terme et les reporter dans le budget de trésorerie. [L'optimisation des mouvements de trésorerie relève de l'UE 11.]

Vous développerez ainsi les compétences suivantes :
- *Caractériser la notion de prévision de trésorerie ;*
- *Construire un budget de trésorerie ;*
- *Commenter le principe de l'équilibrage de la trésorerie.*

I L'établissement des prévisions de trésorerie

La gestion de trésorerie doit assurer l'utilisation optimale des excédents de trésorerie et rechercher les moyens de financement à court terme les moins coûteux. Des prévisions de trésorerie sont mises en place pour connaître le solde de trésorerie disponible à n'importe quelle date dans le futur.

Le ***budget de trésorerie*** est un outil d'anticipation des flux de trésorerie entrants et sortants de l'entreprise sur une période donnée. C'est un instrument de prévision essentiel pour la gestion de l'entreprise, permettant de prévoir le besoin de financement à court terme et de prendre les décisions nécessaires pour assurer le fonctionnement et la survie de l'entreprise. Un suivi de trésorerie régulier permet de s'assurer de la capacité de l'entreprise à honorer ses échéances (charges d'exploitation courante, dividendes, investissements, intérêts, remboursement d'emprunts, impôts, etc.) mais aussi d'améliorer la communication entre les différents partenaires de l'entreprise (banquiers, etc.).

II L'élaboration du budget de trésorerie

Le budget de trésorerie est généralement établi mensuellement. Il comprend trois budgets : le budget des encaissements, le budget de la TVA et le budget des décaissements.

A Le budget des encaissements

Le ***budget des encaissements*** comprend les ventes encaissées TTC au comptant, les règlements des créances clients et des effets de commerce aux échéances prévues (30 jours, 60 jours, etc.), les encaissements issus de la politique de financement à moyen et long termes (augmentation de capital en numéraire, emprunts bancaires contractés, subventions reçues) et les encaissements issus de la politique d'investissement (cessions d'immobilisations).

B Le budget de TVA

Le ***budget de TVA*** comprend la TVA exigible et la TVA déductible.

Pour les entreprises relevant du régime réel normal, la TVA à décaisser au titre d'un mois est réglée le mois suivant. En cas de crédit de TVA, ce dernier est reporté sur la déclaration de TVA du mois suivant, excepté si un remboursement est demandé.

Pour les entreprises relevant du régime réel simplifié, un premier acompte de TVA est réglé en juillet ; un second acompte et le montant de la TVA à régulariser sont réglés en décembre.

C Le budget des décaissements

Le ***budget des décaissements*** comprend les achats décaissés TTC au comptant, les règlements des dettes fournisseurs (fournisseurs de biens et services et fournisseurs d'immobilisations), des effets à payer aux échéances prévues, des charges de production, des charges de distribution, des charges de personnel (salaires et cotisations sociales), des dettes fiscales (acomptes IS, dette IS, TVA à décaisser), les échéances d'emprunts (annuités) et le versement des dividendes aux actionnaires.

D Le solde de trésorerie

La différence entre les encaissements et les décaissements permet d'obtenir le solde de trésorerie qui est cumulé en fin de chaque période.

Le budget de trésorerie se présente comme suit pour le premier trimestre :

Éléments	Janvier	Février	Mars
Encaissements (1)			
Décaissements (2)			
Solde de trésorerie (1) – (2) = (3)			
Trésorerie début (4)			
Trésorerie cumulée (3) + (4)			

III L'équilibrage de la trésorerie – Élaboration du plan de trésorerie

Le plan de trésorerie complète le budget de trésorerie. C'est un état financier prévisionnel, généralement mensuel, qui permet d'étudier l'effet des encaissements et des décaissements sur la situation de trésorerie à court terme, l'objectif étant d'obtenir ***un solde de trésorerie proche de zéro***.

Il est élaboré en vue d'équilibrer les insuffisances de trésorerie par les excédents de trésorerie et de trouver un arbitrage entre les moyens de financement (escomptes de traites et découvert bancaire). Il permet de :

– déterminer le profil annuel de trésorerie ;
– déterminer, mois par mois, les déséquilibres de trésorerie qui peuvent survenir ponctuellement et prendre les mesures correctives nécessaires ;
– négocier les concours bancaires ;
– affiner les informations fournies par le budget de trésorerie en faisant intervenir l'escompte des effets escomptables et le placement des excédents de trésorerie.

Cependant, l'analyse comprend également des limites ; l'information communiquée est ainsi globale et demeure prévisionnelle.

Le plan de trésorerie se présente comme suit pour le premier trimestre :

Éléments	Janvier	Février	Mars
Trésorerie début de mois			
+ Encaissements			
– Décaissements			
= Trésorerie fin de mois avant escompte et découvert			
– Montant des effets escomptés au cours du mois précédent			
+ Montant net escompté			
+ Découvert bancaire			
– Intérêts sur découvert			
– Remboursement du découvert			
– Placement (achat de titres)			
+ Intérêts du placement			
+ Récupération du placement (vente des titres)			
= Trésorerie fin de mois après escompte et découvert			

APPLICATION CORRIGÉE 1 : Budget de trésorerie

Vous disposez des informations suivantes de la société CHAUVE.

Créances au 31/12/N :

Clients : 315 000 €, échéance en janvier N+1 ; Autres créances : 60000 €, échéance en juin N+1.

Dettes au 31/12/N :

Fournisseurs : 185 000 €, échéance moitié en janvier N+1, moitié en février N+1.

Dettes fiscales et sociales : 210 000 € comprenant 50 000 € de TVA à décaisser, 125 000 € d'IS et 35 000 € de charges à payer en janvier N+1 ; Emprunt bancaire remboursable par annuités constantes de 80 000 €, échéance en juin.

Prévision des ventes et des achats et autres charges :

24 000 produits ; Prix de vente unitaire de 400 € HT. Les coefficients saisonniers sont de 0,5 pour le premier trimestre et de 1,8 pour le second trimestre.

50 % des clients règlent au comptant, 50 % par traite à 30 jours.

Achats de matières premières : 9 000 unités par mois au cours du premier trimestre et 12 500 unités par mois au cours du second trimestre ; Prix unitaire de 40 € HT. Règlement de la moitié à 30 jours et le reste à 60 jours.

Il a été fabriqué 1 800 produits par mois au cours du premier trimestre et 2 500 produits par mois au cours du second trimestre.

Coût de production d'un produit :

Matières premières : 5 unités ; Frais variables de fabrication : 100 € HT, réglés au comptant ; Frais fixes : 516 000 € pour le semestre dont la moitié d'amortissements et l'autre moitié de frais décaissés régulièrement sur le semestre et non soumis à TVA ; Frais administratifs : 60 000 € par mois non soumis à TVA, réglés au comptant à hauteur de 2/3, le solde à 30 jours ; Commissions versées aux représentants : 5 % du chiffre d'affaires HT ; règlement le mois suivant.

Autres informations :

Les acomptes IS du premier semestre s'élèvent à 50 000 € et à 70 000 €. Le taux de TVA est de 20 %.

L'entreprise dispose de 9 000 € de trésorerie au 31/12/N.

Établir le budget de trésorerie du premier semestre N+1.

Correction

Chiffre d'affaires TTC (K€)

Éléments	Janvier	Février	Mars	Avril	Mai	Juin
CA HT (1)	400	400	400	1 440	1 440	1 440
TVA	80	80	80	288	288	288
CA TTC	480	480	480	1 728	1 728	1 728

(1) [(24 000 × 400) / 12] × 0,5 = 400 K€ ; [(24 000 × 400) / 12] × 1,8 = 1 440 K€

Encaissement des ventes (K€)

Éléments	Janvier	Février	Mars	Avril	Mai	Juin
CA TTC	480	480	480	1 728	1 728	1 728
50 % au comptant	240 : Janvier	240 : Février	240 : Mars	864 : Avril	864 : Mai	864 : Juin
50 % à 30 jours	240 : Février	240 : Mars	240 : Avril	864 : Mai	864 : Juin	864 : Juillet

Budget des encaissements (K€)

Éléments	Janvier	Février	Mars	Avril	Mai	Juin
Créances bilan :						
Clients	315					
Autres						60
Ventes au comptant	240	240	240	864	864	864
Ventes 30 j		240	240	240	864	864
Total	**555**	**480**	**480**	**1 104**	**1 728**	**1 788**

Budget de la TVA (K€)

Éléments	Janvier	Février	Mars	Avril	Mai	Juin
TVA collectée	80	80	80	288	288	288
TVA déductible :						
Achats MP (1)	72	72	72	100	100	100
Frais variables (2)	36	36	36	50	50	50
TVA due	– 28	– 28	– 28	138	138	138
TVA due après report		– 56	– 84	54	138	138
Règlement TVA		0	0	0	54	138

(1) 9 000 × 40 × 20 % = 72 K€ ; 12 500 × 40 × 20 % = 100 K€

(2) 1 800 × 100 × 20 % = 36 K€ ; 2 500 × 100 × 20 % = 50 K€

Achats et charges TTC (K€)

Éléments	Janvier	Février	Mars	Avril	Mai	Juin
Achats de MP (1)	432	432	432	600	600	600
Frais variables (2)	216	216	216	300	300	300
Frais fixes hors amortissements (3)	43	43	43	43	43	43
Frais administratifs (4)	60	60	60	60	60	60
Commissions	20	20	20	72	72	72

(1) 9 000 × 40 × 1,2 = 432 K€ ; 12 500 × 40 × 1,2 = 600 K€

(2) 1 800 × 100 × 1,2 = 216 K€ ; 2 500 × 100 × 1,2 = 300 K€

(3) (516 000 × 50 %) / 6 = 43 K€

(4) 5 % (400 000) = 20 K€ ; 5 % (1 440 000) = 72 K€

Décaissements des achats et autres charges (K€)

Éléments	Janvier	Février	Mars	Avril	Mai	Juin
Achats MP : 50 % à 30 jours 50 % à 60 jours	 216 : Février 216 : Mars	 216 : Mars 216 : Avril	 216 : Avril 216 : Mai	 300 : Mai 300 : Juin	 300 : Juin 300 : Juillet	 300 : Juillet 300 : Août
Frais variables au comptant	216 : Janvier	216 : Février	216 : Mars	300 : Avril	300 : Mai	300 : Juin
Frais fixes au comptant	43 : Janvier	43 : Février	43 : Mars	43 : Avril	43 : Mai	43 : Juin
Frais administratifs : Comptant (2/3) ; à 30 jours (1/3)	40 : Janvier 20 : Février	40 : Février 20 : Mars	40 : Mars 20 : Avril	40 : Avril 20 : Mai	40 : Mai 20 : Juin	40 : Juin 20 : Juin
Commissions mois suivant	20 : Février	20 : Mars	20 : Avril	72 : Mai	72 : Juin	72 : Juillet
Acomptes IS			50			70
TVA due					54	138

Budget des décaissements (K€)

Éléments	Janvier	Février	Mars	Avril	Mai	Juin
Dettes bilan : Fournisseurs TVA due Charges à payer Annuité emprunt Solde IS	 92,5 50 35 	 92,5 			 125	 80
Achats de MP : à 30 jours à 60 jours		 216 	 216 216	 216 216	 300 216	 300 300
Frais variables	216	216	216	300	300	300
Frais fixes	43	43	43	43	43	43
Frais administratifs : au comptant à 30 jours	 40 	 40 20	 40 20	 40 20	 40 20	 40 20
Commissions		20	20	20	72	72
Acomptes IS			50			70
TVA liquidée					54	138
Total	**476,5**	**647,5**	**821**	**855**	**1 170**	**1 363**

Budget de trésorerie (K€)

Éléments	Janvier	Février	Mars	Avril	Mai	Juin
Encaissements	555	480	480	1 104	1 728	1 788
Décaissements	476,5	647,5	821	855	1 170	1 363
Solde	78,7	– 167,5	– 341	249	558	425
Trésorerie début	9	87,5	– 80	– 421	– 172	386
Trésorerie cumulée	**87,5**	**– 80**	**– 421**	**– 172**	**386**	**811**

La trésorerie est négative de février à avril. Néanmoins, la hausse des ventes permet de rétablir la situation en mai. L'entreprise pourrait, dès le mois de février, négocier les conditions d'un découvert bancaire avec sa banque, voire encaisser prématurément une créance clients ou retarder le paiement à un fournisseur.

APPLICATION CORRIGÉE 2 : Plan de trésorerie – Escompte des effets de commerce et découvert bancaire

La société CRISS prévoit des difficultés de trésorerie dans les prochains mois. Elle tient une comptabilité prévisionnelle et a établi son budget de trésorerie (en K€) pour les trois prochains mois :

Éléments	Octobre	Novembre	Décembre
Trésorerie début de mois	1 300	– 1 265	– 3 070
Avances reçues Ventes au comptant Ventes à 30 j (traites)	940 1 545 50	1 050 2 250 1 495	1 130 4 330 1 210
Total des encaissements	2 535	4 795	6 670
Total des décaissements	5 100	6 600	3 190
Trésorerie fin de mois	– 1 265	– 3 070	410

Pour équilibrer son budget de trésorerie, la société utilise les moyens de financements suivants :

- en cas de déficit de trésorerie, elle escompte les effets qu'elle détient en portefeuille. Les intérêts sont perçus le mois même au taux d'intérêt annuel de 7 % ;
- si l'escompte s'avère insuffisant pour combler le déficit, la banque consent à l'entreprise un découvert bancaire au taux de 8 % l'an. Le calcul des intérêts se fait mensuellement mais les agios sont prélevés le mois suivant. Par simplification, le découvert de fin de mois sera considéré comme représentatif du découvert moyen du mois et les intérêts seront arrondis en K€ le plus proche. Tout découvert accordé devra être remboursé le mois suivant.

Présenter le plan de trésorerie du dernier trimestre.

Correction

Plan de trésorerie

Éléments	Octobre	Novembre	Décembre
Trésorerie début de mois	+ 1 300	0	0
Acomptes reçus	940	1 050	1 130
Ventes au comptant	1 545	2 250	4 330
Ventes à 30 jours fin de mois par traite	50	1 495	1 210
Décaissements	– 5 100	– 6 600	– 3 190
Trésorerie fin de mois avant escompte et découvert	– 1 265	– 1 805	3 480
Montant des effets escomptés au cours du mois précédent	0	– 1 272 (1)	– 1 210
Montant net escompté	+ 1 265 (1)	+ 1 203 (2)	
Découvert bancaire	0	+ 1 874 (2)	
Remboursement du découvert	0		– 1 874 (2)
Intérêts sur découvert	0		– 12 (3)
Trésorerie fin de mois après escompte et découvert	**0**	**0**	**384 (4)**

(1) Net en compte = 1 265 = N – (7 % × N × 1 / 12) : N = 1 272

(2) – 1 805 – 1 272 = – 3 077 ; possibilité d'escompter un maximum de 1 210 ; net encaissé = 1 210 – (7 % × 1 210 × 1 / 12) = 1 203 ; – 3 077 + 1 203 = –1 874 ; découvert bancaire = 1 874

(3) Intérêts sur découvert = 1 874 × 8 % × 1 / 12 = 12

(4) 3 480 – 1 210 – 1 874 – 12 = 384

Les actions apportées au budget de trésorerie permettent de gérer la trésorerie autour de zéro en escomptant les effets de commerce disponibles, et si cela ne suffit pas, en ayant recours au découvert bancaire.

APPLICATION CORRIGÉE 3 : Plan de trésorerie – Escompte des effets de commerce et découverts bancaires – Placement des excédents de trésorerie

La société TRESO prévoit des difficultés de trésorerie dans les prochains mois. Elle tient une comptabilité prévisionnelle et a établi son budget de trésorerie (en K€) pour les six prochains mois :

Éléments	Janvier	Février	Mars
Trésorerie début de mois	12 000		
Total des encaissements (dont part des effets escomptables)	80 000	40 000	120 000
Total des décaissements	60 000	105 000	60 000
Part des effets escomptables	5 000	20 000	4 000

Pour équilibrer son budget de trésorerie, la société utilise les moyens de financements suivants :

En cas de déficit de trésorerie, elle escompte les effets qu'elle détient en portefeuille. Les intérêts sont perçus le mois même au taux d'intérêt annuel de 7 %. Si l'escompte s'avère insuffisant pour combler le déficit, la banque consent à l'entreprise un découvert bancaire au taux de 10 % l'an. Le calcul des intérêts se fait mensuellement et les agios sont prélevés le mois suivant. En cas d'excédent de trésorerie, les placements seraient rémunérés au taux annuel de 3 % en plaçant les sommes par mois entier. Tout découvert accordé devra être remboursé le mois suivant.

Présenter le plan de trésorerie du premier trimestre.

Correction

Plan de trésorerie (K€)

	Janvier	Février	Mars
Trésorerie début de mois	12000	0	0
Encaissements	80000	40000	120000
Décaissements	– 60000	– 105000	– 60000
Trésorerie fin de mois avant escompte et découvert	32000	– 65000	+ 60000
Montant des effets escomptés au cours du mois précédent			– 20000
Montant net escompté		+ 19883 (2)	
Découvert bancaire		+ 13037 (2)	
Intérêts sur découvert			– 109 (3)
Remboursement du découvert			– 13037 (2)
Placement	– 32000		– 26854 (3)
Intérêts du placement		+ 80 (1)	
Récupération du placement		+ 32000	
Trésorerie fin de mois après escompte et découvert	**0**	**0**	**0**

(1) 32000 × 3 % × 1 / 12 = 80

(2) – 65000 + 80 = – 64920 ; vente des titres pour 32000 ; – 64920 + 32000 = – 32920 ; escompte possible jusqu'à hauteur de 20000 ; net encaissé = 20000 – (20000 × 7 % / 12) = 19883 ; reste – 32920 + 19883 = – 13037 ; découvert de 13037

(3) Intérêts sur découvert = 13037 × 10 % × 1 / 12 = 109 ; placement possible du solde : 60000 – 20000 – 109 – 13037 = 26854

Les actions apportées au budget de trésorerie permettent de gérer la trésorerie autour de zéro en escomptant les effets de commerce disponibles, en ayant recours au découvert bancaire et en plaçant les excédents de trésorerie.

APPLICATION CORRIGÉE 4 : Budget de trésorerie – Coût réel du découvert – Coût réel de l'escompte

1. À partir des prévisions de la société DELANAY, présenter le budget de trésorerie pour le premier trimestre N+1.

2. Calculer l'agio HT dans les deux hypothèses suivantes :
– la société a recours uniquement au découvert bancaire ;
– la société remet à l'escompte le 31/03 les effets de commerce en portefeuille.

3. Calculer le coût réel de l'escompte et du découvert.

Prévisions du premier trimestre (K€)

Éléments	Janvier	Février	Mars
CA HT (règlement à 30 j fin de mois) Dont CA à l'exportation	4300 300	4400 200	3750 150
Cessions d'immobilisations (règlement comptant)	110		
Achats HT	1450	2550	2050
Salaires (règlement en fin de mois)	2250	2250	2280
Charges sociales (règlement le mois suivant)	900	900	962
Autres charges soumises à TVA (règlement comptant)	125	125	125
Autres charges non soumises à TVA (règlement comptant)	122	122	125
Investissements (règlement comptant)		500	

Achats décaissés	Janvier	Février	Mars
Achats TTC (K€)	522	2136	2880

Le taux de TVA est de 20 %. La TVA est réglée le 15 du mois suivant.

Postes au bilan au 31/12/N :

Créances clients : 4947 K€ ; Disponibilités : 1250 K€ ; Dettes fournisseurs : 302 K€ ; TVA à décaisser : 103 K€ ; Charges sociales : 800 K€. Les créances clients et les dettes fournisseurs seront réglées en janvier N+1.

Un déficit de trésorerie de 785000 € est prévu du 01/04 au 20/04 inclus. La société détient 6 effets pour 400000 €, à échéance du 20/04, et 11 effets pour 385000 €, à échéance du 30/04.

Les conditions négociées avec la banque sont les suivantes :

Taux du découvert bancaire : 8,5 % ; CPFD : 0,05 %.

Taux d'escompte : 7,5 % ; Commission d'endos : 0 ,6 % ; Commissions fixes : 5 € HT par effet ; La banque applique 1 jour banque.

Correction

1. Présentation du budget de trésorerie

Budget de la TVA (K€)

Éléments	Janvier	Février	Mars
TVA collectée (1)	822	840	720
TVA déductible (2)	315	635	435
TVA à décaisser	507	205	285

(1) (4300 – 300 + 110) × 20 % = 822 ; (4400 – 200) × 20 % = 840 ; (3750 – 150) × 20 % = 720

(2) (1450 + 125) × 20 % = 315 ; (2550 + 125 + 500) × 20 % = 635 ; (2050 + 125) × 20 % = 435

Budget des encaissements (K€)

Éléments	Janvier	Février	Mars
Créances clients bilan	4947		
Ventes à 30 j (1)		5100	5240
Cession d'immobilisation (2)	132		
Total	**5079**	**5100**	**5240**

(1) (4300 – 300) × 1,20 + 300 = 5100 ; (4400 – 200) × 1,20 + 200 = 5240

(2) 110 × 1,20 = 132

Budget des décaissements (K€)

Éléments	Janvier	Février	Mars
Dettes bilan	302		
Achats TTC	522	2136	2880
Salaires	2250	2250	2280
Charges sociales	800	900	900
Autres charges (1)	150	150	150
Autres charges non soumises à TVA	122	122	125
Investissements (2)	0	600	0
TVA à décaisser	103	507	205
Total	**4249**	**6665**	**6540**

(1) 125 × 1,20 = 150

(2) 500 × 1,20 = 600

Budget de trésorerie (K€)

Éléments	Janvier	Février	Mars
Encaissements	5079	5100	5240
Décaissements	4249	6665	6540
Trésorerie initiale	1250	2080	515
Trésorerie finale	**2080**	**515**	**– 785**

Le financement de l'investissement fin février ampute l'excédent de trésorerie dégagé au titre du mois de janvier ; la hausse des ventes ne suffit pas à compenser l'importance des décaissements auxquels l'entreprise doit faire face. Il serait opportun d'envisager des placements de l'excédent de trésorerie de janvier et négocier des délais de paiement auprès du fournisseur d'immobilisation afin d'éviter une trésorerie négative fin mars.

2. Calcul de l'agio HT (voir Chapitre 18)

Agios sur découvert bancaire

Dates	Nombre de jours	Soldes débiteurs	Nombres débiteurs
Du 01/04 au 20/04	20	785000	15700000

Intérêt sur découvert = 15700000 × 8,5 % / 360 = 3706,94

CPFD = 0,05 % × 785000 = 392,50

Agio HT = 4099,44

Agio sur escompte des effets de commerce

Nominal	Nombre de jours (1)	Escompte (2)	Endos (3)	Commission fixe	Agio HT
400000	21	1750	140	5 × 6 = 30	1920
385000	31	2486	199	5 × 11 = 55	2740
Total					**4660**

(1) 20 + 1 = 21 ; 30 + 1 = 31

(2) 400000 × 7,5 % × 21 / 360 = 1750 ; 385000 × 7,5 % × 31 / 360 = 2486

(3) 400000 × 0,6 % × 21 / 360 = 140 ; 385000 × 0,6 % × 31 / 360 = 199

3. Coût réel de l'escompte et du découvert (voir Chapitre 18)

Coût réel de l'escompte (t) : 4660 = t (400000 – 1920) × 20 / 365 + (385000 – 2740) × 30 / 365 ; on trouve t = 8,7 %.

Coût réel du découvert (t) : 4099,44 = 15700000 × t / 365 ; on trouve t = 9,53 %.

Conclusion

Si l'on se réfère au coût réel, on retiendra l'escompte car le coût réel moyen de l'escompte est inférieur au coût réel du découvert bancaire.

Chapitre 18
LE FINANCEMENT DES DÉFICITS DE TRÉSORERIE DE COURT TERME

Selon le programme officiel de l'examen, ce chapitre va vous permettre de minimiser le coût de financement des déficits de trésorerie de court terme.

Vous développerez ainsi les compétences suivantes :
– Distinguer et qualifier les principales modalités de financement des déficits de trésorerie ;
– Arbitrer entre les différentes modalités de financement à la disposition de l'entreprise.

I La typologie des financements à court terme des soldes déficitaires de trésorerie

A L'escompte d'effets de commerce

L'escompte d'effets de commerce est la ***procédure utilisée par une entreprise pour obtenir de sa banque une avance de fonds en échange de la remise d'effets de commerce tirés sur ses clients***. La banque crédite le compte de l'entreprise du montant nominal des effets de commerce, diminué des agios. Ce financement permet d'éviter le problème du recouvrement des créances. Il est accordé rapidement avec peu de formalités. C'est une opération peu risquée pour la banque.

Cependant, c'est un financement rigide car le portefeuille d'effets n'est pas toujours adapté au besoin de financement de l'entreprise et le coût du financement est onéreux.

B Le crédit de mobilisation des créances commerciales

Le crédit de mobilisation des créances commerciales (CMCC) est une procédure utilisée pour ***obtenir des liquidités avant l'échéance***. Elle concerne des créances n'ayant pas donné lieu à l'émission de traites. L'entreprise souscrit un billet à ordre dont le bénéficiaire est sa banque. L'entreprise remet ce billet à ordre à sa banque qui l'escompte immédiatement. La banque crédite le compte de l'entreprise du montant du billet à ordre, diminué des agios. Ce financement est moins coûteux que l'escompte et simple de mise en œuvre.

Toutefois, le financement est rigide du fait du regroupement des créances par dates de facturation et d'échéance.

C La mobilisation des créances loi *Dailly*

La mobilisation des créances loi *Dailly* consiste à ***céder à sa banque la propriété de ses créances au moyen d'un bordereau de cession de créances***; en échange, la banque accorde à l'entreprise une avance de fonds.

Ce financement est rigide car la banque peut demander la justification détaillée des encaissements par rapport aux bordereaux de cession ou aux factures et l'entreprise doit suivre le recouvrement de ses créances.

D Les crédits bancaires

Les crédits bancaires représentent les ***facilités de caisse*** (compte débiteur d'une durée de quelques jours), ***le découvert bancaire, le crédit de campagne*** (destiné à financer les besoins de trésorerie des entreprises dont l'activité est saisonnière), ***le crédit-spot*** (avance de fonds de très courte durée, destinée à régler les problèmes de trésorerie des PME), ***les lignes de crédit ou Crédit Facility*** (autorisation donnée par la banque de tirer des fonds jusqu'à un certain plafond et pendant une période donnée) .

Ces crédits s'adaptent précisément aux besoins en montant et en durée.

Le taux appliqué dépend de la durée et de la taille de l'entreprise; le coût du financement peut donc être onéreux.

E L'affacturage

L'affacturage consiste à céder des ***créances commerciales à un établissement financier***. Le factor prend à sa charge le recouvrement des créances pour son compte et supporte les risques d'impayés. Il assure les tâches administratives de gestion des comptes clients et du recouvrement des créances.

Cependant, le coût du financement est onéreux.

F Le crédit fournisseurs et le crédit groupe

Le crédit fournisseurs représente les délais de paiement obtenus.

Le crédit groupe est octroyé par une société à une autre société du groupe avec un taux d'intérêt inférieur à celui des crédits bancaires.

G Les titres de créances négociables

Les titres de créances négociables (TCN) sont émis sur le marché monétaire, par l'État ou par les entreprises, pour une durée à court terme (jusqu'à 1 an) ou à moyen terme (supérieure à 1 an), dont le montant mimimum est fixé à 150 000 €.

II La négociation des conditions de mouvements de trésorerie

A Les définitions

Différents paramètres influent sur le coût du financement, comme énoncé dans le tableau suivant :

Taux d'intérêt nominal	Taux annoncé lors des négociations avec la banque ; il est fixé sur la base du taux de base bancaire.
Taux de base bancaire (TBB)	Taux déterminé par les banques les plus grandes de la place ; il subit une majoration (appelée prime de risque) variable selon le type de crédit et la qualité du client.
Dates de valeur	Dates effectivement prises en compte par la banque pour le calcul des intérêts ; elles sont variables suivant les banques.
Jours de valeur	Jours correspondant au temps écoulé entre la date à laquelle une opération de débit ou de crédit est effectuée et la date de valeur à laquelle cette opération est prise en compte par la banque.
Jours de banque	Jours supplémentaires ajoutés par la banque pour le calcul d'une opération de financement (l'escompte, par exemple).
Taux moyen mensuel du marché interbancaire (TMM)	Taux de marché qui exprime un équilibre entre l'offre et la demande de capitaux à court terme ; il est égal à la moyenne mensuelle des taux moyens pondérés déterminés par la Banque de France d'après les taux au jour le jour pratiqués par les opérateurs principaux du marché.
Taux annuel monétaire (TAM)	Taux actuariel correspondant au TMM ; il est calculé par la Caisse des dépôts et consignations.
Taux annuel glissant (TAG)	Moyenne arithmétique des TMM sur des périodes glissantes de 12 mois.

B La négociation des conditions entre l'entreprise et la banque

Le rôle du trésorier est de négocier :
- les taux d'intérêt (taux de référence, majoration spécifique propre à l'entreprise compte tenu de sa rentabilité, de sa structure financière et de son endettement) ;
- le barème des commissions ;
- le plafond du découvert autorisé ;
- les jours de valeur ;
- les jours banque.

Les taux varient selon les banques et sont fixés sur la base du TBB, majoré ou minoré selon la situation de l'entreprise. Une situation financière stable, une bonne rentabilité, des perspectives de croissance intéressantes sont des éléments importants pour pouvoir négocier des conditions favorables.

C L'escompte d'effets de commerce

1 L'intérêt (ou escompte)

L'intérêt est calculé au prorata de la valeur nominale de l'effet (N) et du temps (n) ; le taux pratiqué (i) est le taux de base bancaire, éventuellement augmenté ou diminué d'une majoration ou d'une minoration spécifique à l'entreprise. Le nombre de jours (n) représente la durée entre la date de la négociation d'un effet et sa date d'échéance, éventuellement augmenté d'un ou plusieurs jours banque. L'escompte n'est pas soumis à TVA.

$$\text{Escompte} = N \times i \times \frac{n}{360}$$

2 Les commissions

Les commissions rémunèrent le service rendu par la banque ; elles augmentent le coût du crédit.

On distingue les commissions suivantes :

a La commission d'endos

La commission d'endos est calculée au prorata de la valeur nominale de l'effet et du temps ; son taux est en général de 0,60 % l'an ; elle n'est pas soumise à TVA. Elle correspond à la formule suivante :

$$\text{Commission d'endos} = N \times 0{,}60\,\% \times \frac{n}{360}$$

b Les commissions de manipulation, de service, les frais de bordereaux

Ces commissions sont variables selon les banques et sont indépendantes du temps. Elles sont soumises à TVA.

3 Les minima imposés par la banque

Pour le calcul de l'agio, un minimum de 10 jours est souvent compté à l'entreprise lors de la remise d'effets à l'escompte ; le coût du crédit en est augmenté ; la banque tente ainsi de décourager la remise à l'escompte d'effets dont l'échéance est proche. De plus, la banque peut fixer un montant minimal d'agios afin de décourager la remise à l'escompte d'effets de faible montant.

D Le découvert bancaire

1 L'intérêt

Les banques transmettent aux entreprises une échelle d'intérêts trimestrielle qui représente un relevé de compte bancaire classé par date de valeur en mouvements et en soldes quotidiens, permettant de calculer les agios prélevés par la banque.

Dates	Mouvements débiteurs	Mouvements créditeurs	Soldes débiteurs	Soldes créditeurs	Jours	Nombres débiteurs	Nombres créditeurs
(1)	(2)	(3)	(4)	(5)	(6)	(7) = (4) × (6)	(8) = (5) × (6)

L'intérêt se calcule comme suit :

$$\text{Intérêt} = \sum \text{Nombres débiteurs} \times \frac{\text{Taux du découvert}}{360}$$

2 Les commissions

Les commissions rémunèrent les risques encourus par la banque. On distingue les commissions suivantes :

a La commission du plus fort découvert bancaire

La commission du plus fort découvert (CPFD) est égale à 0,05 % du plus fort découvert (PFDB) de chaque mois du trimestre ; elle est en général plafonnée à la moitié des intérêts débiteurs du mois. Elle n'est pas soumise à TVA. Elle se calcule ainsi :

$$\text{CPFD} = 0{,}05\,\%\ (\text{PFDB du } 1^{er} \text{ mois du trimestre} + \text{PFDB du } 2^{e} \text{ mois du trimestre} + \text{PFDB du } 3^{e} \text{ mois du trimestre})$$

La CPFD pénalise fortement les entreprises qui ont un découvert sur une courte période ; les entreprises peuvent négocier une commission forfaitaire qui est alors incluse dans le taux du découvert.

b La commission de mouvement ou de tenue de compte

La commission de mouvement (CMVT) est destinée à rémunérer la banque pour la gestion du compte ; elle s'applique sur le total des opérations figurant au débit du compte (sauf sur le solde débiteur de début de trimestre et sauf sur certaines opérations exonérées). Son taux est de 0,025 %.

c La commission de dépassement

La commission de dépassement est appliquée lorsque l'entreprise dépasse le plafond de découvert qu'elle a obtenu de sa banque ; elle est égale à un pourcentage appliqué au plus fort dépassement mensuel de chaque trimestre. Elle n'est pas soumise à TVA.

$$\text{Commission de dépassement} = \text{Taux de commission} \times (\text{Montant du découvert dépassé de chaque mois du trimestre} - \text{Découvert autorisé de chaque mois du trimestre})$$

E L'affacturage

1 L'intérêt

L'intérêt perçu par le factor est qualifié de ***commission spéciale de financement*** ; il rémunère l'éventuel préfinancement des créances avant leur échéance ; il s'agit d'un intérêt calculé proportionnellement à la durée qui court entre la date de la cession des créances au factor et leurs échéances ; le capital (C) servant de base au calcul des intérêts est la valeur des factures dont le factor avance le montant à l'adhérent ; le taux pratiqué (i) est le taux de base bancaire majoré de 2 ou 3 points ; le nombre de jours (n) est déterminé par différence entre la date de l'avance (jour de l'avance inclus) et celle de l'encaissement effectif de la créance (+ éventuellement un ou plusieurs jours).

$$\text{Commission spéciale de financement} = C \times i \times \frac{n}{360}$$

2 La commission générale d'affacturage

La commission générale d'affacturage s'applique au montant TTC des factures (C) prises en charge par le factor ; elle assure la rémunération du travail et des risques pris par le factor.

Son taux (i) varie selon les sociétés d'affacturage entre 1,5 % et 2,5 %. Elle est soumise à TVA.

$$\text{Commission générale d'affacturage} = C \times i\,\%$$

F Le calcul de l'agio

L'agio est la somme prélevée par la banque ou le factor.

Agio HT = Intérêt + Commissions HT

Agio TTC = Agio HT + (20 % × Commissions soumises à TVA)

III Le coût réel des différentes modalités de financement

Le coût réel est le taux d'intérêt qui mesure le coût du crédit. C'est le taux d'intérêt simple qui, appliqué pendant la durée réelle du crédit au montant net de l'effet de la créance ou du découvert bancaire, donne un produit égal au total de l'agio HT.

REMARQUE

Pour le calcul du coût réel, la TVA sur l'agio n'est pas prise en compte car elle est récupérée par l'entreprise.

A Le coût réel de l'escompte

Le coût réel de l'escompte (t) est obtenu en résolvant l'équation suivante :

$$\text{Agio HT} = (\text{Valeur nominale} - \text{Agio HT}) \times t \times \frac{n}{365}$$

n = Durée réelle du financement = Nombre de jours entre la date de remise à l'escompte et la date d'échéance + Jours de valeurs pour une remise à l'encaissement (sauf jours banque)

APPLICATION CORRIGÉE

Le 19/09/N, un effet de commerce de valeur nominale 24 000 €, échéance 15/11/N, est remis à l'escompte. Le taux d'escompte est de 10 %. Il est appliqué un jour de banque. La commission de manipulation est de 5 € HT.

Calculer le coût réel de l'escompte.

Correction

Coût réel de l'escompte

Nominal	Durée (1)	Escompte (2)	Commission de manipulation	Agio HT
24 000	58	386,67	5	391,67

(1) (30 – 19) + 31 + 15 + 1 = 58 j

(2) 24 000 × 10 % × 58 / 360 = 386,67

Coût réel t : 391,67 = (24 000 – 391,67) × t × (58 – 1) / 365 ; on trouve t = 10,6 %.

B Le coût réel du découvert

Le coût réel du découvert (t) est obtenu en résolvant l'équation suivante :

$$\text{Agio HT} = \text{Nombres débiteurs} \times \frac{t}{365}$$

APPLICATION CORRIGÉE

Une entreprise débitrice de 10 000 € sur une durée de 100 jours auprès de sa banque se voit appliquer un taux d'intérêt annuel de 8 % et une commission fixe de 50 € HT.

Calculer le coût réel du découvert.

Correction

Coût réel du découvert

Durée	Solde débiteur	Nombres débiteurs
100	10000	1000000

Intérêt = 1000000 × 8 % / 360 = 222,22 €

Commission fixe : 50 €

Agio HT = 222,22 + 50 = 272,22 €

Coût réel t : 272,22 = 1000000 × t / 365 ; on trouve t = 9,94 %.

C Le coût réel de l'affacturage

Le coût réel de l'affacturage (t) est obtenu en résolvant l'équation suivante :

Agio HT = (Créances – Agio HT) × t × n / 365

n = Durée réelle du financement = Nombre de jours entre la date de cession des créances au factor et la date d'échéance

APPLICATION CORRIGÉE

Face au développement de son activité, la société LISA s'interroge sur l'opportunité de faire appel à une société d'affacturage, suite à la hausse significative du nombre de ses clients. Le chiffre d'affaires confié au factor serait de 25 M€ par an ; la commission générale d'affacturage serait de 1,02 % de la valeur des factures. Aucune commission de financement ne serait décomptée. Le recours à l'affacturage permettrait d'économiser le salaire de deux personnes (2000 € de salaire brut moyen d'une personne, taux des cotisations patronales 45 %), et des frais d'honoraires d'avocats de 90000 € par an.

Déterminer le coût annuel de l'affacturage et indiquer si le recours à l'affacturage est une solution financièrement avantageuse.

Correction

Coût de l'affacturage = 25000000 × 1,02 % = 255000 €

Économies réalisées par l'entreprise = (2000 × 2 × 12 × 1,45) + 90000 = 159600 €

Le recours à l'affacturage n'est donc pas avantageux pour la société.

IV Les intérêts et les limites de l'escompte et du découvert bancaire

A Les intérêts et les limites de l'escompte

1 Les intérêts

L'escompte est un ***moyen de recouvrement des créances assuré par la banque***. Il est obtenu facilement grâce aux garanties ; le coût est généralement faible (taux nominal peu élevé et commissions peu onéreuses).

2 Les limites

Le coût est élevé pour les effets de faible montant ou dont l'échéance est proche (minimum fixé par la banque) ; c'est un moyen qui manque de souplesse car le montant des effets de commerce sont parfois supérieurs aux besoins de trésorerie.

B Les intérêts et les limites du découvert bancaire

1 Les intérêts

Le découvert peut être utilisé pour des périodes brèves ; il s'adapte précisément aux besoins en montant et en durée.

2 Les limites

Le taux nominal est souvent supérieur au taux de l'escompte.

REMARQUE

Une combinaison de l'escompte et du découvert est souvent la meilleure décision qui permette de réduire les coûts de financement.

APPLICATION CORRIGÉE 1 : Coût de l'escompte de traites

L'entreprise COMTE remet à l'escompte de 10/05 deux effets dont les caractéristiques sont les suivantes :
- Nominal : 60 000 €, échéance 30/06 ;
- Nominal : 15 000 €, échéance 31/07.

Le directeur financier a négocié les conditions suivantes avec sa banque : le taux d'escompte est de 10 % ; la commission d'endos est de 0,60 % ; la commission de service est de 10 € HT par effet.

La banque applique 1 jour banque et 3 jours de valeur aux effets remis à l'encaissement.

Calculer l'agio HT et le taux réel de chaque effet et déterminer le taux réel moyen.

Correction

Agio HT

Nominal	Durée (1)	Escompte (2)	Commission d'endos (3)	Commission de manipulation	Agio HT
60 000	52	866,67	52	10	928,67
15 000	83	345,83	20,75	10	376,58
Total					**1 305,25**

(1) 31 – 10 + 30 + 1 = 52 ; 31 – 10 + 30 + 31 + 1 = 83

(2) 60 000 × 10 % × 52 / 360 = 866,67 ; 15 000 × 10 % × 83 / 360 = 345,83

(3) 60 000 × 0,6 % × 52 / 360 = 52 ; 15 000 × 0,6 % × 83 / 360 = 20,75

Coût réel du premier effet : 928,67 = (60 000 – 928,67) × t × (52 – 1 + 3) / 365 ; on trouve t = 10,63 %.

Coût réel du second effet : 376,58 = (15 000 – 376,58) × t × (83 – 1 + 3) / 365 ; on trouve t = 11,06 %.

Coût réel moyen : 1 305,25 = t × [(60 000 – 928,67) × 54 / 365] + [(15 000 – 376,58) × 85 / 365] ; on trouve t = 10,75 %.

APPLICATION CORRIGÉE 2 : Coût du découvert bancaire

Le compte bancaire de l'entreprise COUVE se présente ainsi au second trimestre N :

Dates des opérations	Libellés	Mouvements débiteurs	Mouvements créditeurs	Dates de valeur
01/04	Solde		6 418,58	31/03
02/05	Chèque	9 940,00		30/04
19/05	Chèque	20 154,28		18/05
14/06	Virement		17 137,84	15/06
21/06	Virement		10 040,00	22/06

Calculer au 30/06/N l'intérêt sur découvert bancaire au taux d'intérêt journalier de 0,05 %. La commission du plus fort découvert et la commission de mouvement sont négligées.

Correction

Agio HT

Éléments	Nombre de jours	Soldes débiteurs	Soldes créditeurs	Nombres débiteurs
Du 03/03 au 29/04	30		6418,58	
Du 30/04 au 17/05	18	3521,42		63385,56
Du 18/05 au 14/06	28	23675,70		662919,60
Du 15/06 au 21/06	7	6537,86		45765,02
Du 22/06 au 29/06	8		3502,14	
Total				772070,18

Intérêt = 772 070,18 × 0,05 % = 386,04 €

APPLICATION CORRIGÉE 3 : Coût de l'escompte – Coût du découvert bancaire

Préoccupé par les coûts de financements, M. BOY vous communique un extrait du bordereau de décompte d'agios que lui a envoyé sa banque pour une remise d'effets le 13/10/N.

Effet N°	Montant	Échéance	Commissions	Jours	Intérêt et endos
10562	3641,71	10/11	21,50	29	36,23

Par ailleurs, les prévisions de trésorerie du dernier trimestre font apparaître les soldes suivants :

Dates	Solde banque
Du 01/10 au 13/10	0
Du 14/10 au 10/11	– 68000
Du 11/11 au 16/11	– 40000
Du 17/11 au-delà	> 0

Le taux d'intérêt sur découvert bancaire négocié avec la banque est de 13,25 % ; le taux de commission du plus fort découvert est de 0,05 %. La banque applique 4 jours de valeur aux effets remis à l'encaissement.

1. Calculer le nombre de jours de banque appliqués par la banque.

2. Calculer le taux d'escompte.

3. Calculer le taux réel du crédit obtenu par l'escompte de l'effet 10562.

4. Déterminer le coût réel du découvert bancaire.

Correction

1. Nombre de jours banque appliqués

Pour l'effet 10562 : n = 31 – 13 + 10 = 28 jours. Sur le bordereau, il apparaît 29 jours ; le nombre de jours banque est donc de 29 – 28 = 1 jour banque.

2. Taux d'escompte (endos inclus)

36,23 = 3641,71 × i × 29 / 360 ; on trouve i = 12,35 %.

3. Coût réel de l'escompte pour l'effet 10562

(36,23 + 21,50) = (3641,71 – 36,23 – 21,50) × t × (29 – 1 + 4) / 365 ; on trouve t = 18,37 %.

4. Coût réel du découvert

Intérêt sur découvert

Éléments	Nombre de jours	Soldes débiteurs	Nombres débiteurs
Du 01/10 au 13/10	13	0	
Du 14/10 au 10/11	28	68000	1904000
Du 11/11 au 16/11	6	40000	240000
Du 17/11 au 30/12	44	> 0	
Total			**2144000**

Intérêt = 2 144000 × 13,25 % / 360 = 789,11 €
CPFD = 0,05 % (68000 + 68000 + 0) = 68 €
Agio HT = 789,11 + 68 = 857,11 €
Coût réel du découvert
857,11 = 2 144000 × t / 365 ; on trouve t = 14,59 %.

APPLICATION CORRIGÉE 4 : Coût de l'escompte – Coût du découvert bancaire – Coût de l'affacturage – Arbitrage

Préoccupé par les coûts des financements, le responsable financier de la société TOSCA vous communique ses prévisions de trésorerie du premier trimestre N ainsi que les traites dont il dispose dans son portefeuille.

Pour le premier trimestre N, un déficit de trésorerie prévisionnel apparaîtrait du 5 janvier au 15 mars.

Les soldes de trésorerie prévisionnels sont les suivants :

– du 05/01 inclus au 02/02 inclus : solde débiteur de 40000 € ;
– du 03/02 inclus au 03/03 inclus : solde débiteur de 55000 € ;
– du 04/03 inclus au 15/03 inclus : solde débiteur de 15000 €.

Les soldes sont ensuite positifs jusqu'au 31/03. Le mois de février comprend 28 jours.

La société possède des effets de commerce en portefeuille dont les caractéristiques sont les suivantes :

– *effet n° 10001 à échéance du 31/01 d'un montant de 10000 € ;*
– *effet n° 10002 à échéance du 15/03 d'un montant de 25000 € ;*
– *effet n° 10003 à échéance du 31/03 d'un montant de 20000 €.*

Le directeur financier a négocié les conditions suivantes avec sa banque :

Escompte des traites : Taux d'escompte : 10 % ; Commission d'endos : 0,60 % ; Commission de manipulation : 3 € HT par effet. La banque applique 1 jour banque aux effets remis à l'escompte. La banque applique 1 jour de valeur aux effets remis à l'escompte et 3 jours de valeur aux effets remis à l'encaissement. La banque applique un minima de 300 € par effet pour le montant de l'escompte.

Découvert bancaire : Taux du découvert : 10,5 % ; Commission du plus fort découvert : 0,05 % ; Commission de dépassement : 0,25 % ; Plafond de découvert négocié : 50 000 €.

Commission générale d'affacturage : 2 % ; Commission de financement : 7 %.

1. Calculer le coût réel de l'escompte pour l'effet n° 10 001 et le coût réel moyen de l'escompte. Conclure.

2. Calculer le coût réel du découvert. Conclure et proposer une autre solution mixte qui pourrait être plus intéressante.

3. Calculer le coût réel de l'affacturage, sachant que la société cède les créances suivantes au factor : 10 000 € échéance 30 j, 25 000 € échéance 60 j et 20 000 € échéance 90 j.

Correction

1. Escompte

Afin que le compte bancaire de l'entreprise soit crédité le 5 janvier, la remise à l'escompte doit avoir lieu le 4 janvier.

Nominal	Nombre de jours (1)	Escompte (2)	Commission d'endos (3)	Commission de manipulation	Agio HT
10 000	28	300,00	4,67	3	307,67
25 000	71	493,06	29,58	3	525,64
20 000	87	483,33	29	3	515,33
Total					**1 348,64**

(1) 31 – 4 + 1 = 28 ; 31 – 4 + 28 + 15 + 1 = 71 ; 31 – 4 + 28 + 31 + 1 = 87

(2) 10 000 × 10 % × 28 / 360 = 77,78 min ; 25 000 × 10 % × 71 / 360 = 493,06 ; 20 000 × 10 % × 87 / 360 = 483,33

(3) 10 000 × 0,6 % × 28 / 360 = 4,67 ; 25 000 × 0,6 % × 71 / 360 = 29,58 ; 20 000 × 0,6 % × 87 / 360 = 29

Coût réel de l'effet n° 10001 : 307,67 = (10 000 – 307,67) × t × (27 + 3) / 365, on trouve = 38,62 %.

Coût réel moyen : 1 348,64 = t × [(10 000 – 307,67) × (27 + 3) / 365 + (25 000 – 525,64) × (70 + 3) / 365 + (20 000 – 515,33) × (86 + 3) / 365], on trouve t = 13 %.

Conclusion

Le coût réel de l'effet n° 10001 est nettement supérieur au coût moyen en raison des minima appliqués par la banque. L'objectif de la banque est de décourager la remise à l'escompte d'effets de faible montant et dont l'échéance est proche.

2. Découvert

Dates	Nombre de jours	Soldes débiteurs	Nombres débiteurs
Du 05/01 au 02/02	29	40 000	1 160 000
Du 03/02 au 03/03	29	55 000	1 595 000
Du 04/03 au 15/03	12	15 000	180 000
Total			**2 935 000**

Intérêt sur découvert = 2 935 000 × 10,5 % / 360 = 856,04 €

CPFD = (40 000 + 55 000 + 55 000) × 0,05 % = 75 €

Commission de dépassement = 0,25 % [0 + (55 000 – 50 000) + (55 000 – 50 000)] = 25 €

Agio HT = 956,04 €

Coût réel du découvert : 956,04 = 2935000 × t / 365, on trouve t = 11,89 %.

Conclusion

Le coût du découvert étant inférieur au coût de l'escompte, ce mode de financement sera retenu.

Arbitrage

Une solution serait de ne remettre à l'escompte que les effets n° 10002 et 10003 et recourir au découvert pour le complément.

Nominal	Nombre de jours	Escompte	Commission d'endos	Commission de manipulation	Agio HT
25000	71	493,06	29,58	3	525,64
20000	87	483,33	29,00	3	515,33
Total					**1040,97**

Net en compte HT = (25000 + 20000) – 1040,97 = 43959,03 €

Montant maximum non couvert = 55000 – 43959,03 = 11040,97 €

Dates	Nombre de jours	Soldes débiteurs	Nombres débiteurs
Du 05/01 au 02/02	29	0	0
Du 03/02 au 03/03	29	11040,97	320188,13
Du 04/03 au 15/03	12	0	0
Total			**320188,13**

Intérêt sur découvert = 320188,13 × 10,5 % / 360 = 93,39 €

CPFD = 0,05 % × (0 + 11040,97 + 11040,97) = 11,04 €

Commission de dépassement = 0,00 €

Agio HT = 104,43 €

Agio total = 1040,97 + 104,43 = 1145,40 €

Cette solution est préférable à l'escompte des trois traites mais le découvert reste toujours la solution la plus intéressante.

3. Affacturage

Commission de financement d'affacturage = 7 % [(10000 × 30 / 360) + (25000 × 60 / 360) + (20000 × 90 / 360)] = 700 €

Commission générale = (10000 + 25000 + 20000) × 2 % = 1100 €

Agio HT = 1800 €

Coût réel de l'affacturage : 1800 = t [(10000 × 30 / 365) + (25000 × 60 / 365) + (20000 × 90 / 365)] ; on trouve t = 18 %.

APPLICATION CORRIGÉE 5 : Escompte – Majoration spécifique – Découvert

L'entreprise COUTIN souhaite escompter le 12/04 un effet de 18000 €, échéance 30/06.

Le directeur financier a négocié les conditions suivantes avec sa banque : taux de base bancaire : 6 %, commission d'endos : 0,60 % ; majoration spécifique à l'entreprise : 4 % ; commission de service : 8 €. La banque applique 1 jour banque et 3 jours de valeur pour les remises à l'encaissement.

Les soldes de trésorerie prévisionnels du second trimestre sont les suivants :
- du 01/04 au 11/04 : > 0 ;
- du 12/04 au 03/05 : – 8 000 € ;
- du 04/05 au 12/05 : – 7 000 € ;
- du 13/05 au 20/05 : – 3 000 € ;
- du 21/05 au 30/06 : > 0.

Le directeur financier a négocié les conditions suivantes avec sa banque : taux de découvert : 12,5 % ; commission du plus fort découvert : 0,05 %, commission de dépassement : 0,25 % ; plafond du découvert négocié : 11 000 €.

Calculer le coût réel des opérations d'escompte et de découvert bancaire.

Correction

Escompte

Nominal	Nombre de jours (1)	Escompte (2)	Commission d'endos (3)	Commission de manipulation	Agio HT
18000	80	400	24	8	432

(1) 30 – 12 + 31 + 30 + 1 = 80

(2) 18000 × 10 % × 80 / 360 = 400

(3) 18000 × 0,6 % × 80 / 360 = 24

Coût réel de l'effet

432 = (18000 – 432) × t × (80 – 1 + 3) / 365 ; on trouve = 10,95 %.

Découvert

Dates	Nombre de jours	Soldes débiteurs	Nombres débiteurs
Du 01/04 au 11/04	11		0
Du 12/04 au 03/05	22	8000	176000
Du 04/05 au 12/05	9	7000	63000
Du 13/05 au 20/05	8	3000	24000
Du 21/05 au 29/06	40		0
Total			**263000**

Intérêt sur découvert = 263 000 × 12,5 % / 360 = 91,32 €

CPFD = (8 000 + 8 000 + 0) × 0,05 % = 8 €

Agio HT = 99,32 €

Coût réel du découvert

99,32 = 263000 × t / 365 ; on trouve t = 13,78 %.

Conclusion

Le coût du découvert est supérieur au coût de l'escompte, l'escompte sera retenu comme mode de financement.

Chapitre 19

LE PLACEMENT DES EXCÉDENTS DE TRÉSORERIE EN PRODUITS BANCAIRES ET FINANCIERS

Selon le programme officiel de l'examen, ce chapitre va vous permettre d'identifier les avantages et les risques des placements des excédents de trésorerie sur les marchés financiers.

Vous développerez ainsi les compétences suivantes :
- *Identifier la relation entre incertitude et rentabilité exigée par le marché ;*
- *Calculer la rentabilité espérée ou la valeur théorique sur une période d'un titre financier ;*
- *Déterminer différents placements sur les marchés financiers ;*
- *Incorporer les gains des placements dans la trésorerie.*

I La typologie des placements des excédents de trésorerie

L'entreprise dispose de plusieurs possibilités de placements.

A Les placements en comptes à terme rémunérés

Ces placements permettent de placer les excédents de trésorerie sur une durée allant jusqu'à 12 mois. L'entreprise ne court aucun risque puisque le dépôt est remboursé à l'échéance. Le rendement est cependant peu élevé.

B Les souscriptions de bons de caisse

Les bons de caisse sont des titres émis par les banques ou le Trésor Public pour une durée variant entre 1 mois et 5 ans. La valeur des bons, augmentée des intérêts, est remboursée à l'échéance.

C Les placements en titres

Différentes possibilités de placements sont offertes :

1 Les placements en actions

Les placements en actions sont spéculatifs et longs et ne permettent pas de disposer de la trésorerie à court terme ; ils sont risqués du fait de la volatilité de l'action.

2 Les placements en obligations

Les placements en obligations sont moins risqués et de liquidité généralement supérieure à la liquidité des actions cotées ; il existe de nombreuses possibilités (ORA, OBSA, OBSO).

3 Les placements en organismes de placement collectif en valeurs mobilières

Les placements en organismes de placement collectif en valeurs mobilières (OPCVM) concernent les sociétés d'investissement à capital variable (SICAV) et les titres de fonds commun de placement (FCP). Ils sont souples et largement accessibles ; la rémunération servie est stable.

4 Les placements en titres de créances négociables

Ces placements concernent des titres émis par les entreprises ou l'État ; les principaux TCN sont les bons du Trésor à taux fixe et à échéance inférieure à 1 an, les certificats de dépôt proposés par les banques, les billets de trésorerie des entreprises.

D Les autres utilisations des excédents de trésorerie

Les excédents de trésorerie peuvent être utilisés pour :
- régler au comptant des fournisseurs afin d'obtenir des escomptes de règlement ;
- octroyer des prêts à des autres entreprises.

E Le choix des placements de trésorerie

Il existe des actifs peu risqués ou sans risque, comme les emprunts obligataires émis par l'État (actifs qui ne comportent pas de risque de non-remboursement et dont la rentabilité est assurée) et des actifs risqués (risque de défaut), comme les actions (actifs ne pouvant garantir de façon certaine les flux de remboursement d'un capital et la régularité des revenus).

Le choix des placements dépend des éléments suivants :
- rentabilité du placement ;
- sécurité du placement ;
- taille de l'entreprise ;
- durée et montant du placement ;
- anticipation de l'investisseur sur l'évolution des taux d'intérêt et des taux de change pour les placements en devises ;
- régime fiscal des placements ;
- compétence de l'entreprise en matière de gestion de portefeuille.

II La mesure de la rentabilité et du risque d'un portefeuille

La rentabilité espérée d'une action est déterminée à partir des variations des cours de l'action et des dividendes attendus. Plus le cours est susceptible de fluctuer (modification de la stratégie de l'entreprise, de son niveau d'endettement, etc.), plus la volatilité du titre est importante, donc le risque élevé. La rentabilité d'une action est mesurée par son espérance mathématique et le risque par son écart-type.

Table des abréviations :

∂(Rt) : Écart-type du titre
E(Rt) : Espérance mathématique du titre
pi : Probabilité affectée
R(t) : Rentabilité du titre
VAR(t) : Variance du titre

Selon la théorie de H. Markowitz, l'investisseur a un comportement rationnel : son objectif est de ***maximiser l'espérance de rentabilité d'un actif financier et de minimiser son risque***.

A La rentabilité et le risque d'une action en avenir certain

La rentabilité du titre est déterminée par son espérance mathématique.

$$E(Rt) = \frac{\Sigma\,(Rt)}{n}$$

Le risque du titre est déterminé par son écart-type (racine carrée de la variance).

$$VAR(Rt) = \frac{\Sigma\,(Rt)^2}{n} - [E(Rt)]^2$$

$$\partial(Rt) = \sqrt{VAR(Rt)}$$

APPLICATION CORRIGÉE

À partir des informations suivantes relatives à l'évolution du rendement du titre A, déterminer le rendement moyen de l'action A et le risque associé.

Périodes	Rentabilité de l'action A
Octobre	22 %
Novembre	8 %
Décembre	12,6 %

Correction

Rendement moyen et risque associé

Périodes	R(t)	$R(t)^2$
Octobre	22,0 %	4,8400 %
Novembre	8,0 %	0,6400 %
Décembre	12,6 %	1,5876 %
Total	**42,6 %**	**7,0676 %**

$E(Rt) = 42{,}6\ \% / 3 = 14{,}2\ \%$

$VAR(Rt) = (7{,}0676\ \% / 3) - (14{,}2\ \%)^2 = 0{,}34\ \%$

$\partial(Rt) = \sqrt{0{,}34\ \%} = 5{,}83\ \%$

B La rentabilité et le risque d'une action en avenir certain à partir d'une série de données boursières

Lorsque le cours de l'action est donné, le rendement du titre représente la variation du cours du titre d'une période donnée par rapport à la période précédente.

Périodes	Cours de l'action	Rt
1	X	
2	Y	(Y – X) / X
3	Z	(Z – Y) / Y

APPLICATION CORRIGÉE

À partir des informations suivantes relatives à l'évolution du cours du titre A, déterminer le rendement moyen de l'action A et le risque associé. Conclure.

Éléments	Cours du titre A
Décembre	218,30
Janvier	212,70
Février	220,25
Mars	233,45
Avril	256,10

Sur la même période, on constate une évolution du CAC 40 de 1,215 % en moyenne par mois pour un écart-type de 0,3.

Correction

Rendement moyen et risque associé

Éléments	Cours	R_t %	R_t^2
Décembre	218,30		
Janvier	212,70	– 2,565 %	0,0658 %
Février	220,25	3,550 %	0,1260 %
Mars	233,45	5,993 %	0,3590 %
Avril	256,10	9,702 %	0,9410 %
Total		**16,680 %**	**1,4920 %**

E(Rt) = 16,680 % / 4 = **4,17 %**

σ(Rt) = √(1,492 % / 4) – (4,17 %)² = √0,199111 % = **0,446**

La rentabilité moyenne de l'action est supérieure à celle du CAC 40 (rentabilité de 4,17 % contre 1,215 %). L'action est cependant plus risquée puisque sa volatilité est plus élevée (écart-type de 0,446 contre 0,3).

REMARQUE

Les rendements du marché sont retrouvés à partir des indices boursiers, ces derniers permettant de suivre l'évolution des marchés d'actions (CAC 40, SBF 120, etc.). Si la rentabilité moyenne du marché est inférieure à la rentabilité espérée par les investisseurs, l'action est sous-évaluée par le marché; il est donc conseillé aux investisseurs de conserver leurs actions ou d'en acheter de nouvelles; *a contrario*, si la rentabilité moyenne du marché est supérieure à la rentabilité espérée par les investisseurs, l'action est surévaluée par le marché; il est donc conseillé aux investisseurs de revendre leurs actions. Si l'écart-type de l'action est supérieure à l'écart-type du CAC 40, l'action est plus risquée que le CAC 40, et réciproquement.

C La rentabilité et le risque d'une action en avenir aléatoire

La rentabilité du titre est déterminée par son espérance mathématique.

$$E(Rt) = \sum pi \times Rt$$

Le risque du titre est déterminé par son écart-type.

$$VAR(Rt) = \sum pi \times [Rt - E(Rt)]^2 = \sum pi\ (Rt)^2 - [E(Rt)]^2$$
$$\partial(Rt) = \sqrt{VAR(Rt)}$$

APPLICATION CORRIGÉE

L'entreprise HIM détient le portefeuille suivant composé de deux actions A et B :

pi	Ra	Rb
0,1	40 %	25 %
0,5	20 %	15 %
0,4	25 %	20 %

Calculer la rentabilité et le risque associé à chacune des actions. Conclure.

Correction

Rentabilité et risque associé

pi	Ra	Rb	Pi Ra	Pi Rb	Pi (Ra)²	Pi (Rb)²
0,1	40 %	25 %	4 %	2,5 %	1,6 %	0,625 %
0,5	20 %	15 %	10 %	7,5 %	2,0 %	1,125 %
0,4	25 %	20 %	10 %	8,0 %	2,5 %	1,600 %
Total			**24 %**	**18 %**	**6,1 %**	**3,35 %**

E(Ra) = 24 %

E(Rb) = 18 %

VAR(Ra) = 6,1 % – (24 %)² = 0,34 %

∂(Ra) = √0,34 % = 5,83 %

VAR(Rb) = 3,35 % – (18 %)² = 0,11 %

∂(Rb) = √0,11 % = 3,32 %

Conclusion

L'action A est plus rentable que l'action B car son espérance mathématique est plus élevée. L'action B est moins risquée que A car son écart-type est plus faible.

D La rentabilité espérée de deux actifs

Table des abréviations :

%a = proportion des titres A dans le portefeuille

%b = proportion des titres B dans le portefeuille

La rentabilité d'un portefeuille composé de deux titres est égale à la somme pondérée de l'espérance mathématique des actifs :

$$E(Ra, Rb) = \% \ a \times E(Ra) + \% \ b \times E(Rb)$$

III Le risque spécifique et le risque de marché

Le risque d'une action peut être analysé en risque spécifique et en risque de marché :

- ***le risque spécifique (ou risque non systématique)*** est lié à l'entreprise cible. Il dépend de la stratégie des dirigeants (politique d'investissement, politique de financement, etc.) ; il est fonction de l'image de marque de l'entreprise, de la qualité des produits et du capital humain, de la gestion, etc. Il peut être maîtrisé par l'investisseur par le biais de la diversification des titres composant le portefeuille de l'investisseur (risque diversifiable) ;
- ***le risque de marché (ou risque systématique)*** est lié à la conjoncture. Le cours d'une action suit en principe l'évolution du marché. Si le marché évolue à la baisse, le cours de l'action risque de diminuer, si le marché évolue à la hausse, le cours de l'action augmente. Ce risque n'est pas éliminable car il est fonction de paramètres non maîtrisables par l'investisseur.

IV La stratégie de l'investisseur

Selon la théorie de H. Markowitz, l'investisseur a un comportement rationnel : son objectif est de ***maximiser l'espérance de rentabilité d'un actif financier et de minimiser son risque***.

A La recherche d'un portefeuille efficient

L'investisseur cherche à maximiser la rentabilité tout en minimisant le risque. Il choisira, pour un niveau de risque identique, le titre présentant la rentabilité la plus élevée, et pour un niveau de rentabilité identique, le titre présentant le risque minimal.

B La diversification

La diversification consiste à répartir les investissements entre plusieurs titres plutôt que de les concentrer sur un seul titre. Elle permet d'éliminer le risque spécifique mais ne supprime pas le risque de marché.

La composition du portefeuille de l'investisseur se fera en fonction de son appréhension au risque.

L'investisseur cherche à supprimer une partie du risque en diversifiant son portefeuille de façon ***à diminuer le risque spécifique et à ne supporter que le risque non diversifiable***. Il peut intégrer dans son portefeuille un actif sans risque (obligation) mais aussi acheter d'autres actions. Les taux de rendement des actions devront être corrélés négativement, c'est-à-dire évolués en sens contraire ; en effet, si les taux de rendement des titres sont corrélés positivement, c'est-à-dire évoluent dans le même sens, la diversification n'apportera rien car elle ne modifie pas le risque.

Le coefficient de corrélation (r) est calculé de la façon suivante : $\mathbf{r = \frac{COV\ (Ra, Rb)}{\partial(Ra) \times \partial(Rb)}}$

En avenir certain : $\mathbf{COV\ (Ra, Rb) = \sum \frac{Ra \times Rb}{n} - [E(Ra) \times E(Rb)]}$

En avenir aléatoire : $\mathbf{COV\ (Ra, Rb) = \sum pi\ [Ra - E(Ra)]\ [Rb - E(Rb)]}$

Selon son appréhension au risque, l'investisseur exigera un taux de rémunération élevé si le risque est important. S'il souhaite acquérir des actions exposées au risque spécifique, il n'exigera pas une prime de risque puisque ce risque pourra être éliminé par la diversification ; il n'exigera une prime de risque que pour les titres exposés au risque systématique.

Pour minimiser le risque, ***l'investisseur préférera un portefeuille composé à la fois d'actifs risqués (actions) et d'actifs moins risqués (obligations)***. C'est le ***principe de la séparation***.

REMARQUE

Les actions de petites capitalisations ont en moyenne une rentabilité et une volatilité plus élevée que celle des actions de grande capitalisation. Lorsque la conjoncture est mauvaise, l'investisseur sera plus réticent à prendre des risques ; son choix se portera davantage sur les actions de grandes capitalisations.

APPLICATION CORRIGÉE 1 : Rentabilité et risque associé aux actions en avenir certain – *Price earning ratio*

La société ROUB a placé une partie de ses liquidités dans des actions A. Le directeur financier, ayant repéré l'action B dans des revues spécialisées, désire analyser les caractéristiques de cette action.

Au cours des trois derniers mois, la rentabilité de l'action B a évolué de la façon suivante :

Éléments	Octobre	Novembre	Décembre
Rentabilité	20 %	9 %	13 %

1. Calculer la rentabilité moyenne et le risque associés à l'action B et indiquer l'intérêt de constituer un portefeuille comportant des titres A et B.

2. Calculer le PER de l'action B sachant que la société B a annoncé un bénéfice net par action de 3 € et que le cours de l'action est de 30 €.

Correction

1. Rentabilité et risque associé

Éléments	Ra	Ra²
Octobre	20 %	4,00 %
Novembre	9 %	0,81 %
Décembre	13 %	1,69 %
Total	**42 %**	**6,50 %**

Rentabilité moyenne = 42 % / 3 = 14 %

VAR(Ra) = (6,5 % / 3) – (14 %)² = 0,21 % ; δ(Ra) = √0,21 % = 4,6 %

L'intérêt de disposer d'un portefeuille composé de plusieurs actions (diversification) est de répartir les investissements entre plusieurs actions plutôt que de les concentrer sur une seule action, permettant ainsi de réduire le risque sans diminuer la rentabilité.

2. *Price earning ratio*

PER = Cours de l'action / Bénéfice net par action = 30 / 3 = 10

Le PER permet de repérer les actions surcotées et les actions sous cotées du marché et prendre les décisions d'achats et de ventes qui s'imposent.

APPLICATION CORRIGÉE 2 : Rentabilité et risque associé aux actions en avenir aléatoire

L'entreprise ACTO détient deux actions A et B.

Action A		Action B	
Rentabilité Ri	**Probabilité pi**	**Rentabilité Ri**	**Probabilité pi**
– 10 %	20 %	– 40 %	20 %
10 %	60 %	15 %	60 %
25 %	20 %	40 %	20 %

Quelle est l'action la plus rentable et la moins risquée ?

Correction

Rentabilité et risque associé

pi	Ra	Rb	Pi Ra	Pi Rb	Pi (Ra)²	Pi (Rb)²
0,2	– 10 %	– 40 %	– 2 %	– 8 %	0,20 %	3,20 %
0,6	10 %	15 %	6 %	9 %	0,60 %	1,35 %
0,2	25 %	40 %	5 %	8 %	1,25 %	3,20 %
Total			**9 %**	**9 %**	**2,05 %**	**7,75 %**

Action A

E(Ra) = 9 %

VAR(Ra) = 2,05 % – (9 %)² = 0,0124

∂(Ra) = √0,0124 = 11,14 %

Action B

E(Rb) = 9 %

VAR(Rb) = 7,75 % – (9 %)² = 0,0694

∂(Rb) = √0,0694 = 26,34 %

À rentabilité identique, l'action A est moins risquée que B car son écart-type est plus faible. L'investisseur se portera acquéreur d'actions A.

APPLICATION CORRIGÉE 3 : Rentabilité et risque associé à deux actions – Coefficient de corrélation

Un investisseur étudie la possibilité d'investir dans des actions A et B. La rentabilité annuelle des titres est prévue de la façon suivante :

Conjoncture	pi	R_A	R_B
Basse	0,3	3 %	– 5 %
Moyenne	0,5	– 2 %	10 %
Haute	0,2	6 %	2 %

1. Calculer la rentabilité et le risque associé aux actions A et B. Conclure.

2. Calculer le coefficient de corrélation entre les deux actions. Conclure.

Correction

1. Rentabilité et risque associé

Conjoncture	pi	R_A	RB	piR_A	$pi(R_A)^2$	piR_B	$Pi(R_B)^2$
Basse	0,3	3 %	– 5 %	0,9 %	0,027 %	– 1,5 %	0,075 %
Moyenne	0,5	– 2 %	10 %	– 1 %	0,02 %	5 %	0,500 %
Haute	0,2	6 %	2 %	1,2 %	0,072 %	0,4 %	0,008 %
Total				**1,1 %**	**0,119 %**	**3,9 %**	**0,583 %**

Action A

$E(R_A) = 1,1\ \%$

VAR (RA) = 0,119 % – $(1,1\ \%)^2$ = 0,1069 %

∂(RA) = √(0,1069 %) = 3,27 %

Action B

E(RB) = 3,9 %

VAR (RB) = 0,583 % – $(3,9\ \%)^2$ = 0,4309 %

∂(RB) = √(0,4309 %) = 6,56 %

L'espérance du titre B étant supérieure à l'espérance du titre A, l'action B est celle qui offre la rentabilité la plus élevée.

L'écart-type du titre B étant supérieur à l'écart-type du titre A, le risque associé à l'action B est plus important.

Si l'objectif de l'investisseur est de maximiser la rentabilité, son choix se portera sur l'action B. Si son objectif est de minimiser le risque, il choisira l'action A.

Si son objectif est de maximiser la rentabilité tout en minimisant le risque, son choix se portera sur le titre pour lequel le ratio [E(Rt) / ∂(Rt)] est maximal :

$E(R_A) / \partial(R_A)$ = 1,1 % / 3,27 % = 0,34 %

$E(R_B) / \partial(R_B)$ = 3,9 % / 6,56 % = 0,59 %

Le titre B sera choisi.

2. Coefficient de corrélation entre les deux actions

Coefficient de corrélation (r)

Conjoncture	pi	R_A	R_B	$R_A - E(R_A)$	$R_B - E(R_B)$	pi $[R_A - E(R_A)] \times [R_B - E(R_B)]$
Basse	0,3	3 %	– 5 %	1,9 %	– 8,9 %	– 0,05073 %
Moyenne	0,5	– 2 %	10 %	– 3,1 %	6,1 %	– 0,09455 %
Haute	0,2	6 %	2 %	4,9 %	– 1,9 %	– 0,01862 %
Total						**– 0,1639 %**

r = – 0,1639 % / (3,27 % × 6,56 %) = – 0,76

Les taux de rentabilité des deux titres sont corrélés négativement; au lieu de n'investir que dans l'action B, l'investisseur a intérêt à diversifier son portefeuille en achetant des actions A et des actions B en vue d'éliminer le risque spécifique sans pour autant réduire la rentabilité de son portefeuille.

APPLICATION CORRIGÉE 4: Placements en actions et en obligations

Le directeur financier de la société CAL dispose du portefeuille de VMP suivantes:

Titres	Nbre	PA	Cours		PER		Dividende		Rendement	
			N–1	N	N–1	N	N–1	N	N–1	N
Actions Total*	150	5 250 €	40 €	48 €	8,19	8	2	0,48	5 %	1 %
Actions BP*	1 000	5 500 €	6,40 €	6,40 €	13,72	25,60	0,32	0,0704	5 %	1 %
OAT		700 €	111 %	112 %						

*Secteur Pétrole et gaz

Les OAT sont des obligations assimilables du Trésor 6 %, échéance 25/10/N+12 ; Nominal : 100 €; Date d'émission : 25/12/N–10 ; Date de maturité : 25/10/N+12 ; Taux nominal : 6 % ; Coupon couru au 31/12/N : 1,15 % ; Cotation au 31/12/N : 134,310 %.

1. Calculer le prix de vente de l'obligation au 31/12/N.

2. Justifier le montant du coupon couru au 31/12/N et commenter l'évolution du cours de cette obligation par rapport à l'évolution des taux d'intérêt.

3. Conclure sur la composition du portefeuille et sur le risque encouru.

Correction

1. Prix de vente de l'obligation au 31/12/N

Nombre de jours séparant la date du coupon couru (25/10/N) et la date du 31/12/N.

(31 – 25) + 30 + 31 + 3 j ouvrés = 70 jours

2. Coupon couru et évolution du cours

Coupon couru = 6 % × 70 / 365 = 1,15 %

Vo = 134,31 % + 1,15 % = 135,46 % = 135,46 × 100 / 100 = 135,46 €

Le cours d'une obligation varie en sens inverse du taux d'intérêt. Quand le taux d'intérêt diminue, le cours d'une obligation s'élève.

3. Conclusion

Le portefeuille est peu diversifié car il comprend des actions d'un seul secteur d'activité qui sont peu lucratives car les rendements sont assez faibles. Il contient également des OAT qui constituent des actifs peu risqués (emprunt d'État).

La majorité du portefeuille est toutefois composé essentiellement d'actions qui représentent des actifs risqués, les obligations ne représentant qu'une faible partie du portefeuille. De plus, les actions étant du même secteur d'activité, cela représente un risque supplémentaire car, si ce secteur se trouve en difficulté, le portefeuille en subira les conséquences. Enfin, le rendement de ces actions est faible eu égard le risque encouru.

Il aurait été plus prudent de choisir des actions de secteurs d'activités différents et d'équilibrer le portefeuille en choisissant davantage d'OAT (titres moins risqués). Une meilleure diversification du portefeuille peut permettre d'améliorer la rentabilité et de réduire le risque.

APPLICATION CORRIGÉE 5 : Optimisation d'un placement financier

L'entreprise OUSSA est chargée de la gestion de la trésorerie et cherche les meilleurs choix possibles pour placer ses excédents de trésorerie. Elle prévoit un excédent de trésorerie de 360 000 € sur les 3 mois allant du 01/06/N au 21/08/N inclus.

Sa banque lui soumet deux propositions :

- dépôt sur un compte à terme bloqué 3 mois, rémunéré au taux fixe annuel de 1,5 % ;
- achat de SICAV conservées 3 mois, cotées 15 500 € chacune, rendement annuel de 1,6 %.

Au regard des deux propositions, quelle solution permettrait d'optimiser le placement financier ?

Correction

Optimisation du placement

Proposition 1 :

Intérêts fin de période = 360 000 × 1,5 % × 3 / 12 = 1 350 € ou 360 000 × 1,5 % × (30 + 31 + 31) / 365 = 1 361,10

Proposition 2 :

Nombre de SICAV acquises = 360 000 / 15 500 = 23,23 arrondi à 23 SICAV

Intérêts fin de période = (15 500 × 23) × 1,6 % × 3 / 12 = 1 426 € ou (15 500 × 23) × 1,6 % × (30 + 31 + 31) / 365 = 1 437,72

La proposition 2 sera retenue.

SUJET D'ENTRAÎNEMENT À L'EXAMEN

DOSSIER 1 – DIAGNOSTIC FINANCIER

La société PIERRA est spécialisée dans la pose de pierres tant en extérieur qu'en intérieur. Vous êtes chargé(e) d'établir un diagnostic de la société.

Bilan actif au 31/12/N – Société PIERRA

Actif			31/12/N			31/12/N–1
			Brut	**Amort. et dépréciations**	**Net**	**Net**
Capital souscrit non appelé		**Total (I)**				
Actif immobilisé	Immob. incorp.	Frais d'établissement				
		Frais de développement				
		Concessions, brevets et droits similaires				
		Fonds commercial				
		Autres immobilisations incorporelles	304	304	0	0
	Immob. corp.	Terrains				
		Constructions				
		Installations techniques, matériel et outillage industriels	9 048	8 677	371	865
		Autres immobilisations corporelles	42 408	42 240	168	299
		Immobilisations en cours				
		Avances et acomptes				
	Immob. fin.	Participations évaluées par équivalence				
		Autres participations				
		Créances rattachées à des participations				
		Autres titres immobilisés				
		Prêts				
		Autres immobilisations financières	3 483		3 483	3 483
		Total (II)	**55 243**	**51 221**	**4 022**	**4 647**

Actif circulant	Stocks	Matières premières, approvisionnements				
		Encours de production (biens et services)	35854		35854	0
		Produits intermédiaires et finis				
		Marchandises				
		Avances et acomptes versés	1601		1601	1601
	Créances	Clients et comptes rattachés	677321		677321	451386
		Autres créances	22446		22446	3740
		Capital souscrit et appelé, non versé				
	Divers	Valeurs mobilières de placement				
		Disponibilités	22054		22054	130132
Comptes de régularisation	Charges constatées d'avance					
		Total (III)	**759276**		**759276**	**586859**
	Frais d'émission d'emprunt à étaler **(IV)**					
	Primes de remboursement des obligations **(V)**					
	Écarts de conversion Actif **(VI)**					
		Total général (I à VI)	**814519**	**51221**	**763298**	**591506**

Bilan passif au 31/12/N – Société PIERRA

Passif		**31/12/N**	**31/12/N–1**
Capitaux propres	Capital social (dont versé…)	7622	7622
	Primes d'émission, de fusion, d'apport, …		
	Réserve légale	762	762
	Réserves statutaires ou contractuelles		
	Réserves réglementées		
	Autres réserves	13560	13560
	Report à nouveau	222199	222108
	Résultat de l'exercice (bénéfice ou perte)	72111	60091
	Subventions d'investissement		
	Provisions réglementées		
	Total (I)	**316254**	**304143**
Provisions pour risques et charges	Provisions pour risques		
	Provisions pour charges		
	Total (II)	**0**	**0**

Dettes	Emprunts obligataires		
	Emprunts et dettes auprès des établissements de crédit (1)	94906	
	Emprunts et dettes financières divers	5397	6502
	Avances et acomptes reçus		
	Dettes fournisseurs et comptes rattachés	58536	36955
	Dettes fiscales et sociales	239191	238792
	Dettes sur immobilisations et comptes rattachés		
	Autres dettes	49014	5114
Compte de régularisation	Produits constatés d'avance		
	Total (III)	**447044**	**287363**
	Écart de conversion Passif **(IV)**		
	Total général (I à IV)	**763298**	**591506**
(1) dont concours bancaires courants et soldes créditeurs de banques		94906	0

Informations complémentaires :

- les seules dotations sont des dotations aux amortissements des immobilisations s'élevant à 625 € ;
- les seules reprises concernent des créances clients qui étaient dépréciées pour un montant de 46520 € ;
- les découverts bancaires sont momentanés ;
- aucune immobilisation n'a été cédée en N ;
- aucun nouvel emprunt n'a été contracté en N.

Indicateurs

Éléments	N	N-1
VA / CA	54 %	70 %
EBE / CA	5 %	10 %
Résultat d'exploitation / CA	9 %	9 %
Résultat net / CA	6 %	7 %
Délais clients	178 j	164 jours
Délais fournisseurs	31 j	39 jours
Taux d'endettement	32 %	
Capacité de remboursement	3,8 ans	

1. Compléter le tableau de flux de trésorerie de l'OEC à partir du résultat de l'exercice.

2. Établir un diagnostic financier de la société.

DOSSIER 2 – GESTION DES INVESTISSEMENTS ET DU FINANCEMENT – EFFET DE LEVIER

La société ABRAHA projette de réaliser un nouvel investissement début N+1 sur le marché européen.

Le coût de l'investissement est de 500 000 € HT, amortissable sur 5 ans selon le mode linéaire.

Prévisions induites par ce nouvel investissement :

La capacité de production annuelle est de 30 000 produits. Le prix de vente unitaire est de 20 € HT. Le coût variable unitaire est de 12 € HT. Les frais fixes annuels décaissables sont de 90 000 € HT.

La valeur vénale à l'issue du projet est estimée à 10 000 € nette d'IS.

Le taux d'IS est de 25 %.

Le BFRE est évalué à 9 jours du CA HT.

Les actionnaires exigent un taux de rendement d'au moins 10 %.

Première partie

1. Calculer la VAN du projet et conclure sur la rentabilité du projet.

2. Étudier le risque du projet en calculant, pour la première année d'exploitation, le seuil de rentabilité et le levier opérationnel (ou levier d'exploitation). Conclure.

Le fournisseur propose à l'entreprise un crédit fractionné en 5 versements, chacun de 112 500 € dont un payable immédiatement et les quatre autres payables chacun de fin N+2 à fin N+5.

3. Calculer le coût du financement du crédit fournisseur.

4. Calculer la rentabilité économique et financière avant et après IS. Conclure sur l'effet de levier.

Deuxième partie

Ne souhaitant pas accepter le crédit proposé par son fournisseur, deux autres possibilités de financement s'offrent à l'entreprise :

- autofinancer l'investissement à hauteur de 300 000 € et contracter un emprunt pour le solde, remboursable par amortissements constants sur 5 ans au taux d'intérêt annuel de 3 %. Les frais de dossier s'élèvent à 1 % du montant emprunté ;
- souscrire un contrat de crédit-bail sur 4 ans pour financer 60 % de l'investissement. Les redevances annuelles sont versées en début de période et s'élèvent à 90 000 € ; une option d'achat est prévue à l'issue du contrat pour 15 000 €, amortissable en une seule fois.

1. Calculer le coût du financement de l'emprunt et du crédit-bail. Conclure.

Finalement, l'entreprise décide de retenir l'emprunt pour financer son projet.

2. Déterminer le coût du capital en retenant 15 % comme coût des capitaux propres.

3. Calculer les FNT du projet global et déterminer la VAN au taux de 10 %. Conclure.

DOSSIER 3 – FINANCEMENT DES DÉFICITS DE TRÉSORERIE

Une entreprise anticipe un déficit moyen de trésorerie de 40 000 € pour le second trimestre N, du 15 mai au 28 juin. Elle envisage deux modalités de financement :

- une remise à l'escompte d'effets de commerce, sachant qu'elle détient deux effets, de nominal 15 000 € et 25 000 €, à échéance respective au 30 mai N et au 15 juillet N. Les conditions négociés avec sa banque sont les suivantes : un taux d'escompte (commission d'endos incluse) de 7 % et des frais de bordereaux de 12 € par effet. La banque applique 2 jours banque ;
- un découvert bancaire négocié au taux de 10 % ; la CPFD est de 0,05 %.

1. Calculer l'agio pour la remise à l'escompte et le découvert bancaire.

2. Calculer le coût réel de la remise à l'escompte et du découvert. Conclure.

Correction Dossier 1

1. Tableau de flux de trésorerie de l'OEC

Distribution des dividendes

Résultat N–1 + Report à nouveau N–1 – Report à nouveau N – Variation des réserves N/N–1 – Augmentation de capital par incorporation de réserves	60 091 + 222 108 – 222 199 – [(762 + 13 560) – (762 + 13 560)] = 0 0
= Distribution des dividendes en N	**60 000**

Acquisition d'immobilisations

(4 022 – 4 647) + 625 = 0

Charges à répartir : 0

Capacité d'autofinancement

Éléments	N
Résultat comptable N + Dotations – Reprises – Plus ou moins-value – Quote-part de subvention d'investissement	72 111 + 625 – 46 520 0 0
= CAF N	**26 216**

Prix de vente des immobilisations: 0

Remboursement des prêts: 0

Augmentation de capital: 0

Augmentation des autres capitaux propres (subventions d'investissement): 0

Dettes financières

Éléments	N–1	Augmentation	Diminution	N
Emprunts auprès des établissements de crédit + Emprunts et dettes financières divers – Découverts bancaires	0 6 502 – 0			94 906 5 397 – 94 906
Total	**6 502**	**0**	**X**	**5 397**

X = 6 502 – 5 397 = 1 105

BFR net

Éléments	N	N-1	Variation
Stocks **nets**	35 854	0	
+ Avances	1 601	1 601	
+ Créances clients	677 321	451 386	
+ Autres créances	22 446	3 740	
– Dettes fournisseurs	– 58 536	– 36 955	
– Dettes fiscales et sociales	– 239 191	– 238 792	
– Autres dettes	– 49 014	– 5 114	
Total	**390 481**	**175 866**	**214 615**

Variation de trésorerie

Éléments	Trésorerie de clôture	Trésorerie d'ouverture	Variation de trésorerie
VMP nettes	0	0	
+ Disponibilités	22 054	130 132	
– Découverts momentanés	– 94 906	0	
= Trésorerie	**– 72 852**	**130 132**	**– 202 984**

Tableau de flux OEC à partir du résultat de l'exercice

Éléments	Exercice N
Résultat de l'exercice	72 111
Élimination des charges et produits sans incidence sur la trésorerie ou non liés à l'activité :	
Amortissements, dépréciations et provisions nettes des reprises + 625 – (46 520 – 46 520)	+ 625
Plus-values de cessions nettes	0
Transferts de charges	0
Quote-part des subventions d'investissement virée au résultat	0
= Marge brute d'autofinancement (MBA)	**72 736**
– Variation du besoin en fonds de roulement lié à l'activité :	– (+ 214 615)
Flux nets de trésorerie générés par l'activité (A)	**– 141 879**
Acquisitions d'immobilisations	0
Cessions d'immobilisations nettes d'impôts	0
Réductions d'immobilisations financières	0
Incidence de la variation des décalages de trésorerie sur opérations d'investissement :	
Variation des créances et des dettes sur immobilisations	0
Flux nets de trésorerie liés aux opérations d'investissement (B)	**0**
Dividendes versés	– 60 000
Augmentation de capital	0
Émission d'emprunts	0
Remboursements des dettes	– 1 105
Subventions d'investissement reçues	0
Incidence de la variation des décalages de trésorerie sur opérations de financement :	
Variations du capital souscrit, appelé et non versé	0
Flux nets de trésorerie liés aux opérations de financement (C)	**– 61 105**
Variation de trésorerie (A) + (B) + (C)	**– 202 984**
Trésorerie d'ouverture	**130 132**
Trésorerie de clôture	**– 72 852**

2. Diagnostic financier

Activité et profitabilité

En l'absence du compte de résultat, nous ne pouvons que commenter les ratios d'activité et de profitabilité donnés en annexe. Les ratios mettent en évidence une dégradation des ratios de taux de VA et taux d'EBE. Le retour à un taux de rentabilité d'exploitation stable est certainement dû à la reprise d'exploitation relative aux créances douteuses. Le résultat net augmente de 20 %.

Équilibre financier

L'analyse du tableau de flux de trésorerie de l'OEC permet de constater que la marge brute d'autofinancement est entièrement absorbée par l'augmentation du BFR ; cette hausse du BFR est due en particulier à la hausse des créances clients mais aussi au gonflement des stocks, dont les effets défavorables sur la trésorerie ont pu être atténués par l'augmentation des dettes d'exploitation et des autres dettes liées à l'activité. Il en résulte un flux de trésorerie généré par l'activité largement négatif du fait de cette hausse importante du BFR. La durée d'écoulement du poste clients augmente de 14 jours et la durée du crédit fournisseurs baisse de 9 jours. Le délai clients est beaucoup trop long.

Aucun investissement n'a été réalisé sur l'année.

La société a versé des dividendes au regard des résultats positifs. La quasi-totalité du bénéfice a été distribué.

La société a également remboursé ses emprunts.

Endettement

La société est très peu endettée puisque ses dettes financières représentent seulement 32 % des capitaux propres ; en revanche, il semble que sa CAF soit insuffisante car il faut à la société près de 4 ans pour rembourser ses dettes.

Trésorerie

L'absence de flux généré par l'activité, la politique de distribution de dividendes et le remboursement des emprunts se sont traduits par une dégradation de la trésorerie de 202 984 €, passant d'une trésorerie positive de 130 132 € à une trésorerie négative de 72 852 € ; la société a non seulement puisé sur ses disponibilités mais aussi eu recours à des découverts bancaires afin de trouver les ressources nécessaires.

Conclusion

En conclusion, la principale inquiétude repose sur les créances clients pour lesquelles les délais sont excessivement longs. Sommes-nous en présence d'une clientèle solvable ? Un meilleur recouvrement des créances permettrait à l'entreprise de retrouver une trésorerie positive.

Correction Dossier 2

Première partie

1. Rentabilité du projet

Dotations aux amortissements = 500 000 / 5 = 100 000

Valeur vénale = 10 000

Capacité d'autofinancement de N+1 à N+5

Chiffre d'affaires (1)	600 000
– Coûts variables (2)	360 000
= MCV (40 %)	240 000
– Charges fixes	90 000
= EBE	150 000
– DAP	100 000
= RE avant IS	50 000
– IS (25 %)	12 500
= RE après IS	37 500
+ DAP	100 000
= CAF	**137 500**

(1) 30 000 × 20 = 600 000

(2) 30 000 × 12 = 360 000

Variation du BFRE

Éléments	BFRE	Variation BFRE
N+1	600 000 × 9 / 360 = 15 000	15 000
N+2	15 000	0
N+3	15 000	0
N+4	15 000	0
N+5	15 000	0

Tableau des FTE

Éléments	Début N+1	Fin N+1	Fin N+2	Fin N+3	Fin N+4	Fin N+5
CAF		137 500	137 500	137 500	137 500	137 500
+ VV						15 000
+ Récupération BFRE						15 000
– Investissement	– 500 000					
– Variation BFRE	– 15 000					
FTE	**– 515 000**	**137 500**	**137 500**	**137 500**	**137 500**	**157 500**

VAN 10 % = – 515 000 + 137 500 $(1{,}10)^{-1}$ + … + 157 500 $(1{,}10)^{-5}$ = 18 652 €

La VAN est positive, le projet est créateur de valeur, il sera donc retenu par l'entreprise.

2. Risque du projet

Taux de MCV = 240 000 / 500 000 = 48 %

Frais fixes = 90 000 + 100 000 = 190 000 €

Seuil de rentabilité = 190 000 / 0,40 = 475 000 €

L'entreprise doit réaliser un CA HT d'au moins 475 000 € avant de pouvoir être bénéficiaire.

Point mort = 12 × 475 000 / 600 000 = 9,5, soit le 15 octobre.

Marge de sécurité = 600 000 – 475 000 = 125 000 €

Indice de sécurité = 125 000 / 600 000 = 20,83 %

Levier opérationnel = MCV / RE avant IS = 240 000 / 50 000 = 4,8

Si le CA HT diminue de 20,83 %, l'entreprise sera déficitaire ; s'il diminue de 1 %, le résultat d'exploitation diminuera de 4,8 %, soit 4,8 fois plus vite.

Le projet ne semble pas très risqué même le seuil est atteint assez tardivement ; il serait intéressant de savoir si l'activité de l'entreprise est saisonnière.

3. Coût du financement du crédit fournisseur

$500\,000 = 112\,500 + 112\,500 \times [1 - (1 + t)^{-4}) / t]$

On trouve t *= 6,26 %*

4. Rentabilité économique et financière

Éléments	Autofinancement
CP (K€)	112 500
DF (K€) (0)	387 500
Actif économique (K€)	500 000
RE avant IS (K€)	50 000
RE après IS (K€) (1)	37 500
Rentabilité économique avant IS (2)	10 %
Rentabilité économique après IS (3)	**7,5 %**
Intérêts avant IS (K€) (4)	24 257,50
Intérêts nets d'IS (K€) (5)	18 193,125
RF avant IS (K€) (6)	25 742,50
RF après IS (K€) (7)	19 306,875
Rentabilité financière avant IS (8)	22,88 %
Rentabilité financière après IS (9)	**17,16 %**
Effet de levier après IS (10)	**+ 9,66 %**

(0) 500 000 – 112 500 = 387 500

(1) 50 000 (1 – 0,25) = 37 500

(2) 50 000 / 500 000 = 10 %

(3) 37 500 / 500 000 ou 10 % (1 – 0,25) = 7,5 %

(4) 6,26 % (387 500) = 24 257,5

(5) 24 257,5 (1 – 0,25) = 18 193,125

(6) 50 000 – 24 257,5 = 25 742,50

(7) 25 742,50 (1 – 0,25) = 19 306,875 ou 37 500 – 18 193,125 = 19 306,875

(8) 25 742,50 / 112 500 = 22,88 %

(9) 22,88 % (1 – 0,25) = 17,16 % ou 19 306,875 / 112 500 = 17,16

(10) 17,16 % – 7,5 % = 9,66 %

La rentabilité économique après IS est de 7,2 %. L'entreprise bénéficierait, en acceptant le crédit fournisseur à un taux inférieur au taux de rentabilité économique, d'un effet de levier qui joue favorablement. En réglant en plusieurs fois, l'entreprise améliorerait sa rentabilité financière.

Il est possible de retrouver la rentabilité financière nette d'IS à partir de la rentabilité économique et de l'effet de levier :

7,5 % + [387 500 / 112 500] × [7,5 % – 6,26 % (1 – 0,25)] = 17,16 %

Deuxième partie

1. Coût du financement

Emprunt

Montant de l'emprunt = 500 000 – 300 000 = 200 000

Tableau d'amortissement de l'emprunt

A = constante = 200 000 / 5 = 40 000

	Capital début	Intérêts	Amortissement
N+1	200 000	6 000	40 000
N+2	160 000	4 800	40 000
N+3	120 000	3 600	40 000
N+4	80 000	2 400	40 000
N+5	40 000	1 200	40 000

FNT liés au coût du financement

	Début N+1	**Fin N+1**	**Fin N+2**	**Fin N+3**	**Fin N+4**	**Fin N+5**
Emprunt	200 000					
– Intérêts		– 6 000	– 4 800	– 3 600	– 2 400	– 1 200
+ Économie d'IS sur intérêts		+ 1 500	+ 1 200	+ 900	+ 600	+ 300
– Amortissement emprunt (A)		– 40 000	– 40 000	– 40 000	– 40 000	– 40 000
– Frais de dossier (1 %)	– 2 000					
+ Économie d'IS sur frais		+ 500				
= FNT	**198 000**	**– 44 000**	**– 43 600**	**– 42 700**	**– 41 800**	**– 40 900**

Coût du financement (t-) : 198 000 – 44 000 $(1 + t)^{-1}$ – … – 40 900 $(1 + t)^{-5}$ = 0

On trouve t = 2,42 %, soit un taux supérieur au taux d'endettement net d'IS de 3 % (1 – 0,25) = 2,25 %, compte tenu des frais de dossier.

Crédit-bail

FNT liés au coût du financement

	Début N+1	**Fin N+1**	**Fin N+2**	**Fin N+3**	**Fin N+4**	**Fin N+5**
Loyers	– 90 000	– 90 000	– 90 000	– 90 000		
+ Économie d'IS sur loyers		+ 22 500	+ 22 500	+ 22 500	+ 22 500	
– Option d'achat					– 15 000	
+ Économie d'IS sur DAP de l'option (1)						+ 3 750
+ Économie sur la valeur du bien (2)	+ 300 000					
– Perte d'économie d'IS sur la DAP du bien (3)		– 15 000	– 15 000	– 15 000	– 15 000	– 15 000
= FNT	**210 000**	**– 82 500**	**– 82 500**	**– 82 500**	**– 7 500**	**– 11 250**

(1) (15 000 / 1) × 25 % = 3 750

(2) 60 % (500 000) = 300 000

(3) (300 000 / 5) × 25 % = 15 000

Coût du financement (t) : 210 000 – 82 500 $(1 + t)^{-1}$ – … – 11 250 $(1 + t)^{-5}$ = 0

On trouve t = 11,82 %

Conclusion

Le coût du financement par emprunt est plus faible que le coût du financement par crédit-bail. L'emprunt sera privilégié.

2. Coût du capital

Taux minimum exigé par les actionnaires, représentant le coût moyen pondéré des capitaux investis.

Éléments	Montants	%
CP	300000	60 %
DF	200000	40 %
Total	**500000**	**100 %**

Coût du capital = (15 % × 0,60) + 3 % (1 – 0,25) × 40 % = 9,9 %

3. FNT du projet global

FTE	– 515000	137500	137500	137500	137500	157500
+ FNT	198000	– 44000	– 43600	– 42700	– 41800	– 40900
= FNT du projet global	**– 317000**	**93500**	**93900**	**94800**	**95700**	**116600**

VAN 10 % = – 317000 + 93500 $(1,10)^{-1}$ + … + 116600 $(1,10)^{-5}$ = 54592 €

La VAN du projet financé par emprunt de 54592 € est supérieure à la VAN de l'autofinancement de 18652 €; l'emprunt est privilégié par rapport à l'autofinancement, et ce car l'entreprise, en ayant emprunté à un taux faible inférieur à son taux de rentabilité économique, bénéficie d'un effet de levier favorable.

Correction Dossier 3

1. Détermination de l'agio

Escompte des effets

Nominal	n	Escompte + Endos	Commission fixe	Agio HT
15000	18	52,50 (1)	12	64,50
25000	64	311,11 (2)	12	323,11
Total				**387,61**

Le découvert apparaissant le 15/05, la remise à l'escompte doit avoir lieu le 14/03.

(1) 30 – 14 + 2 = 18; 15000 × 7 % × 18 / 360 = 52,50

(2) 31 – 14 + 30 + 15 + 2 = 64; 25000 × 7 % × 64 / 360 = 311,11

Découvert bancaire

Dates	n	Solde débiteur	Nombres débiteurs
Du 15/05 au 28/06	45 (1)	50000	2250000

(1) Le 15 mai doit être inclus : 31 – 15 + 1 + 28 = 45

Intérêt sur découvert = 2250000 × 10 % / 360 = 625 €

CPFD = 0,05 % (50000 + 50000) = 50 €

Agio = 625 + 50 = 675 €

2. Coût réel de la remise à l'escompte et du découvert

Escompte des effets

387,61 = t [(15000 – 64,50) × 16 / 365 + (25000 – 323,11) × 62 / 365] ; on trouve t = 8 %.

Découvert bancaire

675 = 2250000 × t / 365 ; on trouve t = 10,95 %.

Le coût du découvert bancaire est plus élevé que celui de l'escompte ; il est donc préférable de recourir à l'escompte pour le financement du déficit.

PEFC
10-31-3532
Certifié PEFC
Ce produit est issu de forêts gérées durablement et de sources contrôlées
www.pefc-france.org
IMPRIM'VERT®

Imprimé en France sur des papiers provenant majoritairement de l'Union européenne et issus de forêts gérées durablement par Sepec numérique
1, rue de Prony - ZA des Bruyères
01960 Peronnas

Imprimeur certifié

Réimpression : août 2023
Numéro d'impression : N21275230804
Dépôt légal : mai 2022